初中 物理教师
专业能力必修

chuzhong wuli jiaoshi zhuanye nengli bixiu

教育部基础教育课程教材发展中心 组编

编委会主任：曹志祥 周安平
本 册 主 编：刘玉斌

西南师范大学出版社
全国百佳图书出版单位 国家一级出版社

图书在版编目（CIP）数据

初中物理教师专业能力必修/刘玉斌主编. —重庆：
西南师范大学出版社，2011.11
　（青蓝工程系列丛书）
　ISBN 978-7-5621-5579-9

Ⅰ.①初… Ⅱ.①刘… Ⅲ.①中学物理课－教学研究－初中－师资培训－教材 Ⅳ.①G633.72

中国版本图书馆CIP数据核字（2011）第228657号

青蓝工程系列丛书

编委会主任：曹志祥　周安平
策　　划：森科文化

初中物理教师专业能力必修
刘玉斌　主编

责任编辑：郑持军　陈冬梅
封面设计：红十月设计室
出版发行：西南师范大学出版社
　　　　　地址：重庆市北碚区天生路1号
　　　　　邮编：400715　市场营销部电话：023-68868624
　　　　　http://www.xscbs.com
经　　销：新华书店
印　　刷：重庆紫石东南印务有限公司
开　　本：787mm×1092mm　1/16
印　　张：13
字　　数：269千字
版　　次：2012年5月　第1版
印　　次：2020年9月　第3次印刷
书　　号：ISBN 978-7-5621-5579-9

定　　价：36.00元

若有印装质量问题，请联系出版社调换
版权所有　翻印必究

《青蓝工程》
编委会名单

丛书编委会

主　任	曹志祥　周安平
副主任	付宜红　米加德
编　委	程光泉　顾建军　金亚文　李力加　李　艺
（按姓氏拼音排序）	李远毅　林培英　刘春卉　刘克文　刘玉斌
	鲁子问　毛振明　史德志　王　民　汪　忠
	杨玉东　喻伯军　张茂聪　郑桂华　朱汉国

本书编委会

主　编	毛振明
副主编	王长权　查　萍　杜晓红
参加编写	杜晓红　郭　琳　黄永飞　李　强　李文武
（按姓氏拼音排序）	李骁天　李忠诚　蔺　铎　蔺新茂　刘明亮
	卢　青　潘建芬　任园春　苏祝捷　孙向强
	田志军　王长权　王金玲　徐爱娥　于素梅
	查　萍　张庆新　张媛媛　赵晓丹

编者的话

在基础教育课程改革 10 周年之际，伴随着义务教育课程标准的再次修订与正式颁布，我们隆重推出这套"青蓝工程——学科教师专业能力必修系列"丛书。丛书立足于教师应该具备的最基本的教学专业知识与普适技能，为有效实施新修订的义务教育课程标准，深化基础教育课程改革，贯彻落实《国家中长期教育改革和发展规划纲要（2010—2020 年）》，助力素质教育高质量地推进提供了保证。

"教育大计，教师为本。"课程改革的有效实施和素质教育的贯彻落实需要一支高素质、专业化的教师队伍做支撑。教师的专业化发展在我国历来受到高度重视，但今天我国教师的专业化水平与社会的现实需求和时代的进步，特别是与教育改革发展的需要还存在着较大的差距。

以往，我们常常说教师要提高自身的专业水平或教学技能，但一个合格的教师究竟需要哪些最基本的专业知识与专业技能？教师的专业发展又该朝着哪个方向和目标去努力？这些问题，在教师专业化发展，尤其是在学科教师专业能力的提高上，一直以来并不是十分清晰。因此，我们聘请了当前活跃在基础教育学科领域的顶级专家，他们中的绝大多数是直接参与义务教育课程标准修订、审议或教材编写的资深学者，以担任相应学科的中小学教师应该（需要）了解（具备）的最基本的常识性知识和技能为出发点，总结了具有普适意义的学科教育教学知识和技能，力求推进教师教育教学能力的均衡发展，实现大多数教师教育教学能力的达标。从这个意义上，可以说这套丛书是教师专业化水平建设与发展的一个奠基工程，也是 10 年基础教育课程改革成果的结晶。我们希望青年教师不但能从书中充分汲取全国资深专家与优秀教师的经验、成果，更能"青出于蓝而胜于蓝",在前辈的引领下,大胆创新,勇于超越,也因此,我们将丛书命名为"青蓝工程"。

丛书从"知识储备"和"技能修炼"两个维度展开论述(个别学科根据自身特点在目录形式上略有不同)。"知识储备"部分一般包括:①对学科课程价值的理解与认识;②修订后课标(义务教育)的主要精神;③针对该学段、该学科的教学所需的基本知识和内容等。"技能修炼"部分主要针对教学设计、目标把握、教学实施与教学评价等专题展开论述。每个专题下根据学科特点和当前教学实际设有几个小话题,以案例导入或结合案例的形式阐述教师教学所必需的技能以及形成这些技能所需要的方法和途径等。

本丛书具有权威性、系统性和普适性,希望对广大教师,特别是青年教师的专业成长能有实实在在的帮助。

丛书编委会
2012 年 1 月

目 录
Contents

上篇 知识储备 1

专题一 作为一名新物理教师，你准备好了吗 / 3
第一节 要具有教师职业道德 / 3
第二节 要具备一些物理学科基本功 / 4
第三节 你做好上课的准备了吗 / 10
第四节 对一节好课的认识 / 13
第五节 你能与他人合作也能独立工作吗 / 14
第六节 新教师如何在教学中成长起来 / 14

专题二 明确课程与教学目标 / 16
第一节 《课程标准》对教学理念的解读 / 16
第二节 初中物理教什么 / 21
第三节 对初中物理教材的把握 / 26

专题三 不同课型的教学及课外活动的组织 / 30
第一节 新课教学 / 30
第二节 实验课教学 / 34
第三节 复习课教学 / 36
第四节 课外活动的组织 / 44

专题四 从物理教学到学科德育 / 52
第一节 以物理教学建和谐 / 52
第二节 以物理教学促成长 / 57
第三节 以物理教学促创新 / 63

下篇　技能修炼

专题一　教学目标的确定 / 75
第一节　教学目标确定的依据和原则 / 75
第二节　三维目标如何确定 / 77

专题二　教学设计 / 82
第一节　了解学情 / 82
第二节　课堂教学过程的结构设计 / 85
第三节　教法的选择与学法的指导 / 87
第四节　教学手段的选择 / 93
第五节　教学课件及多媒体的运用 / 96

专题三　教学实施 / 101
第一节　课堂教学的组织与管理 / 101
第二节　课堂教学的预设与生成 / 107
第三节　教学过程的程序控制和心理控制 / 111
第四节　学科德育 / 116
第五节　实验探究合作指导 / 118
第六节　课堂效率 / 122
第七节　分层次教学的实施 / 124

专题四　教学研究 / 127
第一节　教学中的说课、听课、评课和教师的自我反思 / 127
第二节　分析教材 / 129
第三节　撰写科研论文 / 131
第四节　现代技术手段的运用与教学 / 136

专题五　教学评价 / 139
第一节　试题编写 / 140
第二节　过程评价 / 147
第三节　终结性评价 / 152

专题六　实验能力 / 154
第一节　认识实验器材 / 156

第二节　设计实验／161
第三节　演示实验／164
第四节　指导、分析实验／167
第五节　自制教具／171

专题七　教师的人际交往能力、语言表达能力／175

第一节　教师的人际交往能力／175
第二节　教师的语言表达能力／181

专题八　其　他／185

第一节　多学科的融合和多方面信息的获取／185
第二节　教师的教学创新能力／187
第三节　教师的自我心理调控和对学生的心理调控／190
第四节　初、高中物理的衔接／193

上 篇

知 识 储 备

本篇从初中物理教师能力必修的知识储备方面展开论述,具体从新教师的教学准备、课程与教学目标的确定、不同课型的教学、课外活动的组织及学科德育等方面给出切实中肯的建议。

专题一 作为一名新物理教师，你准备好了吗

第一节 要具有教师职业道德

捷克著名教育家夸美纽斯说过："教师应该是道德卓越的优秀人物。"教师刚刚毕业，从一个校园走入另一个校园，社会角色却发生了质的改变：由学生转变成教师。教师是一个特殊的职业，肩负着为国家培养人才的特殊使命，因此，我们对于教师的职业道德也有特殊的要求。《中小学教师职业道德规范》中指出爱国守法、爱岗敬业、关爱学生、教书育人、为人师表、终身学习六项为教师的基本职业道德。

（1）爱国守法。要求教师热爱祖国，遵纪守法。爱国守法是教师职业的基本要求。

（2）爱岗敬业。要求教师对教育事业具有强烈的责任感和深厚的感情。所谓责任感是指教师不把教育工作当做规定的、强制的行动，而是一种自觉的行动，是一种职责，是义不容辞的责任。首先，教师要有对学生一生负责的教育态度，教师要意识到自己的教育行为、教育语言乃至教育观念是影响学生终身发展的重要因素，不武断、不随意地对待学生发展的任何细节。其次，教师要以不断完善自己为责任，有责任为学生做出榜样和表率。现代教师要成为学生人生发展的引领者，成为学生终身学习的示范者。

（3）关爱学生。要求教师热爱学生、诲人不倦。教师必须关心、爱护全体学生，尊重学生人格，平等公正对待每一个学生。教师面对的是一个班级的学生群体，因而，是否公正地对待每个学生，是反映教师德行的重要指标。在教育机会分配、教育关注度、教育评价等方面，教师对不同相貌、不同性别、不同智力、不同个性、不同家庭背景、不同社会关系的学生应一视同仁。

（4）教书育人。要求教师以育人为根本任务。教书育人是教师的天职，教师必须遵循教育规律，实施素质教育，循循善诱，诲人不倦。

（5）为人师表。要求教师言传身教，以身立教，这是教师职业的内在要求。教师要坚守高尚情操，知荣明耻，严于律己，以身作则，在各个方面做学生的榜样，以自己的人格魅力和学识魅力教育影响学生。要关心集体，团结协作，尊重同事，尊重家长，作风正派，廉洁奉公。教育家陶行知先生把"为人师表"解释为：要学生做的事，教师要躬身共做；要学生学的知识，教师要躬身共学；要学生守的规则，教师要躬身共守。

（6）终身学习。要求教师做终身学习的表率。终身学习是时代发展的要求，也是教师职业的内在要求。通过终身学习，教师能够了解并领会最新的教育教学理念，掌握有效的教育教学策略和方法，提高专业能力，更好地了解学生的发展现状，以保证有效地开展教育教学工作。

第二节　要具备一些物理学科基本功

一、教学的语言

言语交流是师生互动的基本方式，教师的语言具有教育功能。声音是语言内容的载体，教师声音的不同音质、音调、音频给予学生的感觉、传递的信息的效果也是不同的。

因此教师与学生进行语言交流时应注意以下几点：语调要抑扬顿挫，平淡乏味的语调难以调动学生的情绪，难以吸引学生的注意力；声调尽量避免太高或太低，高尖的声调会刺激学生的听觉神经，让学生感到烦躁甚至反感；音量不要太大或太小，太大的声音容易导致学生的听觉疲劳，太小的声音使学生听不清楚；语速要适当，语速太快使学生听不明白，难以发挥"听觉记忆"的效果，太慢了容易使学生失去兴趣和耐心，使课堂教学缺乏生机；注意停顿，适当的停顿是必要的，停顿能够突出重点、引起注意、激发思考；吐字、发音要准确清楚，吐字不清、语音含糊是课堂教学大忌，在物理教学中还经常用到一些字母，物理教师必须深究字母的最初含义、来源及正确发音；要使用普通话，方言乡音会形成师生间语言交流的障碍，甚至会闹出许多笑话；避免使用口头禅，过多的口头禅容易分散学生的注意力。

另外，每个学科都有其教学语言的特点，物理教学语言的特点是科学性、启发性、逻辑性和针对性。

（1）要准确科学、标准规范。讲解概念、规律、原理，语言表达要符合物理学科的科学性要求，做到准确无误、完整周密，切忌用词不准、模棱两可。如区分"浸入""浸没""浸在"的使用场合，弄清楚"物理量的大小""物理量变化的大小""物理量大小的变化""物理量变化的快慢"的含义差异等。

（2）要有启发性和幽默感。教师在课堂上，要用语言调动学生的积极性，要善于启发、诱导学生进行思考，达到培养学生思维能力的目的。

（3）要逻辑严密，条理性强。作为教师，表达时要思路清晰，逻辑严密，前后连贯，上下承接。在物理教学中，如重力与质量的关系，光的折射和反射定律等均包含着因果关系，需要教师用有逻辑性的语言才能表述清楚。

（4）要针对具体教学环节和不同的学生采用不同的语言。如在导入阶段，可以声情并茂地讲述导入语，引起学生的兴趣；在课堂结束时，可用设疑性的语言引发学生课后进行深层次的思考。再者，要针对学生实际，采用符合学生特点的语言，如在初中物理教学中，教师应采用设问性的、鼓励性的、暗示性的、激发性的语言，激发学生的学习热情。

二、板书板画

在课堂教学中，板书、板画具有重要的作用，它们能向学生提纲挈领地呈现教学内容，使知识概括化和系统化；能帮助学生分析认知过程，活跃学生思维，使之更好地理解教学内容；能有效地突出重点，强化学生的记忆。板书、板画是新教师必须掌握的重要教学技能。

1. 板书要求

漂亮的板书对学生也是一种美的熏陶，写出一手漂亮板书的教师总是能先获得学生的认可。板书要字迹端正，书写规范、准确，字的大小和笔画的轻重以后排学生看清为宜；板书的内容要准确科学；遣词造句要恰当，不能因语言不当而造成学生理解上的混乱或错误。另外，板书的结构和布局应努力做到：层次分明，有条理性；重点突出，详略得当；画龙点睛，有启发性；整体设计，有审美性。板书结构设计的依据是教学内容、学生的认知特点和认知过程，其设计不仅应当反映知识的结构和内在联系，还应体现学生的认知过程，能充分调动学生的思维积极性，使学生在原有知识经验的基础上获得新知识。最后，板书还要与讲解配合、与演示配合、与板画配合等。

板书的类型有：条目式板书、网络式板书、推理式板书、表格式板书、图示式板书。

(1) 条目式板书是将教学内容要点按过程顺序展示的板书，其特点是形式简单、板书方便。如"电压"一节的板书：

电压的作用：使电路中的自由电荷定向移动形成电流。

电压的单位：kV、V（国际单位制）、mV。

电压测量工具：电压表。

电压表使用规则：①电压表要并联在电路中；②电流从电压表的"正接线柱"流入，从"负接线柱"流出；③被测电压不要超过电压表的量程。

串、并联电路的电压规律：在串联电路中，电路两端的总电压等于各部分电路两端电压之和，表达式为 $U=U_1+U_2$；在并联电路中，各支路两端的电压相等，都等于总电压，表达式为 $U=U_1=U_2$。

(2) 网络式板书是一种"树形"结构式板书，它的特点是层次分明、纲举目张。如"力"一节的板书：

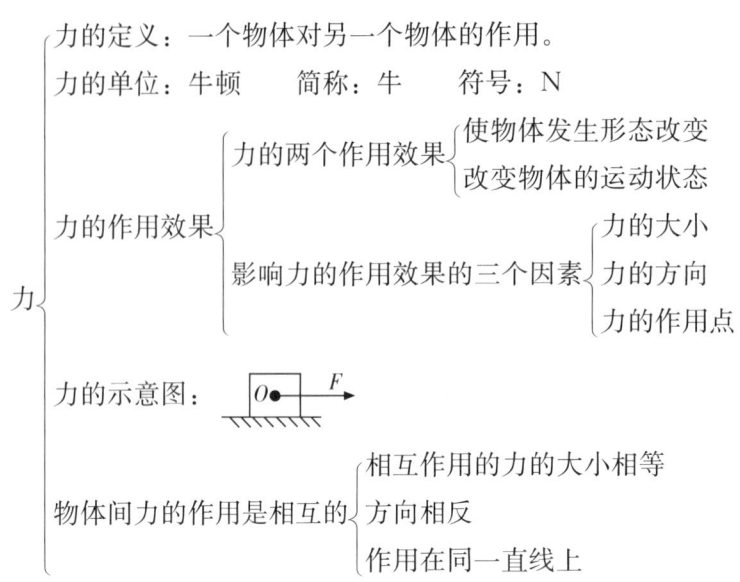

(3) 推理式板书是用箭头把物理知识间的联系和物理过程中的因果关系表示出来的板书，它的特点是简单明了、逻辑性强。如分析"在伏安法测电阻的电路中，当滑动变阻器的阻值变小时其两端电压的变化"，可板书如下：

$$R_{滑}\downarrow \Rightarrow I\uparrow = \frac{U}{R+R_{滑}\downarrow} \Rightarrow U_R\uparrow = I\uparrow R \Rightarrow U_{滑}\downarrow = U - U_R\uparrow$$

(4) 表格式板书是把教学内容的知识要点列入表格，通过横向对比和纵向归纳获得新知识和建立知识结构的一种板书，其特点是简明扼要、条理性强，适合用于知识的对比或归纳。如"蒸发和沸腾的异同点"的板书：

		蒸发	沸腾
相同点		都是汽化现象，都是吸热过程	
不同点	汽化的部位	液面	表面和内部
	温度条件	任何温度	一定的温度（沸点）
	剧烈程度	缓慢	剧烈
	液体温度变化	降低（制冷作用）	不变

(5) 图示式板书通过对知识的串点连线，展现知识的内在联系，其特点是直观新颖，令人赏心悦目。如"物态变化"一节的板书：

```
                    升华(吸热)
         ┌─────────────────────────────────┐
         │  熔化(吸热)        汽化(吸热)      │
         │ ┌──────→──────┐ ┌──────→──────┐ │
    ┌────┴─┐            ┌─┴─┴─┐          ┌─┴──┐
    │ 固态 │            │ 液态│          │气态│
    └────┬─┘            └─┬─┬─┘          └─┬──┘
         │ ←──────────── │ │ ←──────────── │
         │  凝固(放热)        液化(放热)      │
         └─────────────────────────────────┘
                    凝华(放热)
```

2. 板画要求

板画的画法应符合制图的基本要求。板画时一般不需要把物体的各个细节都画出来，应做到笔画简洁、主体突出、直观明了。板画的画面比例应当尽量能与实物相比较，在同一图中比例尺要尽量统一，如画天平时，应尽量使天平两臂等长，两托盘相同。定量画图要力求准确，如在欧姆定律的实验中，研究 I 与 U 之间关系所作的函数图像，若画图不准确，则不易归纳出 I 与 U 的关系。

三、现代教育信息技术的应用

随着素质教育的发展，教育逐步走向信息现代化，以多媒体为载体的信息技术已经在中学教育教学中逐步普及开来。当今的物理教师应该具有以下技能：

（1）熟练的文本处理能力。教师要具有一定的打字速度，能进行文本编辑，如设计 Word 文档中的字体、段落、格式等，能熟练地使用表格和公式编辑器等工具。

（2）会制作简单的多媒体课件。Power Point 是制作课件的一个常用软件，已经在教学中被广泛使用，但一些教师在使用 Power Point 制作课件时常会走进一个误区，就是把板书制成幻灯片用计算机一张张地放映出来，这样不仅不能达到激发学生兴趣、提高课堂效率的目的，还会导致学生缺乏对一节课完整知识结构的认知。

利用多媒体进行教学，主要是为活跃课堂气氛、激发学习兴趣、提高教学效率。结合物理教学，多媒体可以直观展现抽象的物理知识。如讲电流的形成时，学生光从教师的讲述中很难理解电荷是如何定向移动而形成电流的，如果用电脑模拟电荷的定向移动，学生就容易认识和理解了，同时还可以了解电流的强弱与电荷在单位时间内通过导体横截面的多少有关等知识，可谓一举两得。

教师可利用多媒体软件中的超级链接功能，灵活地呈现各种教学信息，如把讲课用的视频资料、例题、条件分析、解题步骤、绘图等存储成不同的画面或单元，再链接到相应的部分，当教师讲到相关部分时，用鼠标点击就可以方便地调出需要的内容了。特别是在习题教学和以实验为专题的复习课教学中，更能体现出"省时""高效"和课堂"大容量"的特点。

多媒体课件可以随时向学生展示相关的物理情境。如初三物理教材"大气压"中的"活塞式抽水机",仅靠教材上的三幅图,学生不易理解它的抽水过程,如果将"活塞式抽水机抽水示意图"改为动画课件,详细描述其工作过程,学生就容易理解了。又如宇宙的形成、飞机投掷炸弹、船闸原理、火箭发射等,都可以让学生通过视频、动画等多媒体形式产生身临其境的感受,激发起他们的学习兴趣和探究知识的欲望。

多媒体课件制作并不是一项简单的工作,这要求教师在设计多媒体课件时,首先要根据学生的学习状况,明确教学的具体内容、难易程度以及各知识点间的联系,再收集素材,最后组合素材设计课件。在使用 Power Point 时还要注重系统设计,其中包括导航设计、视觉设计、听觉设计等。前面提到的超级链接就包含在导航设计里,把视频、动画等小软件包链接到指定的位置,从而构成一个完整的课件。新教师还要学习一些动画功能强的软件,如 Author ware、Flash、几何画板等,同时还要加强摄像头、投影仪等计算机附件的使用,有些青年教师利用摄像头进行课件与实验的切换,效果很好。

(3) 有效地利用网络收集素材,进行网络教学。进入网络时代后,网络环境为学生提供了巨大的知识库、资源库,网上资源的开发和利用已成为一个现代教育工作者必备的工作能力。教师可以通过互联网收集素材,如习题、优秀的课件、视频等,还可以通过网络与学生传递信息并辅导学生学习。

新教师在使用多媒体技术和网络技术上有一定的优势。80 后的新教师应用计算机的能力普遍较高,他们打字快,对于 Power Point、Excel、Author ware,甚至 Flash、3DMax 等软件应用灵活,对于网络更加熟悉,利用网络检索信息、获取信息的能力强。但这一部分教师也容易出现过分依赖多媒体教学的现象,因此还要注意以下几个问题:

(1) 不能盲目地使用他人课件。由于网络的普遍使用,网络上的信息如课件、教案、习题等资源十分丰富,如何有效地利用这些资源为教育教学服务呢?课件开发对于非计算机专业的教师来说有一定的难度,可适当拿来一些他人制作好的课件,这样可以减轻教师的压力,使教师能拿出更多的精力钻研教学方法。然而教学过程是一个复杂的系统工程,教学效果由多方面因素制约,教师的差异性是显然的,学生也不是千篇一律的,现成的课件并不一定适合教师的教学目标。对于一些好的视频、Flash 动画现成课件,我们可以截取下来链接到自己的课件上,制作出符合自己教学意图的课件,但绝对不能照搬照用,否则会使教师在课堂上被课件牵着鼻子走,造成被动局面。

(2) 不能过分依赖多媒体教学。在学生的学习中起重要作用的是教师而非计算机,教学的主体是学生,教师是主导者,课件只是一种辅助、演示的工具。若教师不分课型、内容,不顾实际教学的需要,盲目使用多媒体而忽视学生学习的主体性,在教学活动中用信息技术简单地替代板书,将所有的教学环节全部用多媒体再现出来,把课件里的程序变成自己授课的思路,那么就限制了自己的教学思路,成了点击鼠标的机器、课件的讲解员。课件成了教学的主导,师生都让课件主导着,这显然是本末倒置的做法，不但不能提高教学效率，反而会影响教学目标的实现。在教学中，教师应该是学生自主学习的指导者和组织者，在教学中应用课件，应该是让课件为教师的教、学生的学服务，提升教学效果，优化课堂教学。

（3）不能用课件取代实验。作为以实验为基础的自然科学课程——物理课，多媒体课件不能代替实验，不管是演示实验还是学生实验，都是不能被课件所替代的。实验不仅能帮助学生正确掌握物理知识、概念和规律，还能培养学生的观察能力、动手能力、分析问题和解决问题的能力，提高学生学习物理的积极性，激发学生的求知欲，使学生养成实事求是、严肃认真的科学态度。有些教师不考虑物理学科的自身特点，盲目追求多媒体手段，完全用物理课件模拟演示物理实验，学生在观看动画过程中仅仅学习了知识的表象，缺乏真正的感知，难以相信模拟实验的现象和结果。长此以往，教学效果不但不理想，还会影响学生实践操作能力和创新能力的培养。

实际教学中，那些受时空限制、受器材限制难以在课堂上操作或危险性高的实验，可以通过视频或动画展示出来。例如，托里拆利实验因对器材要求较高，一般学校很难完成，可以利用多媒体播放录像展示给学生；在讲述发电机的工作过程时，只是演示手摇发电机使灯泡发光并不能使学生完全明白，可利用多媒体课件展示线圈转到不同位置时产生电流的情况，有利于学生理解发电机的工作原理。新教师应掌握一个合理的顺序：学生实验——演示实验——播放录像——动画演示，一定要在前一种手段不可行时才能考虑使用后一种手段。

四、了解初中物理实验器材及其操作方法

由于中学物理是一门以实验为基础的学科，物理教师必须掌握系统的实验基础知识，熟悉实验的基本方法，具有熟练的实验技术和良好的实验素养以及设计、制作仪器教具的能力。

作为一名新教师，首先要熟悉初中物理所涉及的基本实验器材，其中包括刻度尺、停表、音叉、温度计、托盘天平、量筒、量杯、平面镜、凸面镜、凹面镜、凸透镜、凹透镜、光具座、三棱镜、弹簧测力计、压强计、密度计、杠杆、滑轮、验电器、学生电源、电流表、电压表、滑动变阻器、电阻箱、电能表、二极管、测电笔、电磁铁、电磁继电器等。其中一些实验涉及的器材，如示波器、光具盘、万用表、学生天平、游标卡尺、螺旋测微器等，也是一名物理教师应了解的。

初中的实验一般比较简单，但这是学生进行正式实验操作的开始，要培养他们良好的实验习惯，这也就要求教师严格规范平时的实验教学。教师应严格要求自己，凡是要给学生做的实验，不管是分组探究还是课堂演示，在备课时必须自己先做一次。一是保证实验能成功；二是检查器材是否齐备和功能是否良好；三是估计实验本身或学生容易出现的问题。这样才可以形成完整的实验方案、严密的实验步骤、明显的实验效果。同时，还要预见实验中可能出现的问题，从而提高实验的安全性与成功率，

对偶然性较大的实验做好充分的应急和补救准备。如在准备电学实验时要充分考虑到小灯泡和导线的损坏情况，要多准备一些，还要准备一块万用表便于引导学生排除电路故障。

物理实验是为学生的学习服务，实验现象明显，便于操作和观察，易于分析总结得出结论。这要求教师平时一要多做，二要规范操作，三要创新。很多的一线能手、教学专家都在物理实验教学方面有独到之处，在一些示范课、观摩课上，很多教师都是以独具匠心的实验激发学生的兴趣，成为整节课的亮点，而实验教具则是教师们发挥自己的智慧自制或改良。如在"探究凸透镜成像规律的实验"中，光源一般用点燃的蜡烛，但烛焰不稳定不便于比较，一些教师就自己用二极管焊接成光源代替烛焰，并在光屏上打上坐标格便于比较物像大小，还有的教师做出可以转动的光源便于说明其对称性。这些改进使得这个实验更加完善，学生探究的积极性也更高了。

第三节　你做好上课的准备了吗

一、建立新的学科认识

新教师一般都有较扎实的基本物理学知识和一些教育学心理学知识，要适应初中物理教学，还要明确一点：初中物理教学的目标是提高全体学生的科学素养，课程的设置主要以学生的发展为主而非学科体系自身的完备。义务教育阶段的物理课程标准重视学生生活经验在学习科学知识中的作用，不过分强调学科的体系和知识的严密性。这就要求教师摆脱大学时形成的对物理学的认识，使所学知识与初中物理教学接轨。如初中阶段"质量"的定义是"物体中所含物质的多少"，这是从初中学生的认知水平出发给出的定义，虽然不严谨但是便于学生理解，同时便于学生区分物体与物质的概念。又如，在人教版教材八年级上册"电流和电路"一节中阐述"电池和发电机等电源是提供电能的装置，而像电灯和电扇等用电器是消耗电能的装置"，不用对电能过多解释，因初中学生在生活中已经认识了能量，教学中只要列举实际的事例，就能使学生完全理解电能的初步概念，以后在不断的学习中再逐渐加深对这个概念的认识。

二、丰富课堂内容

很多新教师刚刚接触初中物理教材时觉得内容太少，没有什么好讲的。如"声音的产生与传播"一节只有声音的产生、声音的传播、声速三个内容，三句话就可以把这三个内容讲完了。但教师面对的是八年级学生，他们是物理的初学者，知识少，经验少，不清楚物理学的研究方法，教师不能像上科普课一样给学生看看视频了解一下就可以了。教师首先要明确本节的教学目标是通过实验探究，初步认识声的产生和传播的条件。然后要考虑如何创设情境导入新课，如何开展探究实验研究声音是如何产生的，如何引导学生得出结论，如何衔接引出下一个问题——声音的传播，如何探究真空不能传声，如何让学生了解影响声速的因素等。最后要设计合理的反馈练习帮助学生巩固所学知识。经过教师的精心设计，一节课的内容就丰富起来了。

新教师要想上好一节课首先要备好一节课，要备好一节课就要研究学生、研究教材、研究教法。

1. 研究学生

首先，新教师要了解初中学生的认知水平。根据皮亚杰的认知发展理论，初中学生已处于"形式运算"为主的阶段（12～15岁）。这阶段的主要思维特点是在头脑中可以把事物的形式和内容分开，可以离开具体事物根据假设事件进行逻辑推算，能运用形式运算来解决诸如组合、包含、比例、排除、概率及因素分析等逻辑问题。后来的大量研究证明，学生达到形式运算阶段的年龄并不像皮亚杰认为的那么早，大多数初中学生处于具体运算思维或从具体运算思维向形式运算思维过渡的阶段。对于刚开始学习物理的初中学生来说，虽然抽象逻辑思维在个体的智力发展中开始占据优势，但在很大程度上，这时的逻辑思维还需要经验支持，因此教师最好从学生身边的现象引入概念，逐步让学生理解和应用科学概念。如讲"压强"一节时可以先演示一个生活小窍门——细线切松花蛋，引入压力作用效果的知识，使学生接受起来更加容易。又如，在"光的直线传播"一节中有光源、光的直线传播及其应用等内容，光源的概念学生很容易理解，可引导学生多举例子——月亮、自行车尾灯为什么不是光源。为学生提供多种器材，引导学生探究光沿直线传播的条件。另外，知识的应用应与生活实际相联系，如利用小孔成像看日食、利用激光准直、解释影子的形成等。

其次，教师还要了解自己所教班级学生的特点。一个物理教师一般教两个或三个班，每个班学生的特点不同，教师只有在全面了解学生的基础上设计教学过程才能获得最好的效果。对于基础较好的班，教师可以在实验探究时多给学生一些自由发挥的空间；对于基础较差的班，教师要注重引导，适当降低一些难度；对于两极分化明显的班级，教师要分层次教学，让不同层次的学生都有收获。

2. 研究教材

根据《义务教育物理课程标准（2011年版）》（以下简称《课程标准》）的理念，教师应该把教材作为一种教学资源进行创造性的运用，不但要准确地"把握"教材，而且要敢于"超越"教材。教师要分析好教材，必须分析教材的编写思想和特点，了解教材中各知识点在整个物理教材中的地位以及作用，即本知识点与其他章节的知识点的联系；本知识点在生活实际中有哪些应用；本知识点的学习对于培养学生的能力、情感、态度、价值观有哪些作用。教师要根据《课程标准》和学生的实际确定教学的重点和难点，在教学设计中突出重点、突破难点。

3. 研究教学方法

教学方法是教师和学生在教学过程中为实现教学目标而相互作用的方法和途径。教学方法中既包括教师"教"的方式方法，也包括学生在教师指导下"学"的方式方法。教学中常用的教学方法有讲授法、提问讨论法、模拟发现法、实验探究法、讲练结合法等，正确选择和综合应用教学方法可以使课堂教学达到最佳效果。教师在综合应用教学方法时要做到：使各种教学方法相互配合、相互结合，形成有机的整体；注重直观方法与抽象方法的结合；注重教师指导与学生活动的结合；注意启发学生的思维。

三、做学生喜欢的老师

教育实践证明，最能深刻影响学生学习效果的是情感，而与他们情绪、情感关系最密切的就是教师。在现实生活中，学生往往因为喜欢老师而喜欢学习，也往往因为害怕老师而逃避学习。调查显示，学生大多喜欢新教师，因为新教师与他们年龄相差不太大，像大哥哥大姐姐，有活力，与他们有共同语言，容易沟通。但仅有这些是不够的，要想获得学生的尊重和爱戴一定要做到以下几点：

做一个有爱心的教师。对学生既关爱又有耐心，让学生感受到温暖。你的爱心会使学生敞开心扉，将他们的心里话和烦心事告诉你，并且渴望你的答案，对于你的要求他们也会欣然接受。

做一个有宽容心的教师。宽容，好比冬天里的一把火，消融了人与人之间的隔阂。一个好老师，对犯了错误的学生应该给予宽容，这样不仅会避免矛盾的产生，还会促进师生之间的关系的和谐发展。宽容是很好的调节器，它对调节师生之间的关系具有十分重要的作用。

做一个知识渊博的教师。学生眼中知识渊博的老师，不仅拥有教科书范畴的知识，还要有教科书以外的知识和丰富的社会经验，学生百问却"难不倒"。知识渊博的老师在上课的过程中会旁征博引，把课内外的知识巧妙地、有机地结合起来，使学生获得丰富的知识，对课本产生浓厚的兴趣，从而获得较好的学习效果。所以，教师要想让学生喜欢自己上的课，必须要有渊博的知识。

做一个尊重、信任学生的教师。师生之间的友谊首先应建立在尊重双方人格尊严的基础上。学生的自尊心特别强，教师的许多言行举止都会在不经意间影响到学生，甚至伤害学生的自尊心，因此，教师要注意自己的言行举止，处处尊重学生的人格。信任是一种特殊的尊重，对学生有着特殊的教育功能，学生往往从教师的信任和期待中体验到做人的尊严，激励自己不断进取。反之，一旦学生发现自己被轻视，马上就会产生"敌意"，甚至产生破罐子破摔的想法。

做一个风趣幽默的教师。风趣幽默是一种智慧，也是很好的教育教学方式之一。风趣幽默的老师在讲课时往往用具体生动的事例引入新课，把深奥的道理讲得浅显易懂。这样的教师在学生感到疲劳时就会来几段风趣幽默的话，使学生的疲倦一扫而光，让他们在快乐中学习。另外，这样的教师特别善于激发学生的兴趣和热情，调动学生学习的积极性，使学生学得愉快、学得高效。

第四节　对一节好课的认识

新教师要想上好一节课，首先要认识到什么样的课是一节好课。评价一节课应该从多个角度出发，考查多方面的情况。根据新课程改革的要求，一节好课要具有重过程、关注人、一切为全体学生的发展服务等特点。课堂教学是实施素质教育的主渠道，要有利于教师的发展和学生的健康成长，我们要通过每一节课，使师生都能在原有的基础上有所提高，哪怕是很微小的进步，日积月累，实现教学相长。一节好课要切实关注以下几点：

（1）教学过程预设周密，生成度高。没有预设的课是杂乱无章的课，没有生成的课是不成功的课。课堂教学不能是"满堂灌"，也不能是"满堂问"，要处理好教师"主导"与学生"主体"的关系。教师应及时发现并能智慧、恰当而又果断地处理好课堂教学中出现的问题和突发事件，及时纠正学生的错误，从而提高课堂效率，使课堂变得优质、高效。

（2）调动学生学习的积极性、主动性。课堂教学的每一个环节要引导学生充分参与，引导学生质疑、探究。要关注每一个学生，因材施教，满足不同学生的学习需要。要创设有利于教学的环境，开发有利于达成教学目标的课程资源，注意激发学生的学习兴趣，使每个学生都能喜欢这个课堂。

（3）把握好课堂教学节奏。课堂教学节奏的把握是很重要的，把握得好可以提高课堂效率，反之，则既浪费时间又影响效果。一般来讲，引入新课时学生状态较好，对新知充满好奇，这时教学节奏应明快，在一两分钟时间里激起学生的兴趣，使学生打开思路。在接下来的大约二三十分钟里，对于教学的重点、难点，应循序渐进，步步引导学生，使学生有充足时间消化每个知识点。最后要注重反馈，反馈既是体现教学效果的一种方法，也是师生交流的一种手段。

（4）教学要有特色，有创新。关于这一点不是每位教师或每一节课都能做到的，但是应大力提倡。这就要看教师的基本功和驾驭课堂的能力与水平了。教师应向这方面努力，逐步形成自己的教学风格和特色。

（5）写好课后反思。课后反思记录的是教学过程中的经验和教训，是对教学行为的理性分析和升华。课后反思要记"亮点"，也就是自己最满意的地方，如新颖有趣的导入、课堂教学中某一应变得当的措施、双边活动中的成功之处、某些思想教育渗透的巧妙之举等，把这些记录下来以便今后继续发扬。记"败笔"，即使是成功的一节课，也难免有疏漏之处，有不尽如人意的地方，如实验演示效果不理想，或某处教材内容处理不妥等。教师只有及时、仔细地检查教学中的不足和失误，才能对症下药，找到弥补不足、矫正偏差的有效途径，使自己的课更加完美。

第五节　你能与他人合作也能独立工作吗

新教师从进入工作岗位开始就进入了一个多集体的环境中，在这样的环境中，新教师既要有独立工作的能力也要有与同事合作的能力。

（1）配合班主任做好班级管理。对于课堂上、作业中学生出现的一些问题，教师要酌情解决。对于偶然的、个别的一些小问题，如学生走神、做小动作、作业完成不好等，教师可以想办法自己解决。但对于可能影响整个班级的行为，教师就一定要与班主任及时沟通，共同想办法解决，不使事态扩大。

（2）与其他学科教师合作，提升学生整体水平。学生要全面发展，每门功课都很重要，新教师要注重与其他学科教师的配合。物理不是一门孤立的学科，它与数学、化学关系紧密，离不开语文和英语的支持，与生物、地理、历史也有联系，这就要求物理教师要经常与其他学科教师沟通、合作。

（3）与学科组、备课组教师配合，完成各项工作。在一所学校里，教学进度是有统一的安排的，哪个阶段要讲到哪里，每次考试考到哪里，不同的班教师不同，但进度大致相同，这就要求教师们要加强合作，及时沟通。还有常规实验的安排、卷子的批改等工作都需要备课组的教师相互配合共同完成，新教师可以在工作中多干一些，这样有助于自己能力的提升。

第六节　新教师如何在教学中成长起来

教学是教师经过逐步积累、不断探索总结、最终达到完善发展的过程，也是教师不断提升、成长的过程。每个新教师无一例外要经过一定时间才能适应自己的工作，这种适应是社会角色转变的过程，是调整知识结构、探索教学技能以及发挥主观能动性的过程。要想尽快成长起来，新教师就要加强学习，注重反思。

1. 向书本学习

读书是提升自身能力和素质的有效方法。书本中有先进的教学理念，有教育学、心理学的最新信息，有优秀教师的教学经验、教学心得，有现代物理学的新知识等。除了教参以外，新教师还要多看一些中学物理杂志，如《中学物理》《中学物理教学参考》等，其中的经验交流、实验研究、教学随笔等对新教师都很有启发性。多读一些能提升自身修养的书，如《教师的20项修炼》《中学物理教学艺术研究》等。

2. 向有经验的教师学习

新教师要主动争取老教师、骨干教师的帮助，经常与他们交流，观摩他们的课堂教学，和他们一起研讨、分析，学习他们驾驭专业知识的能力，学习他们如何调动学生的积极性，学习他们如何采用有效的教学方法，学习他们如何创新等。在向有经验的教师学习时，新教师一定要虚心，要抛弃难为情、怕别人瞧不起等想法。同时也要请有经验的教师多听课，请他们指出不足之处，提出改进的意见，俗话说"当局者迷，旁观者清"，自己感觉不到的缺点，别人可能一眼就看出来了。每个人都会有自己的风格，新教师只有多听、多看、多问，取长补短，才能慢慢走出一条适合自己的路。

3. 加强教学反思

新教师要以自己的实践活动为对象，对自己的行为、决策、理念和由此产生的结果进行回顾、分析、评价，判断教学活动的得失，形成自我反思的意识和习惯，以积极的心态来审视自己的教学实践活动，在不断的反思中提高自己、完善自我。新教师不仅要对教学行为进行反思，还要加强对教学发展过程的反思。反思是教师自主意识的表现，是教师制订适合自己发展的目标、计划的依据。这样，通过不断回顾自己的成长过程、对自己的发展做出诊断，新教师获得新的、更好的发展策略。

现代教师应具备双重身份：教师、学生。教师为"育人"而终身学习，教师的学习不是一般的学习，而是基于社会对于一个教育者要求的学习，最终的追求是"育好人"。教师应当不断学习新的教法、新的教育教学理念，让自己成为"源头活水"，更好地滋润学生渴求知识的心田，并帮助学生树立终身学习的观念。

另外，新教师还要经常参加继续教育活动，了解学科前沿知识，更新教学理念，这样可以大大缩短教学适应期，少走弯路，加快教学成长进程。

专题二　明确课程与教学目标

第一节　《课程标准》对教学理念的解读

一、课程基本理念

国际国内教育改革的实践是新的课程理念和思想产生的土壤。在对基础教育进行国际比较的基础上，结合我国课程改革的需要，依据义务教育阶段物理教育的目标定位，形成了物理课程改革的基本理念。

（一）理念一：注重全体学生的发展，改变学科本位的观念

《基础教育课程改革纲要（试行）》（以下简称《纲要》）中指出："义务教育课程应适应普及义务教育的要求，让绝大多数学生经过努力都能够达到，体现国家公民素质的基本要求，着眼于培养学生终身学习的愿望和能力。"因此，义务教育阶段的物理教育的目的是培养全体学生的科学素养，而非精英教育或职业教育，所以该阶段基础物理课程应该满足所有学生发展的需要，提升我国公民的科学素质。

关注全体学生就意味着教师要尊重每一位学生，要给每一位学生提供同等的学习机会，使所有的学生通过物理课程的学习，都能在原有的水平上得到提高，获得发展；意味着课程的内容应该呈现多样性，应该满足不同层次学生的需求；意味着教师在教学过程中要因材施教，以便适应不同智力水平、性格、兴趣、思维方式的学生的需要；意味着教师在学习资源的分配上对每一位学生都是公平的；意味着教师对每一位学生的评价必须公正。

同时课程的设置应以学生的发展为主，提升我国公民的科学素养，而非学科体系自身的完备。科学素养是指公民对科学知识、科学研究过程和方法、科学技术对社会和个人所产生的影响达到的基本了解程度。科学素养对学生的基本要求是他们能够合理地将所学到的学科知识运用到社会及个人生活中。从国际科学教育的改革历程可知，过分强调学科中心或学科本位，将课程设置的重点放在学科的完善上，很容易导致学习内容难、繁、偏、旧等，并且物理教学也容易侧重于知识的灌输，这无疑会影响学生学习物理的兴趣，使学生对物理产生畏难情绪。因此在课程设置时，应更多地关注学生的发展需求，适应学生的认知特点，使学生获得适应未来社会生活和进一步发展所必需的物理知识、基本的物理思想方法以及必要的应用技能，初步学会运用物理的思维方式去观察、分析现实社会，去解决日常生活中和其他学科学习中的问题，增强应用物理的意识。

（二）理念二：从生活走向物理，从物理走向社会

《纲要》指出，义务教育要"改变课程内容难、繁、偏、旧和过于注重书本知识的现状，加强课程内容与学生生活以及现代社会和科技发展的联系，关注学生的学习兴趣和经验"。物理学研究的是自然界最基本的规律，而自然界中的物理现象蕴藏着无穷奥秘，认识主体探索物理现象的过程应充满乐趣，这两方面的客观存在与结合是建构初中物理课程的关键，也是物理课程设计的起点。自然界的神奇现象震撼人心，生活中的物理现象妙趣横生。初中物理课程是学生在综合科学课程基础上第一次学习物理分科课程，因此，课程的设置应贴近学生的生活，让学生从身边熟悉的生活现象去探究并认识物理规律，同时还应将学生学到的物理知识、科学研究方法与社会实践结合起来，让他们体会到物理在生活、生产中的实际应用。这样的课程设置不仅可以增加学生学习物理的乐趣，还可以培养学生良好的思维习惯和科学探究能力。而从书本到书本的学习，让学生直接、被动地接受前人留下的知识，学生很难意识到学习这些知识的真正意义，他们的知识便不是自己去发现、探索得来的，而是老师灌输的。这可能会影响学生对自然科学的探索兴趣，阻碍学生探究能力的形成。

（三）理念三：注重科学探究，提倡学习方式多样化

成功的科学教育要使学生既能学到科学概念又能提高科学思维能力。科学课堂中有效的学习要依靠多种不同的教学方法，已有证据证明，探究式学习方法是学习科学的一个有效工具，能使学习者在课堂上保持强烈的好奇心和旺盛的求知欲。

从科学发展的历史中我们可以看到，整个科学发展的历史就是一部科学探究的历史，人类最初完全通过自己的生活经验认识、解释世界的种种现象，后来通过设计实验和对自然界的观察得到种种结果，并根据结果进行推论，形成种种理论。

我们课本中所介绍的知识只是科学的一个组成部分，而不是科学的全部，真正推动科学前进的动力是科学精神和科学方法，由于我们的教学缺乏对这两个方面的重视，学生在课堂上只是看科学、听科学，而不是做科学。学生由于对科学知识的来源缺乏了解，把科学知识看得很神圣，不敢置疑；由于对科学方法缺乏了解而失去信心，缺乏科学创新的能力。在教学上，教师和书本几乎是学生知识的唯一来源，于是学生产生了错误的认识——教师和书本是权威，只要把书本上的条条都背会就可以得到一个很好的成绩。在这种情况下，学生只有苦读课本，不敢越雷池一步。

《纲要》中指出，课程改革要"改变课程实施过于强调接受学习、死记硬背、机械训练的现状，倡导学生主动参与、乐于探究、勤于动手，培养学生搜集和处理信息的能力、获取新知识的能力、分析和解决问题的能力以及交流与合作的能力"。因此，物理学习的主要目的不仅是学习物理知识，更重要的是让学生通过自主、合作、探究的学习方式学习物理知识，学会学习，学会探究，形成正确的科学观、价值观。学生在探究性学习中不仅能产生浓厚的学习兴趣，而且还能感受到自己的失败与错误，通过纠正错误逐步获得正确的认识，真正体会到成功的喜悦。意义不能被给予，只能让学习者自己发现，富有探索性的物理学习实践是发现物理现象背后意义的关键，亦是物理素养形成的过程。学生应具备的物理素养必须通过每个学生自己发现意义的过程来形成。当然，科学探究不是唯一的课堂教学方式，教师可根据具体内容灵活地选用不同的教学方式。

（四）理念四：注意学科渗透，关心科技发展

社会是一个开放的系统，开放性决定了社会的发展性和可变性。自然科学和人文科学在不断更新内容，信息与物质的交流变得更加频繁、剧烈。国民在服务、改造社会与自然的同时，必须具备开放的思维意识、灵活的应变能力和极强的综合能力。因此，《纲要》中指出，要"改变课程结构科目过多和缺乏整合的现状，整体设置九年一贯的课程门类和课时比例，并设置综合课程，以适应不同地区和学生发展的需求，体现课程结构的均衡性、综合性和选择性"。

在近代科学诞生之前，人们多以感性直观的方式看待周围的事物、认识世界，并由此对认识的对象和知识进行分类，这可以说是人类认识世界的最本质起点。随着认识的深入，在像近代科学诞生时期那样的特定历史阶段，愈加深化细分的研究方式成为主流，人类关于周围世界的知识被分成不同的学科。这种人为的学科划分具有更方便地描述事物的不同类别性质的优点，但也丧失了对自然界的整体把握。然而，近代科学的进一步发展，特别是21世纪以来，随着科学的进步，人们逐步揭示物质的不同存在形式和运动形式之间的本质联系，发现了原来被分割开的各门学科之间的联系以及各门学科所共有的最基本、最本质的概念。因此为了培养符合时代发展需要的理想人才，为了使学生全面发展，为了提高国民的综合能力，需要让学生整体地了解自然科学的发展以及与社会科学的相互渗透。

科学技术的发展为人类带来了福音，但同时也带来了一些负面的影响。传统科学教育中强调科学的万能、神圣以及不可磨灭的功绩，然而，由于对科学技术的应用欠缺整体考量，科技的负面效应在逐渐扩大，如我们的星球正面临着放射性污染、温室效应、人口膨胀、自然资源枯竭等问题。面对这些问题，人类开始客观地评价科学和技术的发展，理智地思考科学技术的社会功能。因此，肩负培养学生科学观的科学教育应注重及时反映科学技术发展状况及其对人类文明的影响，让学生认识科学技术整体的社会功能及必要的社会控制策略。

（五）理念五：构建新的评价体系

我国以往的评价在内容上过多地倚重学科知识，特别是课本上的知识，忽视对解决实际问题的能力、创新能力、实践或动手能力、良好的心理素质、科学精神、积极的学习情绪等方面综合素质的评定；有关评价指标单一，重在评价共性与一般趋势，忽视了个体之间的差异；而评价主体仍以教师为主，虽然有一些学生自我评价，但总

的来说，学生还是处于消极的被评价地位；评价结果则过分强调终结性评价，而忽视各个时期个体的进步状况，因此不能起到促进发展的作用；评价方式与方法还是注重"量化"，而忽视"质性"评价；评价手段多采用传统的纸笔方式，缺少体现最新评价思想的技术与方法；评价实施过程显得封闭、静态、缺乏灵活性与动态性。

因此《纲要》中提出，要"改变课程评价过分强调甄别与选拔的功能，发挥评价促进学生发展、教师提高和改进教学实践的功能"。《纲要》所提倡的评价方式在评价的目的、评价的价值取向、评价的具体手段以及评价的主体等方面都与传统的评价方式有着明显的区别。

评价的目的不仅是为了考查学生实现课程目标的程度，更是为了改进师生教与学的效果，改善课程设计，从而有效地促进学生的发展。这是对传统评价思想的改革，体现了改革的核心是一切为了促进学生的发展。

评价在价值取向上应摒弃片面的评价观念，尽可能全面真实地反映课程全貌。课程实施是一个十分复杂的研究领域，它包含了许多相关的因素，必须从不同的角度、用不同的方法来认识和评价具体的课程实施，要坚持体现评价的整体性和综合性。

评价的手段上要注重多样化和灵活化。全面的课程评价要有与之相适应的手段来配合，对课程的不同层次和不同侧面的评价，需要采用不同的评价手段。所以，在《课程标准》中强调综合运用多种评价方式，注意将形成性评价与终结性评价、定量评价与定性评价相结合。如其中的"课堂日志""现场笔记""记录卡片"等评价手段，正是以往的评价中所没有的。

评价的主体上要注意将教师的评价与学生的自我评价、相互评价以及家长评价相结合，加强学生的自我评价和相互评价。这就改变了以往的评价只有教师参与的现象，确立了学生的课程评价主体的地位。这种评价从一个侧面反映了学生是学习主体的现代教学观。

传统教育理念认为，一个好的物理教师要满足：板书漂亮、表达清楚有条理、实际动手操作能力强、勤奋敬业、有亲和力等。现在看来，仅仅有这些还远远不够，必须构建与新课程改革理念相适应的评价体系，以便实现基础物理课程的课程目标。

二、《课程标准》的设计

（一）《课程标准》的设计框图

《课程标准》将义务教育阶段的物理课程培养目标定位为：提高全体学生的科学素质。由此，提出了义务教育阶段物理课程的基本理念和课程目标。内容标准由科学探究和科学内容组成。科学探究包含提出问题，猜想与假设，制订计划与设计实验，进行实验与收集证据，分析与论证，评估，交流与合作等要素；科学内容含有三个主题：物质、运动和相互作用、能量。《课程标准》在课程实施建议部分，分别为教师、教材编写者、教育管理人员提供了教学建议、教科书编写建议、课程资源开发和利用建议以及学生学习评价建议。下面是《课程标准》的设计框图：

义务教育阶段物理教育培养目标定位
提高全体学生的科学素质

课程基本理念
注重学生发展，改变学科本位
从生活走向物理，从物理走向社会
注重科学探究，提倡学习方式多样化
注意学科渗透，关心科技发展
构建新的评价体系

课程目标
知识与技能
过程与方法
情感态度与价值观

内容标准
（含样例和活动建议）

科学探究	科学内容	
提出问题 猜想与假设 制订计划与设计实验 进行实验与收集证据 分析与论证 评估 交流与合作	物　质	物质的形态与变化，物质的属性，物质的结构与物体的尺度，新材料及其应用
	运动和相互作用	多种多样的运动形式，机械运动和力，声和光，电和磁
	能　量	能量、能量转化与转移，机械能，内能，电磁能，能量守恒，能源和可持续发展

实施建议
教学建议
教科书编写建议
课程资源开发和利用建议
学生学习评价建议

(二)《课程标准》设计的几点说明

（1）义务教育阶段的物理课程以提高全体学生的科学素质为目的，因此《课程标准》规定了面向全体学生的基本学习要求。

（2）《课程标准》不仅对"知识与技能"提出了基本要求，而且对"过程与方法""情感态度与价值观"均提出了相应要求。

（3）《课程标准》特别将科学探究纳入内容标准，旨在加强对学生科学素质的培养。学生不仅应学习物理知识和技能，还应经历一些科学探究过程，学习科学方法，了解"科学·技术·社会"（STS），逐步树立科学的世界观。科学探究应渗透到教材和教学过程的各个部分。

（4）为了进一步将课程基本理念和课程目标渗透到内容标准中，帮助教师更好地理解内容标准，《课程标准》特别在内容标准中增设了样例和活动建议，它们不是必学内容，仅供教师参考。

（5）《课程标准》为义务教育阶段的物理教材编写留有自主空间，也为课程的具体实施留有回旋余地。

第二节　初中物理教什么

《课程标准》规定了义务教育阶段物理课程的基本学习内容和应达到的基本要求，并注重物理知识的学习和技能的训练，强调了科学过程的体验与科学方法的学习，关注了科学、技术、社会的观念渗透，特别指出科学态度与科学精神的培养，同时还提供了对《课程标准》进一步解释和扩展的样例。这样的课程标准反映了义务教育阶段面向全体学生的理念，体现基础性、普及性、发展性和选择性的基本精神，代表了一种新的物理课程理念和实践体系。

一、对物理的认识

我们可以给物理下很多定义：物理是一门以实验为基础的自然科学；物理是人类进步的动力；物理是人类生活的工具等。为什么物理没有一个简单而又涵盖全部元素的定义？因为物理不仅是一门知识，更是人类实践活动的产物，是由诸多元素构成的多元结构；社会与科技推动着物理的发展，同时物理也是推动社会与科技发展的关键因素；对物理的认识不仅要从物理学家关于物理本质的观点中去领悟，更要从物理活动的亲身实践中去体验；物理发展的动力不仅要从历史的角度考量，更要从物理与人类现实生活的联系中去寻找。

人类生活与物理之间的联系应当在物理课程中得到充分体现。物理结果的呈现形式往往是一些经过精心组织的语言简练、条理清晰的定理、定律、公式，它们虽然很完美，但割断了与实际生活的联系，我们很难再找到其产生和发展的痕迹。学生学习这样的内容，只能被动地接受，他们很难找到发挥主动性和创造性的空间，对物理的兴趣和爱好也就成了空谈。要使学生认识到物理与人类实际生活的紧密联系，物理课程的内容就一定要充分考虑物理发展进程中人类的活动轨迹，贴近学生熟悉的实际生活，不断沟通生活中的物理与课本中物理的联系，使物理和生活融为一体。

物理是人类在生活实践中不断发展的，作为课程内容的物理也是一项人类活动。人类运用物理的思想和方法，不断把与实际问题有关的材料进行整理和组织，这样的活动持续重复、不断积累，形成了更高水平的概括，使物理不断发展。每个学生都具有发现的潜能，他们自己在某种程度上通过整理和组织进而重复人类物理发现的活动是有可能的。物理课堂应当推动这种潜能的开发，通过提供充足的资源、空间和时间，使学生有重复人类物理发现活动的机会。体验从实际生活开始，学生沿着从生活中的问题到物理问题、从具体物理问题到抽象物理概念、从了解特殊关系到发现一般规律的人类活动轨迹，使已经存在于自己头脑中的那些经验性的物理知识和物理思维方式上升发展为科学的结论，逐步通过自己的发现去学习物理、获取知识，实现物理的再发现和再创造。

二、对物理课程的认识

每一位学生都应获得必需且"有价值"的物理。《课程标准》中所规定的内容及教学要求是最基本的，是每一个普及义务教育地区的每一位智力正常的学生通过教师的引导和自身的努力都能够达到的，是适合终身学习的必备基础知识。"有价值"的物理是指满足素质教育要求的物理，它应当有助于学生健全人格的发展和积极向上价值观的形成，有助于学生自信心、责任感、合作意识、创新意识、求实态度和科学精神的培养。这样的物理应包括：物质的形态与变化，物质的属性，物质的结构与物体的尺度，新材料及其应用，多种多样的运动形式，机械运动和力，声和光，电和磁，能量、能量的转化与转移，机械能，内能，电磁能，能量守恒，能源和可持续发展等科学内容以及提出问题、猜想与假设，制订计划与设计实验，进行实验与收集证据，分析与论证，评估，交流与合作等科学探究方法。

不同的学生应在物理课上得到不同的发展。每一位学生都有丰富的知识体验和生活积累，每一位学生都会有自己的思维方式和解决问题的策略，所以物理课程应面向每一个有差异的个体，适应每一位学生的不同发展需要。因此，物理课程涉及的领域应该是广泛的，这些领域里既有可供学生思考、探究和动手操作的题材，也隐含着现代物理的一些原始生长点，让每一位学生都有机会接触、了解、钻研自己感兴趣的物理问题，最大限度地满足每一位学生的需要，最大限度地挖掘每一位学生的智慧潜能。

其实，"精英教育"和"关注全体"并不矛盾。义务教育的物理课程要面向全体，不能为少数精英而设，但人的发展不可能整齐划一，义务教育阶段的物理课程要为每一位学生提供不同的发展机会和可能。所以，"发展"才是硬道理，让物理课程立足于关注不同学生的不同发展，成为"为了每一位学生"健康成长的课程。

三、对物理学习的认识

传统的物理课程内容重结果轻过程，形成结果的生动过程往往被单调机械的条文所取代，所以物理教学过程缺乏生气、乐趣。于是，学习可无智慧，只需认真听讲和单纯记忆，读书可不必深入思考，做题可不必诘问创新，排斥了学生物理学习过程中的思考和个性。

《课程标准》指出："让学生经历与科学工作者进行的相似的探究过程，获取物理知识，领悟科学探究方法，发展科学探究能力，体验科学探究乐趣，养成实事求是的科学态度和勇于创新的科学精神。"《课程标准》的这一理念从内容上强调了过程，不仅与创新意识和实践能力的培养紧密相连，而且使学生的探索经历和得出新发现的体验成为物理学习的重要途径。

物理教学过程应成为物理结果的形成过程，学生通过这个过程，理解一个物理问题是怎样提出的、一个物理概念是怎样形成的、一个物理结论是怎样获得和应用的。在这样一个充满探索的过程中，已经存在于学生大脑中的那些不太规范的物理知识和物理体验上升为科学的结论，学生从中感受物理发现的乐趣，增强学好物理的信心，形成应用意识、创新意识，使其理智和情感世界获得实质性的发展和提升。

重视过程的物理教学，"物理知识"的总量无疑比以往要减少，而且学生在探索过程中要面临很多困惑、挫折甚至失败，但这正是学生生存、发展、成长所必须经历的过程，在这样的过程中耗费的时间和精力是值得的，因为学生获得的可能是使他们终生受用的东西，是一种丰厚的回报。

物理学习活动应该是一个自主的、合作的和富有个性的过程，物理的学习方式应该是丰富的、有趣的、以主动参与和实践为主的方式。学生要有充分的从事物理学习的时间和空间，在自主探索、亲身实践、合作交流的氛围中解除困惑，更清楚地明确自己的思想，并有机会分享自己和他人的想法，在亲身体验和探索中认识物理，解决问题，了解和掌握基本的物理知识、技能和方法，在合作交流、与人分享和独立思考的氛围中倾听、质疑、说服、推广直至感到豁然开朗，使物理学习成为学生的主体性、独立性、能动性不断生成、发展、提升的过程。

四、对物理教学的认识

（一）重视科学探究

首先，物理课程是一门重要的科学课程，将科学探究列入物理课程的内容标准之中，可以让学生动脑动手，引导学生改进学习的策略和学习方法，学生通过自主科学探究学习物理的基本概念和基本规律，掌握进行科学探究的基本技能，包括观察、实验、推理方面的技能以及收集信息、处理信息、传递信息的技能，培养探索科学的兴趣和对物理现象的好奇心，激发独立思考、勇于实践、敢于创新的科学精神，逐步形成科学态度和科学的价值观。科学探究是学生参与式的学习活动，要鼓励学生积极动手、动脑，要帮助学生克服怕出错、怕麻烦等思想障碍，要使学生树立科学的批判精神，要引导学生提出问题，并做出合理的猜想与假设。

其次，评估也是科学探究中不可缺少的环节。人们在完成某项工作或在工作达到某一程度时应该进行反思，检查思路和具体措施，发现错误和疏漏，这是责任心的体现。由于这一环节并不影响所得出的科学探究结果和形成的探究报告，往往不能引起学生的重视。另一方面，初中学生还不太清楚应怎样进行评估，所以教师在强调评估的重要性的同时可以给出具体方法，必要时可以要求学生把评估中的相应内容填写到探究报告中，以引起学生的重视。

最后，交流与合作的意识也应在探究中培养。在现代社会生活和科学工作中，个人之间和团体之间的交流与合作是十分重要的。教师在安排科学探究活动时，要让每个学生都有充分的语言表达机会，要循序渐进地培养学生尽可能用已有的科学知识和较为准确的语言表述自己的探究成果，要让学生学会自己编写科学探究报告、设计表格。

（二）帮助学生尽快步入自主学习的轨道

《纲要》提出，教师在教学过程中应"注重培养学生的独立性和自主性，引导学生质疑、调查、探究，在实践中学习，促进学生在教师的指导下主动地、富有个性地学习。教师应尊重学生的人格，关注个性差异，满足不同学生的学习需求，创设能引导学生主动参与的教育环境，激发学生的积极性，培养学生掌握和运用知识的态度和能力，使每一位学生都能得到充分的发展"。

教师在教学过程中应帮助学生构建自己的知识体系，而不是去复制知识。前人留给我们的知识，对于学生来说仍然是未知的，教师要引导学生自己去认识和发现。在物理教学过程中，学生自己在学习中发现问题是至关重要的。当学生提出有价值的问题时，教师应该因势利导，让学生知道什么样的问题有价值，这对培养学生发现问题的能力、养成提出问题的习惯都有好处。学生发现并提出问题，是求知的起始，也是教师展开教学的最好开端。

华裔诺贝尔物理学奖获得者崔琦先生说过："喜欢和好奇心比什么都重要。"如果一门课程使学生饱受挫折的打击而与成功的喜悦无缘，学生也就不会喜欢，更谈不上有"终生学习的愿望"了。所以，物理教学活动应该成为喜欢和好奇心的源泉。而这样的物理教学就要从学生的生活经验和已有的体验出发，从直观的和容易引起想象的问题出发，让物理包含在学生熟悉的事物和具体的情景之中，并与学生已经了解或学习过的知识相关联。这样，学生将能逐渐步入自主学习的轨道。

（三）加强与日常生活、技术应用及其他学科的联系

根据《纲要》的要求，《课程标准》在课程的基本理念中提出"从生活走向物理，从物理走向社会"，"让学生了解自然界事物的相互联系，注意学科间的联系与渗透，关心科学技术新进展"；在设计课程时，提出要让学生经历一些科学探究过程，学习科学方法，了解"科学·技术·社会"（STS）的关系；在课程目标中，要求学生乐于参与和科学技术相关的社会活动，在实践中有依靠自己的科学素养提高工作效率的意识，关心科学技术的发展，具有环境保护和可持续发展的意识，树立正确的世界观，有振兴中华、将科学服务于人类的使命感和责任感；在实施建议中，要求加强与日常生活、技术应用及其他学科的联系。

　　义务教育的目标是全面提高国民素质，物理课程作为科学课程的重要组成部分，无疑承担着提高未来国民的科学素质的重要任务。物理课程的改革历来都受到科技进步与社会发展的巨大影响。实践证明，将STS理念渗透到物理课程中，让学生在物理课程中体验科学、技术和社会的相互关系，了解科学在社会生活和生产中的应用，学习运用多学科的知识综合分析和解决问题的科学方法，培养热爱科学、关心社会的意识以及用正确的价值观处理社会问题的能力，这对学生的终身学习和终身发展有着深远的影响。

　　物理学科是自然科学的一门基础学科，物理知识在学生的日常生活中应用广泛，物理学对科技进步和社会发展具有重大作用，可以说，人类生活的每一个方面都与物理学的发展和进步息息相关。由此可见，将物理课程与学生生活和STS相融合具有潜在的优势和可行性。如在学习电学时讲到空调，可让学生讨论其联系的生活问题——空调对人体健康的影响、空调的耗能与节能问题等；其联系的社会问题——空调产生的城市热岛效应、空调漏氟对大气臭氧层的破坏等；其联系的科学技术问题——寻找、发明替代氟利昂的环保型制冷剂等。这样做，不仅充实了物理课程的内容，而且有助于优化物理课程，使提高国民素质的任务在物理课程中得到落实。同时STS教育的多样性、开放性、综合性、参与性等特点，有利于学生进行科学探究，促进学生的个性和特长的发展。

　　综上所述，教师在备课时必须改变"只有讲过才算教过"的观念。许多内容可以精选、精讲、精点拨，更多的内容让学生通过阅读教科书和其他补充材料（包括视听材料）、收集各种信息、调查研究和讨论展示等方式学习。另外，物理教学不应仅局限于课堂教学和书本知识的学习，而应通过多种形式与课内外、校内外的活动紧密结合，让学生广泛接触社会和生活，将物理课程中学到的知识和日常生活、技术、科学和社会紧密联系起来，既陶冶了学生的情操，又发展了学生的动手能力和创新精神。

（四）提倡使用身边的物品进行物理实验

　　物理学是一门以实验为基础的自然科学，实验教学是物理课程中重要的组成部分。以往在物理教学中，只重视通过观察实验来归纳结论，忽视了学生在实验时的动手能力和探究意识的培养。《课程标准》中已经把过去教学中的许多实验演示（如阿基米德原理、欧姆定律的演示等）明确规定成学生的探究活动，而使用身边随手可得的物品进行探究活动和各种物理实验可以拉近物理与生活的距离，让学生深切地感受到科学的真实性，体会到科学和社会、科学和日常生活的关系。另一方面，由于这些物品本来的用途并不是进行物理实验，所以这种做法本身就是一种创新。

第三节　对初中物理教材的把握

教材应该全面体现课程理念，要为实现《课程标准》所规定的课程目标服务。因此，它不能只是知识的载体，而应担负起物理课程在知识与技能、过程与方法、情感态度与价值观等多方面的教育任务。

《纲要》对教材的开发、改革和管理提出了明确的指导意见，要求"教材改革应有利于引导学生利用已有的知识和经验，主动探索知识的发生与发展，同时也有利于教师创造性地进行教学。教材内容的选择应符合课程标准的要求，体现学生身心发展特点，反映社会、政治、经济、科技的发展需求；教材内容的组织应多样、生动，有利于学生探究，并提出观察、实验、操作、调查、讨论的建议"。

一、几种物理教材的简介

（一）江苏科学技术出版社教材（以下简称"苏科版"）

苏科版教材本着以学生为主体的原则，注重知识与实际生活的联系，所选内容典型、实用，贴近学生、贴近生活；新教材图文并茂、通俗易懂，具有极强的趣味性与吸引力。教材体现了三条主线：科学探究的主线、从生活到物理的主线、串联各知识点的能量主线。

科学探究的主线：教材涉及的大部分规律、结论都是通过实验由学生探究得出。学生在科学探究活动中，通过经历与科学工作者进行科学探究的相似过程，学习物理知识与技能，体验科学探究的乐趣，学习科学家的科学探究方法，领悟科学的思想和精神。新教材在"信息库"栏目中通过有趣的历史故事介绍科学家是怎样进行科学探究的，并且着重从情感、解决问题的方法和对科学探究的态度三个方面来介绍科学家对科学的探究精神。

从生活到物理的主线：新教材在内容上经过精心推敲和设计，并且充分考虑了学生的认知特点和学习兴趣。许多入门知识均以学生熟悉的生活经验加以体现，使学生学起来更加自然亲切。建构主义认为，学生在生活及以前的学习中已经积累了丰富的经验，形成了对问题的某种解释，教学要把这些经验作为知识的生长点。因此，教学不是知识的传递，而是知识的处理和转换，即通过新经验与原有知识经验的双向的相互作用，来充实、丰富和改造自己的知识经验。为配合落实从生活到物理的主线，教材降低对一些抽象概念的要求，试图引导学生用动手实验来解决问题，用图像来表达过程，用知识定性来解释现象，从而激发学生学习物理的兴趣，特别是直觉兴趣，培养学生用语言描述现象的能力、提出问题和探究物理世界的奥秘的意识。

串联各知识点的能量主线：苏科版原教材为了体现知识的完整性和严密性，将物理学的知识分成力、热、声、光、电、原子和原子能几个独立的知识板块，它们之间几乎没有什么直接的联系，所以学生学习热学后容易将力学忘记，学习电学后容易将光学忘记。新教材为了解决这一问题，加强了各知识板块之间的联系，其方法就是用能量的主线将各知识板块串联起来。能量守恒与转化定律是物理学的最基本定律，能量转化现象大量存在于日常生活中，如摩擦生热、电能转化为光能等，这些能量转化的现象最容易被学生所接受和理解。新教材突出了各物理现象之间的能量转化和联系，既反映了物理现象的联系和本质，又使学生学起来感到亲切自然。

（二）上海科学技术出版社教材（以下简称"上科版"）

上科版教材提倡从生活走向物理，从物理走向社会。本教材注重从学生的认知特点和规律出发，从让学生从感兴趣的生活和自然现象引入问题，抓住学生的关注点，使学生通过自主的探究过程发现物理规律，并且将这些规律应用于生活和生产实际。如教材第一章"打开物理世界的大门"由"走进神奇""探索之路""站在巨人的肩膀上"三节内容组成，在"走进神奇"中分别用彗星、日落、雷电、火山、洪水、雪崩、龙卷风等展示了大自然震撼人心的神奇之处，用饮料罐的秘密、折断的筷子、绝妙的拉链、神奇的圆珠笔、冲浪等展示了生活中人类智慧的神奇。在"探索之路"中介绍古人对神奇自然现象的理性思考，同时以哥白尼、伽利略、牛顿、爱因斯坦等科学家的物理发现为代表展示物理学发展的主要阶段。在"站在巨人肩膀上"一节，分别从知识与技能、过程与方法、情感态度与价值观三个方面展示了物理学巨匠们杰出的贡献。

上科版教材还努力将科学探究活动贯串教材的全过程。本教材的编写注意到科学探究活动的科学设置，将科学探究的主要环节渗透到不同的章节，每个章节都突出某一个探究环节的具体阐述。如教材在第二章强调"进行实验与收集证据"探究环节的指导与学习，第三章突出了"提出问题"环节的指导，第四章则注重"制订计划"环节，第五章关注"猜想与假设"环节，第六章训练"分析与论证"，第七章则强调"交流与合作"环节，这样，科学探究的主要要素的学习和指导在教材每个章节的不同部分被分别展现出来。

（三）人民教育出版社教材（以下简称"人教版"）

人教版教材突出学生的探究活动，注意协调和处理科学探究与科学内容之间的关系。科学探究活动渗透到教材和教学过程的不同部分，科学探究问题可以是教材提出的，也可以是教师提出的，可以是《课程标准》所要求的内容，也可以是与《课程标准》科学内容有关的交叉学科的内容。科学探究的学习与科学知识的学习一样，要遵循循序渐进的原则。总体而言，本教材探究活动涉及的面较广，探究的内容由简单到复杂，探究的思维程序由部分环节的探究发展到完整环节的探究。探究活动循序渐进开展，培养学生自主设计、动手实践的能力。科学探究活动的着眼点是学生是否能够得出大致正确的结论，至于结论是否完整，表达是否严谨，这些并不是探究活动所强调的。

同时，教材能从学生的学习兴趣、认知规律出发精心设计探究活动，这些探究活动与教材的结构安排十分灵活，不拘泥于传统的知识体系。教材的结构编排注意关注学生的兴趣点，教材从声、光、电入手，把力学放在电学的后面，这不仅能吸引学生注意力，而且便于安排探究活动。探究性学习内容在一些小栏目中都有所体现，如"想想做做""动手动脑学物理"等栏目中隐含着许多探究内容，有些内容还与学生课外学习相联系，较好地与研究性学习有机联系在一起。另外，在不同的章节中还设计一些学生喜欢的、有趣的活动，如"会跳的小人""用牙齿听声音""小小音乐会"等；同时尽可能地安排一些与所学内容有关的有趣的事例，如"声音的产生与传播"一节中的"蝉是如何发声的""唱片是如何发声的"等。教材从结构的编排上注意每个章节的开头都以讲故事的方式开始，并有计划地设置一些必要的探究活动，这样安排的目的是为了引起学生学习的兴趣，使学生喜欢物理、愿意学习物理，为他们今后的学习作铺垫。与此同时，教材不过分强调学科自身的逻辑体系、概念、规律的严密性，让教师和学生充分地投身于实践，注重探究和知识面的扩展，较好地体现了《课程标准》不过分强调学科结构，重视学生的生活经验的指导思想。

人教版教材最大的特点是有选择地设置开放性的问题和实践性课题。为了避免长期的接受性学习对学生创造性思维的发展和实践能力培养的影响，本教材在许多章节中安排了开放性的问题。此类开放性问题归纳起来看主要分两类：一类是需要学生寻找所需资料、数据的问题，如在"声音的产生与传播"一节的"动手动脑学物理"栏目中编排了一个自己查找数据并估算路程与时间的问题；另一类则是没有唯一正确答案或在初中阶段不要求学生必须掌握的问题，如在"光的传播"一节的"动手动脑学物理"中安排了一道"设计一种方法，估测发生雷电的位置离你有多远"的问题。前者强调学生寻找资料的过程，教师可以提供线索，但绝不应提供现成的数据和答案；而后者重在培养学生的思考与探究能力，教师可以适当引导，但不必提供现成的答案。

二、教材内外课程资源的开发

在物理教学中，教师首先要明确，究竟哪些课程资源具有开发和利用的价值。从我国基础教育课程改革的目标和理念出发，凡是有利于学生自主学习和全面、和谐发展的课程资源都应该加以利用和开发。对于文字、多媒体等素材性课程资源，要经过筛选，才能确定其开发和利用价值。

筛选课程资源的基本原则是：

(1) 课程资源要有利于实现教育的目标，体现现代教学方针和办学的宗旨，反映我国社会主义现代化建设的需要。

(2) 课程资源要体现《纲要》的理念和目标，落实《课程标准》的要求。

（3）课程资源要符合学生身心发展的特点，满足学生的兴趣爱好和发展需求，不仅要注意学生的群体需求，而且要注意学生的个体需求。

（4）课程资源既要重视物理课程知识资源的开发，也要重视物理学科的新进展以及与其他学科知识间的融合和渗透。

物理课程资源是非常丰富的，学校和物理教师要充分认识开发、利用各种课程资源对物理课程所起到的重要作用，将物理课程资源的开发和利用纳入物理课程实施的计划之中，为学生生动、活泼、主动的发展提供丰富多彩的课程资源。在物理教学中，课程资源的开发和利用应重视教材等文字课程资源的开发，加快信息化多媒体课程资源的开发，进一步开发实验室的课程资源。

总之，教科书不是唯一的课程资源，在物理课程资源的开发中，物理教师和实验员也是最重要的课程资源之一。课程资源的开发，一方面必须反映我国教育改革的目标和理念、社会发展的需求、学生发展的需求、学习内容整合的需求等方面的因素；另一方面必须纳入课程改革的计划之中，得到课程政策上的支持和保证，推进物理课程的发展。

专题三　不同课型的教学及课外活动的组织

第一节　新课教学

　　课堂教学过程是一个很复杂的过程，它有具体的教学任务和一定的时间规定，一堂课的结构如何，对课堂教学效率影响甚大。不同的课型有不同的结构，应采用不同的教学方法。

　　目前一些教师上新课的结构，大多采用苏联凯洛夫《教育学》的五个环节：（1）组织教学；（2）检查复习；（3）讲授新课；（4）巩固练习；（5）布置家庭作业。这个结构在一定程度上反映了学生学习知识的一般规律，但已不适应科学技术飞速发展的时代要求，课堂教学效率不高，容易造成学生学习思维惰化、学习效率低下。这是物理教学整体成绩不能提高的根本原因。在新课改中，要想全面提高学生的物理素质，整体提高学生的成绩，必须打破传统的教学模式，锁定45分钟，构建一个使每位学生都会学、乐学、学好的教学模式。建议分为以下几步：（1）情景导入；（2）自主学习；（3）师生研讨；（4）当堂训练；（5）延伸知识；（6）测试（作业）反馈；（7）面批矫正；（8）归纳提升。

　　这个教学模式的具体程序阐述见下文：

　　1. 情景导入

　　导入是一切课堂教学的前奏。在物理教学中，教师要寻找生活中能激发学生兴趣的物理现象，联系本课学习的内容，将其有取舍地移到物理课堂，让学生的思维处于疑惑和探索的边缘。导入之后，教师及时提出本课的学习目标和自学要求，这样学生就能自主地去学习和探索本课的内容了。

　　教师可以由科学史实导入新课，由生活中的错误经验导入新课，由生活中熟悉的现象导入新课，由小实验导入新课，由演示实验导入新课，由提出疑问导入新课，由介绍物理知识的实际应用导入新课……不管采用什么方式，旨在将学生的思维引入积极的思考中，然后揭示学习目标。

　　2. 自主学习

　　自主学习并不是让学生将教材从头到尾地单纯看一遍，而是让学生在教师指导下自学、实验。学生自学的前提是教师提出学习目标和自学要求并进行学前指导，然后学生根据教师提供（或学生自己搜集）的资料、实验设备进行自主学习，学生带着问题，在一定时间内，自学相应的内容，完成检验性的练习。自学的形式灵活多样，可以是读课文、看例题、做实验、发现疑难做标记、做习题等。在学生自学时，教师巡察，发现问题记下来，切记不能打断学生的思路，不能干扰学生自学。小组成员互相合作，尝试解决问题。教师要和学生共同研究，从而了解学情，并制订下一步的教学计划。

3. 师生研讨

这一环节不是指教师将教材从头到尾单纯地讲一遍，而是在学生充分自学以后，师生之间、学生与学生之间进行合作学习、互动式学习、合作讨论。学生在自学过程中，教师通过巡察全面准确地掌握学生自学情况，学生自学结束后，教师引导学生通过质疑、讨论、交流等方式自行解决自学过程中的疑难问题，也可鼓励和引导已学会的学生教不会的学生，达到学生互相帮助、合作学习的目的。同时，教师也提出自己的问题，这些问题应是学生误以为简单而忽略的有价值的问题或有一定难度的问题，由师生共同讨论，达成共识。之后，教师可简要将学习重点系统小结，梳理本课的学习内容。

4. 当堂训练

本环节是在学生基本掌握本课内容的情况下进行的，约20分钟。练习有必做题、选做题，主要让学生通过一定的训练应用所学知识，解决实际问题，加深理解课堂上所学知识及知识的重、难点。针对教学目标和学习内容，精选例题和练习题，进行变式、拓展训练。学生完成训练内容后，可以以小组为单位互相交流、互相矫正，共同提高。

5. 延伸知识

将课堂内容延伸到课外，借以解释生活和生产过程中的一些物理现象，解决生活和生产中的一些实际问题。对训练过程中出现的问题或小组无法解决的问题，教师点拨释疑或班内合作解决。此环节能更大地激发学生学习物理学科的积极性。

6. 测试（作业）反馈

教师根据所学内容，设计一些联系实际并能充分调动学生积极性的练习题进行测试，以巩固所学知识。

7. 面批矫正

在学生做作业的初期，教师重点关照指导个别后进生，有学生做完之后教师及时批改，对学生存在的问题应及时矫正。

8. 归纳提升

教师对本节学习内容归纳、小结、提升，对学生的表现及学习情况进行点评。

将课堂学习的内容延伸到课外，让学生积极思考、努力探索，用所学知识解释生活中的一些物理现象。这种教学模式包含先进的教学理念：教师的责任虽然是教，但主要的是教学生学，教学生会学，学在先，教在后，以教导学，以学促教。该模式充分体现了"一切为了学生,为了学生一切,为了一切学生"的教育思想。

该教学模式能使教学效果更加显著,但在具体的教学过程中不能把它当做僵化的教条,也不能机械、盲目地运用,而应该从教材、教学内容、学生理解程度的实际出发,灵活运用,并根据教师自己对教学本质和教学内容的理解,在具体的教学实践中不断丰富、发展、完善。

滑动变阻器是初中常见实验仪器之一,它是人们利用导体电阻的大小与长度成正比的原理而制成的。在不同的教育理念下,有关滑动变阻器的内容有三种不同的教法,体现出三种不同的教学境界。

案例1(地点:教室)

师:欧姆定律的基本内容是什么?

生:通过导体的电流与电压成正比、与电阻成反比。

师:影响电路中电流大小的因素有哪些?

生:导体的长度、材料、粗细以及温度。

师:生产、生活中需要通过改变电阻来改变电流,实现这一目标的仪器是变阻器。(接着出示变阻器,详细讲述变阻器的原理、使用方法及应用)

案例2(地点:实验室。学生分组实验)

(同案例1一样,教师在提问"影响电流大小的因素"和"影响电阻大小的因素有哪些"后,教师再问学生)

师:要改变电阻,通常去改变哪一因素?

生(经教师启发后回答):导体的长度。

师:对。导体的长度与电阻有什么关系?

生:导体的电阻与导体长度成正比。

师:对。根据此原理,人们制成了滑动变阻器。(出示变阻器,边介绍边观察其结构、原理和使用方法)

案例3(地点:实验室。学生每两个人为一组,桌上器材同案例2)

师(演示台灯从亮到暗后):请大家猜一猜,老师是如何改变亮度的?

生:改变了电压,干电池个数从多到少。

生:改变了电阻,电阻从小到大。

师:共有两节干电池,亮度能改变几次?现在需要连续改变亮度,应改变什么?

生:不是电压而是电阻。

师:怎样改变电阻?

生:改变导体的长度、粗细、材料以及温度。

师:选定铅笔芯作材料后能使它变粗(细)吗?改变电阻最简便的方法是什么?

生:导体长度。

师:对。通过改变长度来改变电阻,可以制成这样的装置。

（展示所示的直线式滑动变阻器，然后演示通过改变导体的长度来改变其电阻）

师：这个装置的优点和缺点有哪些？

生：优点是易制作、易操作。缺点是不便携带、不便使用。

师：怎样将很长的电阻丝变"短"，使操作更方便？

生（讨论后）：将电阻丝绕起来。

师：很好。滑动变阻器就是将电阻丝密绕在瓷筒外面并将其安装在架子上的一种仪器，另有滑片、接线柱等部件。

师（说明涂绝缘漆的原因和漆包线与滑片接触处刮去漆的原因后）：怎样使用它？（要求学生仔细观察变阻器，同时用投影仪打出变阻器实物示意图、结构示意图和电路图中的符号）

师：变阻器有三个接线柱，使用时需将两根导线分别连接两个不同的接线柱。请大家想想，像这样接入电路的接法共有几种？（学生提出有3种接法）

师：接法的共同点是什么？

生：两种接法的共同点是一端接上方，一端接下方接线柱。

师：对。这是使用变阻器的规则——"一上一下"。此时，变阻器的符号常简化为如图的形式（展示图片）。

教师组织学生进行练习。（内容略）

三个案例运用了不同的教学方法，反映了不同的教学理念。案例1中的教师受应试教学的影响，为了完成教学任务，直接把自己的知识传授给学生。这种教学方法的优点是：(1) 教师能有效地掌控课堂，较快地达成教学目标；(2) 学生在考试中能得到合格的成绩。缺点是：(1) 教学理念陈旧，把学生当做接受知识的容器；(2) 教学过程中教师与学生的关系错位；(3) 学生分析问题和解决问题的能力得不到培养。这种教法常被称为"授之以鱼"。案例2中的教师使用实验器材层层启发，既传授知识又培养学生的思维能力。其优点是：(1) 教师能有效地掌控课堂，能有效地达成教学目标；(2) 既传授知识，又重视分析问题、解决问题能力的培养，学生的学习成绩能有明显提高。其缺点是：(1) 教学过程中的师生关系依然错位，学生学习不够主动；(2) 忽略了知识的产生过程，缺乏从未知到已知的思维训练，轻视创新能力的培养。这种教法我们称之为"授之以渔"。案例3中的教师采用了"全新"的教学模式，尊重学生的认知规律，引领学生在领略滑动变阻器的创制过程中主动"悟"出变阻器的制作原理，在探究滑动变阻器的使用过程中归纳、总结出变阻器的使用方法与注意事项。这种教法的优点是：(1) 颠覆了以教师为中心的教学理念，教师与学生在教学中处于平等的地位，教师的教为学生的全面发展服务，从而真正体现了"以学生为本"的教学理念；(2) 重视思维过程，重视态度和情感的培养，引领学生主动"悟"出知识，有利于提高学生的全面素质；(3) 教学过程是与前人的对话过程，经过长期熏陶，学生会形成自己的智慧。其缺点是：(1) 课堂结构松散；(2) 教师不易掌控课堂，不易把握教学时间。这种做法我们不妨称之为"授之以水"。这三种教学法的特征以及所反映的教学理念可简要地用下表归纳：

教法	教学任务	教学方式	教学过程中的地位	学生参与程度	教学理念
授之以鱼	传授知识	灌输	以教师为中心，师生不平等	不积极	提高考试成绩
授之以渔	培养能力与传授知识	启发	以教师为中心，师生不平等	不够积极	提高考试成绩
授之以水	培养态度、情感与智慧	引领	以学生为中心，师生平等	积极	全面提高学生的素质

由于课程要培养的是学生探究未知世界的能力，很少有前人的经验可借鉴，这就要求教师深刻领会新课程理念的本质，抓住每一个教学细节，发挥自己的教学机智，想方设法培养学生的创新能力。"授之以水"的境界高于"授之以渔"，这种教学法重视过程的教学，引领学生积极参与思维，培养学生的智慧，达到这一境界的教师是非常优秀的教师。

第二节 实验课教学

实验课的教学以"问题"为核心，以"探究"为灵魂，以"培养能力"为目的。教师引导学生发现问题、提出问题、探究问题、解决问题。在教学过程中，教师不再仅仅是知识的传授者，还是学生学习的促进者；学生不再是知识的被动接受者，而是课堂学习的主体。初中物理探究式教学模式的基本流程为：教师创设问题情境——学生讨论、猜想解决途径——学生设计实验——学生根据设想的途径动手实验探索研究——教师及时指点迷津——组织交流并自主解决问题——分析归纳得出结论——指导实际并应用提高。

教师的首要任务在于营造生动活泼的教学气氛，使学生形成探究创新的心理愿望和性格特征，教师在备课时首先要考虑为学生创设探索情境。通过创设与教材内容相关的情境，精心设计物理概念和规律的形成过程和应用过程，形成"参与—体验—内化—外延"的"科学探究"物理课堂教学模式。下面以欧姆定律教学为例。

1. 创设情境，提出问题

以调光台灯切入，问："调光台灯是调节了电路里的什么物理量使灯的亮暗发生变化的?"再通过演示实验观察电流的变化与灯亮暗变化的关系，问："电流的变化与哪些因素有关?"鼓励学生大胆猜想电流与电阻、电压的关系。这样就确定了研究方向。

2. 引导讨论，设计方案

启发和引导学生设计研究解决问题的方案，先应用控制变量法设计总体方案：控制电阻不变，研究电流与电压的关系；控制电压不变，研究电流与电阻的关系。再进行局部设计：由学生小组讨论、设计电路，让学生交流自己的设计并评价他人的设计，以器材的作用和选择加以讨论。

3. 学生操作，实施方案

让学生相对独立地进行实验操作和数据采集，教师在学生的操作技能、仪器使用上给予帮助。

4. 分析讨论，得出结论

引导学生用实验中得到的两组数据分析电流与电压、电流与电阻的关系，再进行综合，最后得出结论。

5. 小结反思，应用迁移

用一组简单的小练习巩固探究过程中得到的欧姆定律；巩固电表的使用、电路的连接等基本操作技能。小结反思探究过程，理清思维线索。

物理新课改的目的在于引导学生主动学习，努力减轻学生的负担，激发学生的创新兴趣与创新精神。教师的主要责任是使用各种不同的教学手段与方法，给学生创造积极的学习气氛，充分调动学生学习的积极性，培养学生主动参与的意识，使其达到最佳学习状态，从而促进学生的智力发展和综合素质的提高以及创新潜能的开发。

探究式教学模式是以学生为主体的教学模式，其宗旨是培养创造型人才。此模式强调"教师主导"与"学生主体"的关系，重视发挥教师和学生双方的主动性，并强调学生的主体地位。在教学中，教师应组合优化多种教学方法，因材施教，以发展学生的个性。教师将知识灵活的传授给学生，培养学生的思维，使学生学会学习，培养出对社会有用的新型人才。

在进行实验课时应注意以下几点：

1. 尽量让学生参与演示实验

在演示实验中，实验操作应让学生积极参与，使其充分了解实验的内容，多次重复，加深印象，巩固记忆。

如液体压强实验：①将矿泉水瓶去掉底，用橡皮膜（可用气球）将瓶口扎起来并绷平，把适量水倒入瓶中，橡皮膜向下凸出；②把瓶中倒满水，橡皮膜向下凸出更多；③向瓶中倒满酒精、盐水等时，橡皮膜向下凸出的程度不同；④取一个矿泉水瓶，倒满水，然后用针在瓶的侧壁上不同的位置扎几个孔，水向外喷出。学生通过对比几种不同现象得出直观结论，由此进一步探究，便会对液体压强产生新的认识。

2. 适当运用多媒体

运用多媒体可以让学生清楚地看到明显的现象，直观地感悟到变化的规律。如运动和静止、力的作用效果、力的相互作用、惯性、压强、物体浮沉、电荷流动和扩散、分子无规则运动、磁场分布等。

有些实验的发生过程极短或较长，有些现象学生不易观察到，课件能够让学生较好地观察实验过程。如动能和弹性势能的相互转化，由于发生弹性形变和恢复形变的时间非常短，可以运用动画课件播放，让学生形象感知转化过程。凸透镜成像这一实验，在动画课件的演示中能让学生直观地观察到像距与物距的变化过程，从而认识"物距变小时，像距变大"这一规律和特殊点成像的规律。萘的熔化、日食和月食的成因、分子运动等均可运用动画课件教学。

3. 利用身边的物品做实验，丰富实验资源

探究声音的音调：在几个相同的玻璃杯中装上不同深度的水，然后用小木棒轻敲杯子，会发出音调高低不同的声音，从而可以说明音调跟频率的关系。

探究摩擦起电：拿学生常用的塑料尺子在头发上摩擦几下，然后将其靠近一些小纸屑，发现小纸屑被吸引，说明用摩擦的方法可使某些物体带电，带电体能吸引轻小物体，实验效果非常明显。

探究白色和黑色物体吸热能力的强弱：用白纸和黑纸包住两个装满水的塑料瓶，在太阳光下照射相同的时间后，看看哪个瓶子的温度更高。温度越高，说明其吸收的热量就越多，其吸热能力就越强。

探究压强与受力面积的关系：用两手指轻按图钉的两端，两手指的感觉可帮助理解压强与受力面积的关系。

探究物体浮力大小与液体密度的关系：在玻璃杯中注入多半杯水，把生鸡蛋放入水中，可观察到鸡蛋沉入了水底，然后在玻璃杯中加入食盐搅拌使鸡蛋悬浮，再加盐使鸡蛋最后浮到水面上。通过此实验可使学生直观理解浸在液体中的物体所受浮力大小与液体密度的关系。

4. 重视物理教学中的小实验

在日常教学中重视教材中小实验的教学，既有利于巩固知识、提高能力，还容易引起学生的兴趣。如自制针孔照相机、橡皮测力计、杆秤、潜望镜、简易望远镜、水三棱镜、量筒等，既能锻炼学生的动手能力，又培养了学生的创新思维能力。

5. 严格要求，养成良好的实验习惯

初中阶段是物理学习的初始阶段，所以教师从学生接触实验开始就要严格要求，以培养学生良好的实验习惯，使学生在物理实验中坚持实事求是的科学态度。

第三节　复习课教学

复习课很容易被上成单纯的知识回忆课，教师在课堂上只是把学生所学知识再回忆一遍，或者干脆以练代讲，让学生在题海中摸爬滚打，将复习课变成了知识训

练课。这种方法虽然不能说是完全无效的，但是教学效率不会很高，而且不利于学生掌握知识和培养能力。复习课教学的基本原则应是"温故知新，提高能力"。"温故"是复习课的首要任务，但"温故"绝不是将所学内容重讲一遍，这样做不但费时费力，而且时间也不允许，"温故"重在"补缺"，凡是学生自学能够掌握的知识不再补，补的是那些学生容易遗忘和易出错的知识。其次是"知新"，其含义有二：一是将旧知识进行归纳、概括，纳入新的知识框架，构建新的知识网络，因为系统的知识比分散的知识更易于学生理解和掌握；二是引导学生在此基础上形成将知识升华为解决问题的能力，为学生提炼解决问题的新方法，这需要教师高度的归纳概括能力和丰富的经验。

做到了"温故知新"只是完成了复习课的一半教学任务，"提高能力"才是复习课的落脚点和归宿。能力的提高需要适当的训练，但不是以练代讲，让学生不厌其烦地重复做题，而是联系社会生活，设计一些针对性较强的训练题，让学生掌握知识和方法，能举一反三，独立解决类似的问题，完成知识和能力的迁移。因此，训练题既要具有典型性，又要体现思维的深度和广度，不在量大，而在质精。学生做题后，教师要及时反馈，进行进一步的总结的归纳，使方法进一步规范化。

复习课的基本环节如下：

1. 导入课题，引领目标

复习课的课题导入，语言要简练，最好由一句话导入。复习课的目标定位要突出对新授课知识的弥补、充实、完善和深化，突出整体构建、方法迁移和综合应用，突出思维的拓展与科学方法的形成，通过整体构建和综合应用落实思路和方法的培养。另外，要最大限度地挖掘学生的潜能，又要避免脱离学情的"一步到位"。引领目标要突出复习的必要性，让学生明确要深化、完善的重点及要求和要探究的思路与方法。

2. 自主梳理，构建体系

获得的知识如果没有系统化，多半会被学生遗忘，一连串不连贯的知识在记忆中的寿命十分短暂。所以复习课要高度重视调动学生主动梳理、科学构建的积极性，使学生对所学的知识和方法能够实现条理化、系统化、结构化。梳理要在归纳的基础上进行，突出知识所描述（或反映）的物理属性，不要成为对知识内容的复述再现；整合要根据概念、规律和方法之间的相互联系，突出知识间的逻辑关系和结构层次，不要成为知识点的罗列再现。梳理和整合最好让学生自主完成，教师创设平台，让学生展示交流、互动完善，在梳理（不是复述）、归纳（不是罗列）、感悟（不是问答）的过程中实现知识和方法的"温故知新"。

3. 深化完善，典例导练

实现知识在"温故"基础上的"知新"、在综合应用基础上的"思路和方法提炼"，是复习课的关键环节。"知新"的意义包括深化、完善、提高，即物理内涵的透彻理解——深化，外延条件的全面把握——完善，相近知识的准确辨析——提高。要突破薄弱环节，澄清认知误区，关注学生在新课学习、复习过程中的问题。例题的导练要突出审题能力的培养、解题过程的规范和思路方法的提炼，使学生在综合应用（不是套公式）、互动辨析（不是对答案）、方法归纳（不是就题论题）的过程中实现"知新"。

4. 应用感悟，变式训练

学生往往不能准确掌握例题教学所探究出的思路和方法，理解上存在误区，教学中要通过变式训练让学生在解题过程中进行检验、内化，感悟思路和方法的含义、功能与应用注意事项。变式训练的题目设置要跟例题相近又相异，提高例题教学的指导功能。训练要规范时间、氛围和格式，允许学生之间讨论、合作。变式训练的题目设置要关注学情，做到分层设计、因材施教，让学生在体验成功的快乐中实现能力的提升。

5. 综合检测，达标演练

复习课的主要活动是围绕知识主干、重点难点、学生疑问展开的，不可能涵盖复习范围内的所有知识，同时不同学生的难点和问题往往不同，所以在面向全体的同时要充分关注个体，最后必须进行综合检测，针对检测所暴露的问题进行个性化补救复习，以消除教与学的盲点。

6. 归纳链接，拓展提升

归纳、拓展可以有效地提升复习课的效果。归纳针对本课内容，是为了从更高的角度审视知识体系与方法体系，以突出知识主线、方法主线、问题主线；拓展针对与本课相关联的内容，是为了实现本单元知识体系与前知识体系的链接、本单元的方法与已掌握的方法的整合，以突出知识的整体功能与方法的迁移应用。

总之，复习课教学是一个师生再学习、再提高的过程，要突出知识的整合和应用，杜绝知识罗列式或压缩讲课式复习，明确夯实"双基"并不意味着低效重复，立足教材要避免"温故有余，知新不足"，提升能力但不能搞题海战术。要做到让学生自主梳理知识，参与构建网络，充分训练应用，探究发现规律，互动争辩错误，感悟提炼方法。只有这样，才能真正提高复习课的效率。

复习课的一般程序还有：①明确考纲考点，回顾基础知识；②梳理知识脉络，构建知识体系；③重点难点剖析，专项实战训练；④总结规律方法，跟进巩固提高；⑤加强板块练习，提升综合能力；⑥延伸课外知识，培养创新意识。

现摘录一节关于"滑轮及其应用"的复习课部分授课片段如下：

师：同学们，我今天给大家带来了一位可爱的朋友，你们知道它是谁吗？（学生纳闷，面面相觑）它是一只小猫咪！（出示小猫玩具，学生笑了起来）今天小猫咪要搬沙子（摆出铁架台、小沙袋），可是它住在五楼，怎么搬呢？我给大家提供四个方案：①背上去；②用杠杆；③在五楼用绳子拉上去；④用滑轮。同学们，我们应该帮它选择哪个方案？

生：用滑轮！

师：非常好！今天我们就复习"滑轮及其应用"。（板书：滑轮及其应用）

师：我们现在就用一个滑轮来帮助它，（操作：将滑轮挂在铁架台上，固定，细绳一端穿过滑轮，系在小沙袋上，手拉住绳另一端，把沙袋拉起一定高度，同时来回升降）这是什么滑轮呀？

生：定滑轮。因为它的轴心固定，不随物体升降。

师：很好！现在我们让小猫咪自己拉着，（钩好，放手，沙袋滑下来，小猫咪反被拉上去了）天哪，怎么回事呢？哪位同学帮我解释一下？这样吧！同学们，让我们把班上同学暂时分为四个小组，一组，二组，三组，四组，让我们来一次比赛，看哪个组表现最好，成为本节课的优秀小组，好吗？

生：好！

生：老师我说，因为定滑轮不省力，不改变力的大小，而小猫咪体重比沙袋要轻。

师：同学们，你们能告诉我 F_1、F_2、F_3 的大小关系吗？

生：相等，因为定滑轮不改变力的大小。

师：回答得非常好！虽然它不省力，但它有一个好处，是什么好处？（同时安装一个用绳子直接拉着钩码，进行对照）

生：可以改变力的方向！

师：现在我们改装一下，请看，（重装，装成动滑轮）请问这是什么滑轮？

生：动滑轮，滑轮轴心与物体一起上下。

师：这样，小猫咪需要很大的力吗？

生：不需要，他可以省一半的力！

师：（把绳子系在小猫咪上，然后把小猫咪架在支架上，小猫咪掉了下来！）请看，使用动滑轮有一个什么问题？

生（笑）：不安全，不能站在地面上，力的方向没有改变。动滑轮可以改变力的大小，但不能改变力的方向。

师：若为了安全，我们应该让小猫咪在地面上拉，也就是说把拉力的方向改为向下。同学们，你们有办法吗？

（生同桌讨论）

师：哪位同学上来帮助我，来帮助小猫咪？哪位？

（一学生上讲台帮助教师安装一个装置）

师：同学们，请问我们叫这个装置什么呢？

生：滑轮组！

师：那么使用滑轮组有什么好处呢？

生：既可以省力，也可以改变力的方向。

师：好！大家能否告诉我，滑轮组是如何省力的呢？也就是说小猫咪的拉力与物重的关系是怎样的？

生：$F=G_物/2$

师：对，针对这个滑轮组来说，没错，吊起重物的绳子的根数是2，假如由多个动滑轮组成，根数不是2呢？如……（在黑板上画出 N 为 3 的滑轮组）

生（没有人举手，有人轻轻地说）：是三分之一吧？

师：对！就是 $F=G_物/3$！请同学们再看一个滑轮组！（在黑板上又画出 N 为 4 的滑轮组）这个呢？

生：应该是四分之一。

师：好！那么对任何滑轮组呢？

生：动力应该等于 N 分之一物重吧？

师：$F=G_物/N$，其中 N 是什么？

生：是吊起动滑轮的绳子的根数。

师：怎么确定呢？（教师在黑板上，用书本遮住滑轮组的上半部，与学生一起数吊起动滑轮的绳子的根数）

师：同学们，我现在又要提出一个问题，动力真的等于 N 分之一物重吗？

生：应该等于……

师：不管怎样，让我们验证一下好吗？

生：好！

师：我们的问题已经提出了，动力真的等于 N 分之一物重吗？为了解决这个问题，我们只要测出物重和拉力大小，算出吊起动滑轮的绳子的根数即可，哪个同学来帮我测出这些数据呢？

生：我来！

（该生拿起测力计开始测小沙袋的物重，$F>G_物/N$。因为滑动滑轮自身有重力，同时还有绳重和摩擦力的影响。在绳重和摩擦力忽略的情况下，F 应该等于 $(G_物+G_轮)/N$）

师：我们看黑板上事先画好的三个图及讲课过程中写在黑板上的内容。同学们有什么发现？

生：动滑轮是用来省力的，定滑轮是用来改变力的方向的。

教师板书：①动滑轮是用来省力的，定滑轮是用来改变力的方向的；②滑轮组：$F=(G_物+G_轮)/N$。

师：下面让我们进行练习，（发下练习题）请在四分钟内完成前面四道题，看哪位

同学完成得最快。（巡视，注意挑出学习能力较强的学生去指导后进生）

师：同学们，今天我们的优胜组是——二组和四组！其他组表现得也不错！继续努力！

下课铃声响了起来，这节课在学生顺利完成四道题之后结束了。

这节复习课看似简单，但其中有几点还是值得借鉴的：

（1）创设生活中的物理情景，随着情景的发展，将本节中学生应掌握的知识、技能等几乎全部链接起来。小猫咪是一个可爱的形象，创设一个小猫咪搬沙子的情境，在上课初始吸引学生的注意力，取得了很好的效果。小猫咪怎样把沙子搬到五楼呢？提出了四个假设，又把学生引入了问题情境，进一步抓住了学生的思维。为了把知识目标一环一环地由定滑轮引向动滑轮再引向滑轮组，教师作了很好的铺垫，把整个教学过程像电影一样展示出来。这种情景教学法，是目前新课程应大力推行的。

（2）良好的情境创设为问题化教学提供了良好的条件，使这节课成了问题化教学的典范。在第一个情境中，教师很自然的提出这是什么滑轮、为什么沙子没有被拉上去反而小猫咪自己被拉上去等问题。在第二个情境中，教师很自然地提出"小猫咪需要很大的力吗""使用动滑轮有一个什么问题"……随着一串一串问题合情合理地提出来，学生的思维想松弛也没那么容易，不仅把知识点温习了一遍，而且在适当情境下对知识的理解更深刻、透彻。问题化教学是一种有效的教学手段。

（3）科学探究成为这一节课解决问题的重要途径，也是推动学生思维达到高潮的助推器。在某一情境中，教师突然提出"动力真的等于 N 分之一物重吗"，学生惊讶之余，自然而然地产生了探究的欲望。"我们只要测出物重和拉力大小，算出吊起动滑轮的绳子的根数即可，哪个同学来帮我测出这些数据呢"，既然实验观察是物理学的基础，是物理学科的特色，那么除了新课教学，复习课也应注重实验观察，科学探究始终是课堂教学的主流。

（4）成功的课堂调动和课堂激励使课堂氛围更加欢乐和谐。没有充分调动学生积极性的复习课堂是令人难以想象的；没有成功体验的学生，也会失去学习物理的信心和兴趣。教师在设计这一节课时就将情感态度价值观这一教学目标设定为"在复习过程中创设情境，讲究调动，营造课堂互动，激发并保持学生学习物理的兴趣"。

（5）这节课也反映了教师物理复习课观念的改变。

九年级物理复习课的课堂究竟是什么样的课堂？一般来说，一节课的容量不能仅从知识容量去考查，新课程下的课堂应该是教师、学生、教材和三维目标相结合的有机整体，所以应以课堂教学的三维目标能否实现去考查课堂教学的容量。学生在课上的参与及表现情况足可以反映本节课不仅仅实现了知识目标，同时实现了能力目标和情感目标。况且，新课标下物理复习课的课堂还是以人为本的课堂，是教与学方式变革的课堂，如果依然按照过去那种传统的满堂灌的方式，就会制约学生的思维拓展和能力提高。另外，我们无法忽视的是学生的自主能动性和认识规律，我们相信学生对某一知识在某个特定的情境中加深认识的同时，可以通过抽象、概括、联想达到触类旁通的目的。基于此，我们认为九年级物理复习课的课堂又应该是一个突出重点、突破难点的课堂，不应该是流连于"密度的符号怎么写""定滑轮为什么是等臂杠杆"等基本问题的课堂。

新课标强调我们的物理复习课应该体现物理学科的特点，应该"拿实验来说话，拿练习来落实"。这里的"实验"不仅仅是指科学探究、一般实验，它还包括生活、生产及自然界中各种物理现象和事实。新课标提出物理应该从社会、生活中来，又要到社会、生活中去的STS理念，要求我们不仅在新课教学中要注重科学探究、注重理论与实际的联系，在复习课中也要注重这两点，所以物理复习课不能仅是精讲精练的练习课。练习是为了进一步提高学生的学习成绩，但不能全面替代物理复习课的性质和模式；另外，练习题目要经典，训练要到位，要服务于新课标下的物理复习课的课堂，服务于学生学习成绩的提高。

物理复习课的课堂教学结构应如何建构呢？这节课给了我们一个很好的启示——复习课的课堂教学的建构模式不是单一的。这节课的建构模式是"串联链接式"，即通过一个情境的发展将所有课堂教学的活动连接起来，使教师、学生、教材及三维目标成为一个有机的整体。另一种建构模式是"一个中心多个基本点"，如在复习透镜成像规律时，以凸透镜成像规律为中心，围绕着这个中心进行训练；再如"杠杆及其应用"可以以力臂这个难点为中心，围绕这个中心，把杠杆平衡条件及杠杆的分类以某种练习的方式来进行教学，这种方式针对性非常强，不仅突破了难点，而且温习了重点。

以下是一些复习教学课例：

例1：如下图，这是一个典型的伏安法测电阻的实验电路图，当滑片 P 向左移动时，请你判断 A 表和 V 表的变化。

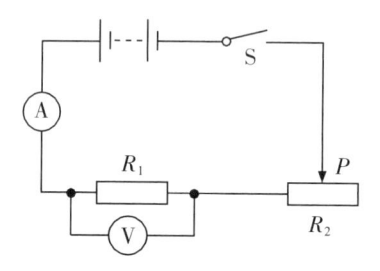

参考上图，在伏安法测电阻的实验中，电压表改接在滑动变阻器的两端，当滑片 P 向左移动时，请判断 A 表和 V 表的变化。

例2：小明同学用下图所示的电路研究电流和电阻的关系，在实验过程中，当 A、B 两点间的电阻由 $5\ \Omega$ 更换为 $10\ \Omega$ 后，他下一步的操作是(　　)

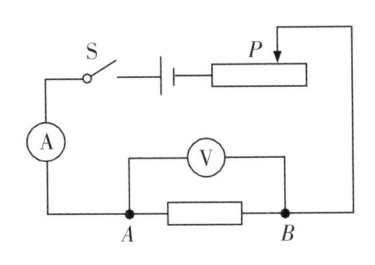

A. 记录电流表和电压表的示数

B. 将变阻器滑片向左移动

C. 将变阻器滑片向右移动

D. 增加电池的个数

例3：一个"10 V 2 W"的用电器 A 和电阻 R 串联后接在某一电压不变的电源上，A 上消耗的功率是 2 W，若将 A 换成另一个"10 V 5 W"的用电器 B，则下列说法正确的是(　)

A. 电源电压 U 与电阻 R 之间的关系是 $U=IR=0.2R$

B. 用电器 B 的实际功率比 5 W 小

C. 用电器 B 的实际功率比 5 W 大

D. 用电器 B 的实际功率等于 5 W

例4：由电压恒定为 220 V 的电源向远处某工地的一盏标着"PZ220－60"的电灯供电，由于导线有电阻，灯泡消耗的实际功率 55 W。则导线消耗的功率(　)

A. 一定小于 5 W

B. 一定等于 5 W

C. 可能等于 5 W

D. 可能大于 5 W

例5：如图所示，当变阻器的滑片 P 置于某一位置时，R_1、R_2 两端的电压分别为 U_1 和 U_2，当滑片 P 置于另一位置时，R_1、R_2 两端的电压分别为 U_1' 和 U_2'，若 $\Delta U_1 = |U_1 - U_1'|$，$\Delta U_2 = |U_2 - U_2'|$，则(　)

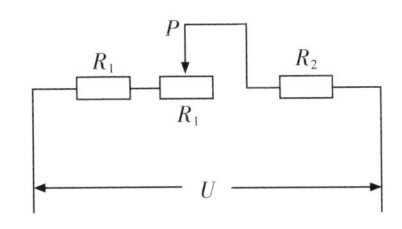

A. $\Delta U_1 < \Delta U_2$

B. $\Delta U_1 > \Delta U_2$

C. $\Delta U_1 = \Delta U_2$

D. 无法判断 ΔU_1、ΔU_2 哪个大

例6：如图所示，灯泡 L 标有"220 V 40 W"，电源电压恒为 220 V。当调节变阻器 R' 使电压表读数为 110 V 时，灯泡的功率（　　）（不计温度对灯丝阻值的影响）

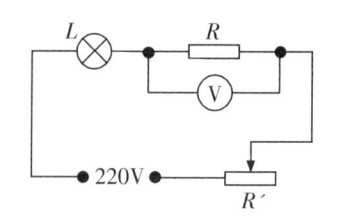

A. 40 W

B. 10 W

C. 小于 10 W

D. 小于 10 W 或等于 10 W

例7：如图所示，电源电压恒定，$R_1=8\ \Omega$，$R_2=10\ \Omega$，当 S 接 a 时，电流表示数为 0.2 A，当 S 接 b 时，电流表示数可能是_____ A 到_____ A。

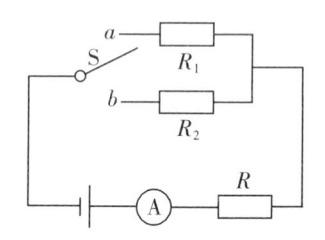

例8：如图所示，$R_1=8\ \Omega$，$R_2=10\ \Omega$，当 S 接 a 时，电压表示数为 2.0 V，当 S 接 b 时，电压表示数可能是_____ V 到_____ V。

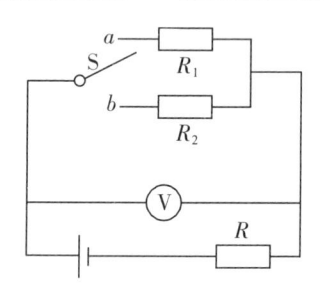

第四节　课外活动的组织

建构主义学习理论认为，知识建构是学习者主动建构内部表征的过程；学习既是对新信息的意义的建构，也是对原有经验的改造和重组；客观事物的意义并非完全独立于我们而存在，而是源于我们的建构。

新课改以来，STS 理念渗透到中学物理教学中，揭示了科学、技术、社会的相互关系，其目的是向学生传授有意义的知识和技能，培养了解社会、懂得科学技术、致力于社会进步的高素质人才。新课标中的 STS 教育旨在改变学生学物理只是为了解题的片面认识，使学生不仅学习系统的物理知识，而且懂得在科学、技术和社会生活、生产中应用这些知识。

综上所述，适当地开展物理课外活动是十分必要的。

一、物理课外活动在学校教学中的作用

物理课外活动是课堂教学的重要补充。在课外时间，学生参加学科讨论、制作科技模型、观看实验表演、进行现场参观、阅读课外辅导文章、参加各种竞赛，不仅能复习、记忆、理解学过的物理知识，培养联系实际的能力，而且还能开阔眼界、丰富知识，探索新的物理现象和规律。这些优势是单纯课堂教学不具备的，课外活动也不是做几道练习题就能替代的。所以，物理课外活动是物理教学的一个重要方面，它既是物理课堂教学的补充，也是课堂教学的延伸。学生系统的物理基础知识主要来源于课本，但大量物理知识的扩展却来自课外的亲身实践和课外阅读。我们物理教师只有把课堂教学和课外活动有机地结合起来，才能培养学生对物理学习的兴趣，引导他们通过观察和动手实践去分析和解决物理问题，逐步提高他们对物理知识的理解、掌握和运用的能力。

1. 促进基础知识向实际能力转化，是培养学生能力的重要途径

学生从书本上获得系统的物理知识，并用这些知识解决了实际问题，他们就会觉得知识有用并得到满足，从而产生新的求知欲。所以在传授知识的过程中，要不断给学生提供实践的机会，而开展丰富多彩的课外活动是十分有效的措施。有计划、有步骤的课外活动能促进学生的基础知识向实际能力转化，是培养学生能力的重要途径。例如，学过照相机原理后，组织学生参加课外摄影小组的活动，学生会更加深刻地理解照相机的原理；学过凸透镜、凹透镜的光学性质后，组织学生到实验室去自制望远镜；学过照明电路后，组织学生安装简单的照明电路等。学生会从物理知识的大量应用中体会到学习物理知识的重要性，从而提高学习物理的兴趣，增强学好物理的信心。

学生从书本上学习了一些物理规律、原理以后，要更加深刻地理解这些规律、原理，光凭做习题是不行的，教师可利用课外活动让学生搞一些小制作。例如学过弹簧伸长的长度与外力成正比后，可让学生自制一个测力器；学过物体的浮沉条件后，让学生自制一个浮沉子；学过杠杆的平衡条件后让学生自制杆秤等等。对于一些重要的物理现象、实验还可让学习自制实验器材进行小实验，例如自制验电器、指南针等。这一系列的课外活动，既激发了学生学习物理的兴趣，又培养了学生的动手能力。

2. 发挥学生的个性与特长，促进非智力因素的发展

每个学生都有一定的个性与特长，有的学生基础知识掌握得很好，但不善于动手；有的学生基础知识学得一般，但动手能力较强。有益的课外活动能对前者起到促进作用，为后者提供更多的成功机会，以增强学生学习基础知识的主动性。丰富多彩的课外活动能发挥学生的个性与特长，促进非智力因素的发展。例如，学生在小制作的过

程中会遇到许多困难，会经历失败的苦恼，但通过自己的努力最终还是成功了，从中学会对客观规律的尊重，体会到科学家从事科学研究的艰辛，会尝到成功后的喜悦，更重要的是锻炼了自己的意志。在小论文比赛中，学生会展开丰富的联想，查阅有关资料，阅读有关课外读物，从中领略物理知识的无穷魅力，从而对物理学科产生极大的兴趣和情感。心理学认为情感是人对客观现实的一种特殊的反映形式。它是人对待外界事物的态度，是人对客观现实是否符合自己的需要而产生的体验。凡能满足需要的事物，会引起肯定性的体验，如快乐、满足、热爱等。学生在学习物理的过程中，如果把学习物理知识作为自己的需要、渴求或意向，那么他们就会对物理学习产生浓厚的兴趣和强烈的求知欲。所以我们在物理教学中应努力培养学生对物理学科的情感，而从这一点上看，物理课外活动比课堂教学更有优越性。所以在教学过程中要千方百计地组织学生参加各种课外活动，让学生从中学到知识，能力得到提高。

二、物理课外小组活动的组织与指导

(一) 物理课外小组活动的组织原则

1. 师生共同参与、因材施教的原则

不同的学生有不同的个性、兴趣、爱好和特长。物理课外小组就是根据学生的个性差异，让每位学生按照自己的兴趣爱好自觉地参加一两项活动，在活动中发展兴趣、发挥特长。物理课外活动的开展切忌只注意培养少数"尖子生"，必须面向绝大多数学生，对不同的学生要有不同的目标要求，要通过富有吸引力的活动来吸引更多的学生参加，激发学生的求知欲，使他们在活动中发挥其特长。同时搞好物理课外小组的活动需要发挥物理教研组全体教师的力量，每位教师因个性、特长、兴趣爱好的不同，可以给学生提供较多的、各具特色的活动内容，拓宽学生的视野。一个好的教师群体是开展课外活动的保证，是开展好物理课外活动的必要条件。相反，如果课外活动只有一两个教师去组织，势必力量不足，内容贫乏，不会取得良好的效果。

2. 活动性、实践性原则

物理课外小组的组织应该注重活动性、实践性，枯燥乏味的说教是不可能激发学生的兴趣的。活动性和实践性是课外物理小组活动的基本特点，老师在辅导活动的整个过程中应该尽量让学生在活动中既动脑又动手，否则就失去了活动的意义。从找资料、定课题、阅读文献材料、做实验、搞制作、观察、记录到获得成果，都是学生的实践活动。学生能在实践活动中感到自己是一个发现者、研究者、探索者，体验到智慧的力量和创造的欢乐，同时，学生在活动中把课堂上学到的知识和课外阅读的知识用到实践中去，把书本知识和实践活动有机地结合起来，检验理论的指导作用，从而加深对知识的理解程度，丰富和改进自己的认知结构。活动过程可能不是一帆风顺的，总会出现各式各样的问题或经历失败，只要教师指导得当、善于启发、及时鼓励，就能激发学生的思维积极性，开发学生的智力，提高学生分析问题和解决问题的能力，锻炼学生的意志，学生也能在实践中亲身体验到自我创造的价值。

3. 自主性原则

物理课外小组应以学生为主体，以学生的活动为中心。课外活动过程是一个学生主动学习的过程，学生应处于主体的地位。学生是主体，知识是客体，而教师只是作为媒体从旁起传导、咨询和帮助的作用。各种活动应该把活动的主动权交给学生，充分发挥学生的主动性、积极性，放手让学生自己去研究探索。上述学生、知识、教师三者之间关系的处理，旨在调动两个积极性，既有教师的积极性和学生的积极性。教育改革最终要形成教师爱教、学生爱学的局面，一个重要的措施就是抓学生非智力因素，以增强他们的求知欲，提高学生学习的主动性和积极性。学生的积极性被调动起来以后，在发展兴趣的基础上，能够形成良好的性格特征，养成良好的学习习惯。

4. 因地制宜、创造条件的原则

开展物理课外小组活动应该根据本校的实际情况，创造更多更好的条件；应该结合实际情况，因地制宜地开展活动。作为物理教师，首先应该有积极性，要明确开展课外活动的重要意义，争取学校领导的大力支持，以主观上的努力弥补客观条件的不足。物理教师客观上要充分利用学校的师资力量、图书、实验室设备，还可以动手自制设备和教具来满足活动的需要，同时也可以发挥学生的作用。

（二）物理课外小组活动的组织形式

1. 创办阅读小组

阅读是最直接有效的学习途径，人类约80%的知识都是通过阅读获得的。阅读小组是学生通过课外阅读途径开阔视野并培养自学能力的学习小组。阅读可以扩大学生的知识面，还能促进学生对所学课程的理解，巩固某些科学知识，提高学生的科技能力。

2. 开展创造性实验

结合教学知识点，开展创造性物理实验，激发学生的创造性思维，如"会走路的玻璃杯""水流爬坡""喷气小艇""易拉罐自动吸水""水流冲不走的乒乓球""自喷水流""牛奶瓶上的奇观"等。

3. 开展社会实践活动

社会实践活动就是通过实践培养学生正确运用知识解决实际问题的能力和社会决策能力的一种活动。社会实践活动使学生能学以致用，充分展现他们的才华，激发他们关注世界、探索其中奥秘的欲望，并由此形成科学态度、科学的价值观，提高收集信息、发现信息的能力和合作交流的能力。

4. 开展科技创新活动

科技创新活动以科技知识为载体，以实践活动为主要形式，以培养学生的科技意识、科学爱好和开发学生的创造力为目标。活动内容与人们的生活和现代科学技术在社会中的应用密切相关，因此对培养学生"科学·技术·社会"的整体观念有重要作用。

5. 开展各种讲座

有关物理知识的讲座内容很丰富，可以进行新的科技成就、新兴科学的介绍，也可以围绕教科书中的有关内容进行爱国主义教育。开展讲座活动，可以邀请大学老师、校友、本校的老师等，甚至学生自己也可以组织讲座。初中的讲座可以以学好物理的方法和学好物理的重要意义为重点，介绍我国古代的科技成就对全人类的贡献以及由于近代帝国主义的侵略造成了我国科技水平远远落后于他国的现状，使初中学生意识到肩上的重任，立志于为振兴中华而学习。

6. 组成教具制作小组

这个小组旨在提高学生的动手能力，加深其对物理规律的正确理解，解决演示实验和学生分组实验中仪器不足的问题。一般每个小组以5人到7人为宜，由年级任课老师担任辅导老师。每个星期可集中活动一次，平时分散做一些必要的准备工作，如初二学生可制作小天平、气压机，初三学生可制作模拟电路板。小组活动内容十分丰富，可以让学生自制轮轴和斜面，用塑料盒做成小船模拟打捞沉船、制作土电话、天平、量筒、弹簧测力计、杆秤等。以下举一些小制作的例子。

多用透镜

制作器材：一有盖的圆柱形玻璃瓶，水，有字的纸。

制作步骤：将圆柱形玻璃瓶灌满水，盖紧盖子，瓶内留一气泡，将其横放于桌面。

现象：瓶下面放一张有文字的纸，透过水，可以看到放大的字，可作放大镜用；透过气泡，可以看到缩小的字，可作凹透镜用。如果气泡在瓶的中部，说明桌面水平，可作水平测试器用。

升中有落

制作器材：一个带胶塞的长大试管，一个短小试管（小试管要能套进大试管），适量细沙，适量水，一小块塑料泡沫，玻璃胶，剪刀或小刀。

制作步骤：①按小试管管口大小用塑料泡沫剪出2个塞子，将其中一个中间穿一小孔，能让细沙通过。②在小试管内装入约1/3试管的沙，再将穿孔的塞子涂些玻璃胶，塞入小试管，粘牢。最后将另一个塞子涂些玻璃胶，塞住小试管口。③在大试管内装满水，将小试管套入大试管，再用胶塞套紧大试管。

现象：将大试管竖起，小试管上升的同时，看到沙往下漏过小孔。如果将沙染成红色，水染成淡绿色，会更好看。

"水火箭"

制作器材：2.5L的塑料饮料瓶两个，自行车气门芯一个（可从修车铺的废旧车胎上剪下，去掉里面的螺丝和衬垫），附带胶管和螺帽，硬塑料片两张（可用X光胶片），透明胶带一卷，打气筒（或电动气泵）一个，4号橡皮塞一个（带孔，孔径约为8mm），铁架台一个。

制作步骤：①火箭头的制作：将其中一只饮料瓶做箭体，另一只的瓶口用小刀切下，剪下距瓶口约9 cm长的瓶体做火箭头，瓶口用剪刀剪成锯齿形的缺口，下压成圆滑的火箭头，用火烧一下使之粘牢，再贴一层透明胶带。②侧翼的制作：用塑料片剪出侧翼四个，为了使火箭飞行时有较好的稳定性，侧翼必须有较高的硬度，如果塑料片硬度不够，可将两片或三片粘叠在一起制作。剪好侧翼后，将"粘贴爪"交替地折回两侧，用透明胶带对称地粘贴在火箭的下部侧面。③增压塞制作：用小刀切下橡皮塞较粗的一端，切口直径为2.3 cm，穿过小孔装上气门芯、胶管和螺帽，将橡皮塞用力塞进瓶口内，其露在瓶口外的部分不超过2 mm，用剪刀在饮料瓶盖中间挖一个直径约12 mm的孔，以便旋紧瓶盖时仅让气门芯露在外面。

发射方法：瓶内装入约400 mL的水，用橡皮塞塞紧瓶口，旋紧瓶盖，将火箭头用力套在塑料瓶底上，然后把火箭倒立放在铁架台的铁圈上，至此水火箭发射准备就绪；把气泵接在气门芯上，打开开关，向瓶内充气，同时注意观察气压表的读数；当气压增至约0.8 MPa时停止打气，取掉打气的铁夹，缓慢将瓶盖旋松，瓶内的水便冲开橡皮塞，向下高速喷出，由于反冲，火箭即冲向天空。

放大镜

制作器材：一个破碎的小灯泡，一盏酒精灯，一把镊子，一块小纸板。

制作步骤：①用镊子夹取小灯泡上的一块玻璃，放到酒精灯上加热，让其烙成小圆珠状玻璃。②冷却小圆珠状玻璃。③在小纸板上钻一个与小珠大小相近的洞，把小玻璃珠镶进去。④通过小珠看物体，可以看到放大的像，自制放大镜做成。

水气压计

制作器材：瓶子一只，细玻璃管一根，带色（滴红墨水）的水（烧杯装）适量，橡皮塞一个。

制作步骤：①往瓶子里装上适量带色的水。②在一根两端开口的细玻璃管上画上刻度。③将玻璃管穿过橡皮塞插入水中。④从管子上端吹入少量气体，使瓶内气体压强大于大气压强，水沿玻璃管上升到瓶口以上。⑤拿着它从楼下到楼上，观察水柱高度的变化。

注意事项：瓶口必须密合，不能漏气；不可用手直接拿瓶子，以免瓶受热，影响瓶内气体的压强。

走马灯

制作器材：一个铁架台，适量细线、彩色纸、牛皮纸，一盏酒精灯。

制作步骤：①用牛皮纸做风车叶片。②叶片中心用细铁丝钩住，铁丝上端用细线挂在铁架台上。③用彩色纸以风车叶片的直径为直径做一圆柱。④将纸圆柱形粘在纸风车上。

现象：在走马灯下面点燃酒精灯，会看到走马灯转动起来。纸上若画一些小动物，转起来会更漂亮。

教具制作活动不仅使学生提高了学习物理的兴趣，知道物理是有用的，而且拉近了师生间的距离，可谓一举多得。学生亲自动手制作各种"小制作"，能真正掌握和理解相关基本知识，形成基本技能，真切地感受到知识对生活、生产的巨大作用，从而进一步激发求知欲和创新意识。可以毫不夸张地说，"小制作"是培养和提高学生的全面素质的重要途径，是实施素质教育的一个"突破口"。由尝试动手到实验成功，由量变到质变，学生终于懂得了——实践是检验真理的唯一标准。作为教师，我们也更应该在教学改革的道路上继续探索下去……

（三）物理课外小组活动的指导

1. 明确目的，做好各项准备工作

要搞好物理课外小组的活动，首先，教师要提高自身的素质。物理教师要有责任心和良好的业务素质，同时还要明确搞好物理课外活动是其本职工作。其次，物理教师要认识到，正确处理课堂教学与课外小组活动的关系是搞好课外学科小组活动的思想基础，课外活动是进行素质教育的重要途径。

要组织一个物理课外小组，首先要确定具体的活动内容，其次，要考虑到活动是以动手为主还是动手动脑并重，还要充分考虑教师本身的特点。小组人员的选拔可以根据学生的个性、兴趣、爱好、特长进行，小组要有名称和指导教师，同时明确小组人数和组长人选。同时，要制订出切实可行的计划，包括小组活动的总时间、每个学期活动的总次数、每周活动的次数、每次活动的时间；要制订近期目标、中期目标和总目标；要确定活动的地点，一般来说，每个学校都应准备两到三个教室作为课外活动的基地，保证活动性课程的安排。教师要多看一点相关参考书，也要制订一个详细的教学计划，准备好所需的各种器材，充足的器材供应是搞好小组活动的关键。

2. 精心安排好每次活动，让学生有所得

学生带着极大的兴趣参加物理课外小组活动，辅导教师要精心安排好每次活动，不要让学生失望。为此，每次活动之前教师应明确活动内容、要求，让学生预习相关知识。如遇器材短缺不能活动时，可以采用讲课形式，介绍一些基本知识。因特殊情况停止活动的事情不能连续发生两次，否则就会打击学生的积极性。在最初活动过程中，辅导老师要及时解决学生碰到的困难，必要时对各种工具的使用要手把手地教，要耐心细致，及时发现问题，排除障碍，逐步放手。在各种小组的活动过程中，学生的发展是不平衡的，特别是一些兴趣十分浓厚的学生可能会对较难的问题产生探索欲望，辅导老师要为他们提供方便，给他们提供相关资料和实践条件，帮助他们早出成果。

3. 在活动中适时进行品德教育

在各种科技活动中要进行爱护公物、勤俭节约的教育。每样工具、每种材料、每个零件都是用钱购买的，爱护和不爱护、浪费和节约，结果大不一样。所以教师要教育学生节约每一根木条、每一张砂纸、每一根大头针、每一滴油、每一根焊锡丝。另

外，在活动过程中要注意培养学生间团结友爱的精神，外出比赛要培养学生的集体主义精神和竞争精神。

4. 积累资料，充实内容，形成特色

在带领课外小组活动的过程中，教师要善于积累资料，作好活动记录，总结经验教训。这样，下次活动内容就会更加充实，学生就会更喜欢。同时，要做好追踪调查工作，请参加活动的学生谈体会、收获和对活动的建议。只要我们工作做细、做踏实，几年后，物理课外活动就会形成特色。

三、搞好物理课外小组活动应注意的几个问题

1. 要有明确的目的计划

物理课外小组活动虽然是学生自愿参加的活动，但不能放任自流，不能学生愿意组织什么活动就组织什么活动。这一活动应成为由学校统一安排的活动性课程，是学校教学工作的组成部分，要有明确的目的和计划。课外活动不像课堂教学呆板，比较灵活，如果组织不好，活动起来就会混乱，计划完不成，学生不但没有收获，反而会养成一些不良习惯。所以组织这一活动，要切实加强质量管理，加强领导，要引导学生开展有教育意义的活动，实现素质全面提高。

2. 活动的内容和形式要符合学生的年龄特征

组织活动时，对低年级组和高年级组要区别对待，要充分考虑学生的心理、生理、个性发展要求。初中学生好动，好奇心强，物理课外小组的内容要少讲理论，以动手为主，使初学物理的学生感到"物理"是那么有趣，学起来有滋有味，这对培养学生学习物理的兴趣、养成良好的习惯是有益的。

3. 要有特定的物理内容和计划

物理课外小组的活动切忌搞形式，更不能用课外活动时间来完成课堂教学计划，变相加班加点，这样就造成课外活动有名无实的后果，加重学生的负担。课外活动不是课堂教学的继续，在课外活动中，巩固知识和应用知识应是自然而然地进行的。

4. 要充分发挥学生的自愿性和自主性

教师的媒介作用在于把握活动的思想方法，激发学生的兴趣，协调学生组织活动。特别是在科技小组的活动中，要充分发挥学生的才能，允许活动失败，使学生从失败中得到启发。在活动中，辅导老师对学生不要限制过多，如不允许乱动仪器、使用仪器要通过教师、损坏仪器要赔偿等，其实这种限制可能会抑制学生在活动中的创造力。

专题四　从物理教学到学科德育

第一节　以物理教学建和谐

　　近几年来，随着离异家庭的增多，独生子女问题凸显，为教育教学工作增加了难度。在复杂的社会环境影响下，现今的孩子情绪易波动，容易出现孤单、抑郁、紧张、焦虑、冲动等情绪。作为物理教师，如何使孩子们获取开启成功与幸福之门的金钥匙呢？这就需要我们创造一个和谐积极的教学环境，使孩子们认识到物理中的和谐之美，进一步体悟生活与人生。我们的物理教学要注重情商的发掘。

　　情商是一种智慧，情商的表现包括以下五个部分：

　　（1）认识自身的情绪。认识情绪对了解自己非常重要。不了解自己真实感受的人必然沦为感觉的奴隶，具有掌握感觉的能力才能成为生活的主宰。

　　（2）善于管理情绪。情绪管理必须建立在自我认知的基础上，这方面的能力包括自我安慰和摆脱焦虑、灰暗或不安的情绪。这方面能力比较匮乏的人常需要与低落的情绪作斗争，而对情绪掌控自如的人能很快走出生命的低谷，重新出发。

　　（3）自我激励。无论是自我激励还是发挥创造力，将情绪专注于一个目标是绝对必要的。保持高度热忱是成就一切的动力，一般而言，能自我激励的人做任何事情效率都比较高。

　　（4）认知他人的情绪。这通常需要同情心。同情心是基本的人际技巧，同样建立在自我认识的基础上，有同情心的人较能从细微的信息中觉察到他人的需求。这有助于人际关系的管理。

　　（5）承受挫折的能力。对失败的承受能力是情商的重要组成部分，无论在工作中还是在学习中，失败的机会总比成功要多。乐观、豁达的人往往把失败归因于可以驾驭的因素，从每次的失败中吸取教训、积累经验；消沉萎靡的人则更容易把失败归因于不可控制的因素。

　　课堂是学生学习成长的重要环境，教师除了传授学科知识，训练学生某方面的技能、技巧外，还应重视情商的培养。教师应重视物理教学中能促进学生智慧、道德和能力等方面成长的重要手段，像作家营造文学作品氛围那样创设自己和学生共同拥有的空间和心理氛围，对学生进行情感教育，让学生领略物理课的和谐之美。

一、教师要拥有饱满的教学热情

教师把热情倾注于教学当中，会使课堂面目一新。教师满腔热情地组织教学活动，情绪饱满，态度和蔼，语言亲切且富有激情，用自己的情绪、情感、人格、魅力感染学生，能使学生全身心地投入学习中去享受到学习的快乐。教师的教学语言要严谨、简洁、意深、逻辑性强、坚定自信、语速适当、铿锵有力，从而形成一种魅力，扣人心弦，激发学生对教师的敬佩之情，促使学生掌握教师所教的内容。所以说，教师在课堂上应拥有快乐的情绪和饱满的精神，为学生营造轻松的学习环境。

教师的情绪极易感染学生。当教师面带微笑，怀着喜悦的心情走进教室时，学生会倍感亲切，思想上轻松了，思维就敏捷了。此时的微笑代替了语言，吸引了学生的注意力，消除了紧张的气氛，活跃了课堂气氛，营造了轻松的学习环境，学生的快乐之情油然而生，思维更加活跃，师生配合默契，有效地提升学生接受新信息的能力。如果上课时教师能以充满感情的话语营造情感契合、气氛融洽的学习情境，提高物理教学内容的可接受性，一定能收到良好的教学效果。正如苏联著名教育学家赞可夫所说："如果教师本身就对知识充满渴望，学生就会迷恋于知识的获取。"

二、构建和谐的师生关系

浓厚的学习气氛往往和热烈的情感联系在一起。学生常常因为尊敬教师而有意识地增强自己的学习责任心，愿意学习他们喜爱的教师所教的学科。因此，良好的师生关系有利于激发和维持学生的求知欲，有利于教学双边活动的顺利进行。这就要求教师应该做到：

（1）热爱教育事业，关心爱护学生，做学生的良师益友。当教师把对事业和学生的感情融入教学时，就会让知识因为插上感情的翅膀而变得更有趣味、魅力。

（2）提高自身修养，丰富精神世界，做一个有吸引力的教师。教师端庄的仪表、落落大方的举止、亲切生动的语言能为课堂创造一个和谐的情感氛围。

作为物理教师，其人格魅力非常重要。世间的万事万物大多与物理有关，而学生对万事万物充满着好奇，喜欢问为什么，所以物理教师担任的是为学生解释万事万物之道理的角色。这个角色扮演得成功，就会得到学生的崇拜和喜欢，"亲其师"而"信其道"，学生必然对教师所授的学科产生兴趣。在物理教学中，物理教师应该针对所授知识多列举生活中的实际事例，让学生感觉到教师所讲授的物理知识与实际生活有着紧密而具体的联系，自然会产生一种亲切感。另一方面，学生喜欢做实验和观察老师做演示实验，因此，在物理教学中，教师应该尽量多做一些演示实验，并且多用一些自制的实验器材做演示实验，这样学生的求知欲望会得到满足。在做演示实验时，教师应该找一些学生做搭档来共同完成，让学生感到自己是老师的合作伙伴，也是课堂的主角，课堂气氛会更加活跃，学生参与课堂教学的主动性会大大地提高，师生关系在互动中会更加融洽。学生有较强的好奇心，喜欢听一些离奇故事，因此在物理课堂教学中，教师不妨结合讲授内容，适当讲一些物理学史上的故事，这样既满足了学生的好奇心，又可以使学生加深对所授知识的记忆和理解。

三、教师要创设问题情境

教师要创设情境，引起学生学习的兴趣，进而提出探究问题（探究目标）。提出的问题要能冲击到学生的认知，让学生感到探究的必要，同时提高学生管理自我情绪的能力和自我激励的能力。问题可以从实验开始，也可以从生活中的现象开始，和实际生活联系越紧密越容易激起学生探究的欲望。

如在"牛顿第一定律"一节课上，教师首先让学生做两个实验：如何让物理书在桌面上平动？如何让玩具小车运动？学生做实验、总结结论。很多学生感到问题很简单，很快得出结论，这时教师让学生把所得结论与亚里士多德、伽利略的结论相比较，判断谁的结论正确，这样，学生的兴趣就会高涨起来。这正是我们需要的。学生想知道谁的结论是正确的，提出探究问题，教师根据探究的难易程度，或让学生直接探究，或把探究目标转换成尝试性试验再探究。学生在实验的过程中既突破本节内容的重难点，又在问题矛盾解决的过程中经历"成功—失败—疑问—重树信心"的过程。

还是以"牛顿第一定律"一节为例，我们提出问题和动手实验：

（1）提出问题：运动物体在不受力的作用时，会一直运动下去吗？（此问题可由学生提出）

（2）学生看斜面小车实验并回答问题：此实验使用了什么方法？其中不变的量是什么？为什么小车要从同一高度滚下？

（3）通过斜面小车实验你得到了什么结论？推出了什么结论？

设计问题，创设情境，要贯穿课堂教学的始终，使课堂教学在不断提出问题和解决问题的过程中顺利完成教学目标，同时使学生的问题意识得到强化。问题设计要具备这样的特点：根据不同的教学内容，设计的问题要由浅入深，有利于突破本单元内容的重点难点；要有开放性，有利于学生思维能力的培养和挫折承受能力的提高。

四、教师要创造有利条件，鼓励合作探究

教师作为学生学习的组织者，为学生提供合作交流的空间与时间是其任务之一，这种合作交流的空间与时间是十分重要的学习资源。如果学生长期处于个体的、竞争的学习状态之中，久而久之，学生就很可能变得冷漠、自私、狭隘和孤僻，人际交往的能力缺失。合作探究学习将个人之间的竞争转化为小组之间的良性竞争，既有助于培养学生合作精神、团队意识和集体观念，又有助于培养学生的竞争意识与竞争能力。

学生根据教师提供的资料进行自主探究，小组成员互相合作、协同努力、尝试解决问题。这一环节要充分发挥学生的主动性，教师要引导学生运用实验、观察、分析、综合、归纳、概括、类比、猜想等方法去研究探索，然后在讨论、交流和研究中发现新问题、新知识、新方法，逐步解决问题。教师要让学生主动建构自己的知识体系，决不能包办代替，同时，教师应主动加入学生的交流中去，对协作学习过程进行引导，成为学生建构知识的帮助者和引导者，使之朝有利于知识体系建构的方向发展。

引导方法主要有：

（1）在教师的组织下，依据学生的学习基础、行为习惯、兴趣爱好等方面的差异，将班级学生分成若干小组，每组有3～4名学生，组内学生可取长补短，互相启发，互相帮助。

（2）提出适当的问题以引导学生思考和讨论；在讨论中设法把问题逐步引向深入，以加深学生对所学内容的理解；启发和诱导学生自己去发现规律、纠正错误、补充认识，逐步培养学生自主学习的习惯和能力。

（3）在教师的引领下，学生以小组为单位形成科学探究合力；学生们参与科学探究的提出问题、猜想与假设、制订计划与设计实验方案、进行探究与收集证据、分析与论证、评估与交流等各项活动。

（4）要求各组或展示、或演示、或交流、或评价，体现学生的自主性和个性。

（5）教师在学生小组学习过程中，要注意引导、组织、参与，并注意将学生探究的结论由个性化引导到科学化。

如"牛顿第一定律"一节课中把学生分成几个小组，各小组根据书上的提示做实验并完成实验报告，然后发表本组的实验结论，并讨论如果小车在玻璃表面上、冰面上、绝对光滑的物体表面运动时出现什么情况的问题。各小组交流讨论得出结论，发表看法。学生有了实验结论做基础，特别容易得出结论，最后各小组突破难点、完成任务。

五、教师要实施适度评价，提升学生的成就感

心理学研究认为，人有一种自我实现、承认、取得成功的愿望和需要。教学要关注学生的这种愿望和需要，在教学中对全体学生一视同仁，对不同层次、不同特点的学生分层施教；注意设置教学内容的层次和梯度，创设更多的条件，让每个学生都能体验到成就感；在课堂上经常热情地运用正面教学评价，提升学生的成就感。"你说得真不错，请再响亮地说一遍！""你回答得很对，看来，你不仅思考了，而且思考得很认真。""老师很高兴看到你争取发言了，继续努力，你也能成功！""老师知道你心里已经明白了，但是一时之间还不能把它表达好，我把你的意思转述出来，请你再学说一遍好吗？"诸如此类的教学评价能有效激发学生的学习兴趣，提升学生的成就感。另

外，在课堂上，教师要时刻留意一些沉默寡言的学生的情绪变化，主动征询他们的想法："你还有什么疑问吗？""你需要什么帮助吗？"边微笑边说这些话，一定会很有成效。初中三年一盘棋，七年级、八年级的教学要求要低一点，考试题目要简单一点，教学内容要严格控制在必修课本以内，以保持学生学习物理的积极性，千万不能企图一步到位，根据中考要求过早补充内容，不然往往会适得其反。有的教师曾在"声现象"一节后添加"回声计算"内容，并配以一些比较复杂的习题，结果不仅多数学生没掌握，而且严重影响了学生后续学习的积极性。后来教师经过分析反思，改在9年级"运动"之后进行分析训练，且题目难度适中，学生更容易接受，效果更好。

在批改作业时，多给予鼓励性的语言评价来提高学生学习物理的积极性。学生作业情况是教学效果的一种反映，从学生作业中找出作业反映的问题，还要一丝不苟地用一些简短而有鼓励性的语言来进行简明评价，如"好""很好""有进步""计算能力有提高"或"你这道题的解法很有创意""这道题解题思路很清晰"等。另外可以在做错的地方画一条线再打个问号，督促学生改正。对作业做得比较好的学生要在课堂上提出表扬，对后进学生要面对面批改作业，贴心交流知识、方法、感受。教育心理学专家卢家楣教授认为，在师生情感交融对教学活动的积极影响方面，师爱对学生的影响尤为突出，对师生双方、对整个教学活动都有积极的优化作用，但这种优化作用更多地是体现在师爱对学生的学习积极性、学习态度和学习成绩的提高乃至对学生高尚情操的陶冶、心身健康等的促进作用方面。实践证明，用鼓励性的语言来进行简明评价，能使学生把情感充分投入物理学习中来。

六、物理课堂教学要实施情感教育

有调查发现，现行的物理教学仍然是以教师讲授为主、学生接受为辅。在这种情况下，学生处于随从的心理状态，学习缺乏主动性和自信心，缺乏对物理现象的好奇心和探索物理世界奥秘的愉悦情绪，因此会感到物理课枯燥无味。若考试成绩不佳，教师和家长又没有很好地加以引导，学生便觉得压力特别大，如此恶性循环，学生对物理教师和物理学科就会产生厌恶的情感，这样很不利于物理学习。以学生发展为本的物理课堂不应忽视情感道德和价值观的教育功能。

1. 利用情感的调节功能使物理课堂充满愉快气氛

中学物理庞大的物理知识体系如果只用"填鸭式"的教学方法教学，难免让学生产生厌学情绪，教师要学会利用情感的调节功能轻松愉快地教学，使课堂充满情趣。如讲"乐音"的时候，教师可以让学生听一些用不同乐器弹奏的优美旋律，让学生辨别是什么乐器，随即提出为什么人们可以根据听觉来识别声音的问题，学生兴趣盎然，会很自然地进入主动思考的状态。

2. 利用情感的感染功能提高教学效果

热情洋溢的讲课方式远比语调平淡的讲课方式更容易让学生接受和喜欢。优秀的物理教师，上课时总是带着激情，运用适当的表情以及身体语言调动课堂气氛，使知识更加生动而形象，从而帮助学生更好地领会、掌握学习内容。著名的"罗森塔尔效应"告诉我们：一个赞许的点头，一个鼓励的眼神，一个肯定的微笑，都会渗入学生心田，给予学生巨大的精神力量。

3. 利用情感的教育功能充实学生的精神世界

以学生发展为本的物理课堂教学不仅要发展智力、培养各种能力，更要不断充实学生的精神世界。以往的教学更多地让学生经历残酷的竞争，致使他们对学习缺乏由衷的喜欢，对人生也缺乏热情。物理学是一门以客观物质世界为研究中心的实验科学，我们的主观精神世界和自然的客观世界有着紧密联系，教师要利用人类在探索物质世界过程中一些优良的品质、刻苦的精神、物理学中和谐与简洁之美唤起学生的情感体验，让学生学会爱、学会关心、学会感恩、学会尊重自然和生命，培养起求真、求实、求善的科学精神，逐步完善人格，树立正确的人生观和价值观。

第二节　以物理教学促成长

"一个国家的命运，依赖于它的人民对其周围世界的信息的了解与运用的能力"，美国总统托马斯·杰弗逊早在18世纪就已清楚地看到了这一点。人们运用科学知识的能力以及思维的方式，在很大程度上取决于他们从幼儿园到高中所获得的科学素养。基础教育是提高全体国民科学素养的奠基工程，担负着培养学生科学素养的重大责任。物理学具有以下基本特点：一是以实验为基础；二是由一些基本概念、基本规律和理论组成，体系严谨，定量精密；三是与哲学的关系十分密切。因而，物理学具有优越的理性认知、伦理、哲学和美学的价值以及提升人的力量、技能、判断力、敏感性、分寸感的价值。作为一门带有方法论性质的科学，物理学自身具备了巨大的教育性和育人价值，在培养学生科学素养方面具有独特的功能和鲜明的优势，是实施科学素养教育的有效载体和强大引擎。学校教育仍然对一个人的全面发展、终身发展起着至关重要的作用，因此学校和教师应该不断更新观念，给学生一个自由发展的空间，带动学生成长。

一、促进学生创新精神和实践能力的发展

教师应在物理教学过程中注重让学生自觉培养自己的创新精神和实践能力，让学生成为自主成长的主体。要做到这一点，教师必须先做到"五化"，即教育观念现代化、教学方法多样化、教学手段时代化、教学实践生活化、教学内容灵活化。

（一）教育观念现代化

传授知识是教学的一个重点，但绝不是全部，让学生在学习物理知识的过程中形

成科学素养、提升各方面的能力才是物理教学的关注点。教师不但要关心学生获得了多少知识，也要重视知识获取的过程。教师的教学不能过细过死，让学生主动参与知识获取的过程，将会更有利于他们以后的发展。俗话说"穷人的孩子早当家"，那是由于"穷人的孩子"缺少呵护，在多次跌倒中练出当家的本领。同样，在物理教学过程中，教师不能手把手地教每一个学生，但可以引导学生，成为学生自主成长的伙伴，及时、准确地分析学情，让学生自主解决他们力所能及的问题。若教师能给学生的自主探究和成长提供一个自由的、宽松的空间，那么既调动了学生的积极性，也培养了学生大胆而敢于质疑的精神。

（二）教学方法多样化

培养学生的自主学习能力，要求教师的教学方法多种多样。流水线上生产的是标准件，只有因材施教，发挥各个学生的特长，才能培养更具个性和自主性的学生。教师要根据学科特点和教学内容而采用适宜的教学方法；要根据培养目标的不同层次而确定不同的教学方法；要为提高学生学习的兴趣而不断改变教学方法。当然，不管使用何种教学方法，都必须以学生的主动参与为基本要求，以培养能力为基本目标。我们可以让学生走向社会，深入生产一线；也可以让学生从事简单的科学研究，经历探索、创新的过程；还可以让学生和老师换位，由学生表达自己的见解，参与学校管理，了解老师平时的工作，努力消除与学校、社会之间的隔膜，从而降低进入社会的台阶。在实际的教学过程中，教师不但可以利用互联网进行教学，还可在班级里成立学习兴趣小组，建立QQ群，要求学生自己上讲台讲解某些内容。这样，针对不同的教学内容采用不同的教学方法，甚至在不同的时间进行教学，会取得意想不到的效果。

我们鼓励学生从事实践活动，鼓励学生自主参与，是因为丰富的实践经验是创新的源泉，自主参与是培养能力的有效途径；同时课堂教学也要打破教师一言堂的格局，鼓励学生自己分析问题，为学生提供发表见解的机会，支持学生对权威的质疑。

（三）教学手段时代化

教学手段的时代化既包括在学校采用先进的、现代化的教学工具，也包括延伸课堂后的QQ群聊、主页制作，甚至是网站的制作和发布等。为了能在有限的时间内取得良好的教学效果，必须提高教学效率，而现代化的教学媒体能刺激学生各种感官，激发学生的学习兴趣。如电视和录像能增加学生的见闻；互联网拓宽了学生的知识面，增加了学生获取知识的渠道；电脑动画可化无形为有形，化抽象为形象；投影仪、视频展台能增加可视性。现代化的战争不能仅靠小米加步枪，现代化的教学也不能仅依赖黑板和粉笔，要让学生学好物理不能仅依赖课堂，课后与学生的交流或许更能激发学生的学习兴趣，提高学生的学习能力，促进学生的成长。

（四）教学实践生活化

一个人的自主发展需要动力，生活的需要就是我们发展、创新的原动力，我们强调的创新也是以知识为基础、以需要为动力、以培养多种综合能力的为目的的实践活动。自主发展能力的培养是一个系统工程，需要家长、学校、社会共同参与，绝对没有人才速成班。在培养学生的过程中，教师必须不断研究学情、务实工作，并根据学生和生活的需要改进教法，引导学生自主参与实践活动，这样才能真正有利于学生的发展。只有与我们的生活密切相关的实践活动才更能调动学生的参与积极性，如在进行"光的色散"一课的教学时，虽然课堂上做了不少实验，但由于条件的限制，不能把学生带到大自然中去，因此，可布置学生利用自己家里的简单器材，在太阳底下进行光的色散实验，学生回校后发表自己的收获和反思，不仅提高了学习效率，也锻炼了学生的自主学习的能力。

（五）教材内容灵活化

教师要促进学生的自主发展，就必须灵活地运用教材来进行教学，而不能只是教教材。如人教版八年级物理第一章"打开物理世界的大门"，其教学内容的可变性大，因此可自编引言，然后分四个板块进行教学。一是做有趣的实验，如"空瓶吞蛋"实验激起了学生浓厚的学习兴趣，"水往高处流"实验引起了学生的深思，"摩擦起电"实验满足了学生探索生活的欲望，"音叉激起浪花"引发了学生对知识的渴求。二是在此基础上引出物理学研究的内容，如力学、热学、声学、电学、光学、原子物理学等，继而阐明研究的目的。三是进一步介绍物理学的基本方法。四是教育学生学会学习物理。

二、促进学生心理素质的提高

现今的学生普遍对中学物理教科书感到头痛，学好物理似乎有一道难以逾越的障碍，甚至有的学生惊呼：我在物理上花的时间和精力最多，而收获最少！产生这种现象的原因固然不少，但学生们的心理素质差也是其中一个重要因素。在初中物理教学中，应有意识地在课堂内外对学生进行心理素质培养，教师要把培养学生自觉、果断、敏捷、坚韧、自制等心理素质的目标始终贯穿在教学过程中，这对于学习程度不同甚至相差很多的学生都有一定益处。

（一）培养学生的学习自觉性、果断性与自信心

要使学生对学习物理有一定的自觉性，首先要引导他们对物理产生兴趣，产生好奇心和求知欲。兴趣来源于学生熟悉的生活，教师在授课过程中要有意暗示，善于把周围的事物与物理知识联系起来。另外，教师要根据学生的心理特点，把学生注意听课的最优时间指向重点环节，并较长久地保持注意的指向性，从而抑制与听课无关的活动，培养学生的自觉性。

初中学生有了一定的形象思维和抽象思维能力，有必要对他们进行引导训练，提高他们的思维水平。物理教学要从形象思维开始，有意无意地利用一些物理现象进行

分析、综合、抽象、概括，逐渐向抽象思维过渡，这也符合物理学习的一般规律。概括的过程有助于增加学生对知识之间联系的理解以及对定律和定理所要表达的物理意义和适用范围的理解，有助于增强学生判断的果断性和解决实际问题的能力。

（二）培养学生的坚韧精神和自制力

中学物理教学是一个概念不断增加、判断和推理逐步深化的过程，如何理解物理学习中的各种客观规律，从表面现象认识本质特征及其内在联系，是教学双方通过努力才能达到的目标。

在课堂教学中，物理概念靠教师的灌输和强制记忆是可以达到记忆的目的的。但这只是单纯的记住，学生不能根据自己的理解用自己的话把概念表达清楚，更无法做到灵活地掌握和运用。在教学中，教师应注意训练学生的书面和口头表达能力，特别是口头表达，多问几个为什么，在学生的解答中，了解其掌握知识的深广度，训练其快速敏捷的反应能力。

针对学生在学习物理过程中急于求成的心理，要培养学生的韧性及自制能力，引导他们从急于求成的错误心理中解脱出来，帮助他们把新知识同已学过知识进行联系、渗透并有机结合，使之相辅相成，使学生不再认为所学的物理知识是一盘散沙，激起他们求知和探索的欲望。

在教学中，要特别注重把新知识纳入原有知识结构中，引导学生对新旧知识进行联系和比较，以同化新概念，增强比较能力。可适当增加实验次数，为加强感性认识提供适当的感性材料，让学生在"玩"的过程中渗透式地接触、理解并掌握好概念，建立自信并收获喜悦。

总之，在物理课堂内外，利用"看""听""做""想""练"这几个方面的交替活动培养学生的心理素质，使教与学双方都能得到一定提高。

三、通过三维目标促进学生的发展

物理新课程旨在进一步提高学生的科学素养，通过"知识与技能、过程与方法、情感态度与价值观"三维目标培养学生，既授知识又育素质，让学生学习科学探究方法、发展自主学习能力、养成良好的思维习惯、提高综合素质，为学生终身发展奠定基础。物理课所讲授的物理知识是一种教育教学的载体，服务于"以人为本"的主体教育，故教师应注重开发学生的智慧和潜能。学生的成长因素是多方面的，物理教师在教学中要勇于探索有利于学生成长的新思路、新方法，引导他们去认识物理、理解物理、感悟物理和应用物理，不断提高自身的科学素养。

（一）物理知识与技能奠定学生成长的基础

物理知识是一种精华，是经过无数科学家的实践、钻研和概括后而形成的科学知识。大到宇宙小到微观时空，物理学研究物质存在的基本形式、内部结构及其相互作用、性质和运动规律,具有高度的浓缩性和简洁美,充分体现了人类的智慧。在《课程标准》提出的三个维度目标中,"知识和技能"的掌握是整个学习的基础,是学生探索自然、开展终身学习、促进自身发展并逐渐完善的基础。学习知识是掌握技能的前提,技能的掌握又会影响知识的学习和发展,两者相辅相成,是一个不可分割的整体。

学生对大自然有一种强烈的好奇心,渴望去探索自然界的奥秘、认识隐藏在现象背后的规律,而物理课程正好满足了学生这种好奇心、求知欲。随着学生探究欲望的增强以及物理知识和技能的积累,他们的科学探究能力和思维能力也会得到相应的提升,能更好地运用物理知识,以更理性的思维角度去看待事物、理解客观世界,在不断地发现问题、提出问题、分析问题和解决问题的过程中充实知识,提升技能,点亮智慧人生。

(二) 物理学研究的过程与方法使学生获取成长的经验

在物理学发展过程中,从问题的提出到模型的建立,从实验的分析到结论的验证,直至物理概念和规律的总结,都折射出物理学家的创造性思维和创新性精神。他们经过科学探究验证物理规律,并不断地创新、完善和总结,造就了如今宏伟坚固的物理学大厦。

物理源自实践、服务生活。为了培养学生的创造能力和创新精神,有效地实现"过程与方法"这一目标,教师在教学中必须有意识地培养学生的创新思维、设置创新问题、构建创新环境,让学生在学习物理知识和技能的同时,学习研究问题的过程和方法,提高研究物理问题的能力。

物理概念和规律的分析推导本身就包含了科学探究的过程与方法,体现了了解科学、认识科学的探究意义。充分利用课堂演示实验、课后小实验和学生实验,认真落实其每一个环节,积极引导学生分析实验、设计实验、操作实验、总结实验,注重实验过程与方法的思考,让学生融入教学活动中,使其主动去获取知识、应用知识,养成动脑动手的良好习惯。此外,还可以开展一些生活趣味实验设计比赛,如鸡蛋走钢丝、水火箭等;组织学生进行小发明、小创造,如根据牛顿第二定律设计一种能显示加速度大小的装置,根据电学知识利用传感器制作简单的自控装置,利用发光二极管制作电源开关指示器等,使学生在设计制作过程中培养创造性思维。

用物理过程与方法唤起学生的创新意识,让学生获取宝贵的成长经验,产生强烈的创新动机,开启创造人生。

(三) 情感态度价值观增进学生的智慧

物理学不仅体现人类的智慧,更是一种文化——一种培养学生情感态度价值观的文化。加强对学生"情感态度与价值观"的教育,是教育目标的最高体现。为此,物理教师应在教学过程中渗透人文思想,捕捉思想教育与知识教育的最佳结合点。物理学中有许多珍贵的科学思想,如守恒思想、变量控制思想、辩证唯物思想等,都是极好的人文思想教育资源。

物理教材中有许多验证和探究性实验，让学生经历实验分析、设计和操作的过程，使学生在实验过程中探究，在探究中总结，在总结中逐步感受成功的喜悦。这些艰辛让他们体验成就感，可培养其实事求是的价值观，在未来面对问题时就能以事实为依据，以观察、实验为基础，运用物理学的思想方法揭示事物的本质。

物理教学应注重对学生进行科学精神和意识的培养，使他们针对学习生活中的问题作出科学的判断和选择。如落体运动在生活中很常见，水果熟了从枝头落下很快，但树叶从枝头掉下却很慢，这是不是说明下落物体的运动规律与质量或重力有关？由于实际情况受到许多因素的影响，其本质和规律被掩盖，学生只有对现象背后的原因做出深层次的理性思考才能作出科学的判断。

求实的精神、科学的素养、理性的思维、通过知识学习而凝练成的思想情感是物理教学留给学生的财富；通过解决问题而练就的思维方法是物理教学给学生带来的智慧。这就体现了物理教学的目标——用情感态度价值观成就学生的美好人生。

四、促进学生观察能力的提高

在物理学习中，观察能力是学生学习能力的重要组成部分，也是学生的重要心理特征之一。观察能力作为一种心理素质，是学生在成长中通过学习逐渐形成的。那么，如何在物理教学中培养学生良好的观察能力呢？

（一）加强对观察的目的性和重要性的认识

观察作为一种物理学习能力，对于物理学习具有重要的作用。同时，观察也是一种重要的研究手段，在物理学发展史上，不乏由于细心观察与思索而产生重大发现的例子，如伽利略由于观察研究吊灯摆动而发现了单摆振动的规律，奥斯特因细心观察而发现了电流的磁效应。作为物理教师，要重视对物理学发展史上成功观察事例的介绍，同时要结合教学内容，说明认真细致的观察在知识学习及科学发明、发现中的作用，教育学生做爱观察、勤思考的有心人。

（二）教给学生观察的方法

在物理教学中，学生要观察的主要有这样几方面：（1）对物理现象与物体外部形态关系的观察；（2）对物理现象与物体内部结构关系的观察；（3）对物理现象与物体动态关系的观察，对事物的特征和运动发展变化规律的观察。

在具体的物理学习过程中，学生要掌握两种常用的观察法。一是系统观察法，它包括顺序观察法、分步观察法和角度观察法。如对部分电路欧姆定律实验的观察就是这样：第一步，先定性观察电阻变化或电压变化所引起的电流变化；第二步，固定电阻，定量观察电压变化对电流的影响；第三步，固定电压，定量观察电阻变化对电流的影响。二是对比观察法，包括异部对比、异物对比、前后对比及分类对比等。这是判定哪一种因素对现象或过程起支配作用的有效方法。

另外，归纳观察法、验证观察法和综合观察法也是常用的观察方法。

（三）充分发挥教师的指导作用

要培养学生的观察能力，需充分发挥教师的指导作用，恰当而适时的指导将会对学生的观察起到积极的点拨作用。教师在指导学生观察时，还要注重引导学生开动脑筋、积极思索。在物理学发展史上，因观察不细致或观察未与思维结合而导致与重大科学发现失之交臂的事例不胜枚举。教师可用这些事例，结合观察训练，提高学生观察的积极性。

（四）给学生提供尽量多的观察机会

在教学中可以通过演示实验和分组实验培养学生的观察能力。此外，物理学研究对象十分广泛，教师可以在日常生活、生产活动中找到可供观察的实例，引导学生去观察和思索。由于这种观察活动的对象是学生生活中常见的物理现象，并且由学生本人相对独立地进行观察，不仅有利于培养学生观察的积极性、主动性，而且对于其他能力的发展也能起到积极的作用。

第三节　以物理教学促创新

随着信息化社会的发展，知识经济呼唤创新型人才。创新是时代的主旋律，创新型人才的培养必须依靠创新的教育。在中学物理教学中实施创新教育，培养学生的科学创新精神并提高学生的创新能力，是落实素质教育的核心。物理教师要在充分认识物理学科特征的基础上增强创新意识，注意在课堂、实验等多方面教学中诱发学生的创新动机，激发学生的创新情感，培养学生的创新意识、创新精神和创新思维，从而达到培养学生创新能力的目的，实现创新教育的目标。请看下面案例。

某位教师在课堂上讲授初中物理"压力与压强"一节。

师：人在开裂的冰面上走时应采取怎样的办法减小危险性？

生：趴在冰面上。

师：人站在冰面上与趴在冰面上有什么不同？

生：接触面积不同。

师：很好，为什么这样就能减小危险性？

……

这节课教学目的明确，教学内容清晰，教学方法灵活，有理论，有实验；教师问问题，学生答问题，师生互动，气氛热烈；教师语言准确简练，教学时间安排精当……但也有人提出疑问：这堂课上老师问什么问题，学生都能回答，既然老师的问题，学生都能回答，还上这堂课干什么？

实际上，这种现象在我们课堂教学活动中相当普遍。教师的所有问题都有标准答案，提问仅仅是一个手段。有的教师也往往停留在通过提问来检查学生学习情况的阶段上，学生只需按教师的思路走，听课、答问、做题，渐渐地就会消极听课，等到教师自问自答，学生的问题意识早就淡化了，学习变得被动。有的学生即使喜欢提问题，也仅是："老师，这道题怎么做？"而很少问："老师，这道题为什么这样做？还有没有更简便的解法？"被动学习导致了学生创造力的缺失，这显然背离了现代教育精神。

那么，如何有效地改变学生不会提问题的现状，培养学生的问题意识，进而提高学生的创新思维能力呢？物理教师要注重培养学生的科学思维能力，并把它与传授物理知识有机地结合起来，形成一个可传输的系统，帮助学生在头脑中逐渐形成一个合理的知识结构和思维结构，从而使学生逐渐学会在比较中迁移、创新的思维策略，提高举一反三、触类旁通的能力。这样的教学，才能帮助学生提高综合素质，使其受益终身。

广大物理教师要注意培养学生的创新能力，确立以"学生为主体"的教学思想，构建宽松和谐的教学氛围，大力加强和改革实验教学，开展研究性学习，充分利用现代信息技术促进学生创造性思维的形成，提高学生的创新能力，以适应知识经济时代的需要。

但就目前教学的实际情况来看，开展创新教育仍有许多亟待解决的问题，传统的物理教学中落后的教育观念和方法阻碍了学生创新能力的培养。随着国家新一轮教育课程改革理论和实践探讨的深入，广大教师已认识到课程改革势在必行。在物理教学中，培养学生的创新精神和创新能力是一个重要的课题，只要我们努力探索、勇于创新，以全新的姿态走进新课程，就一定能使物理创新教育不断走向深入、走向成功。

一、在宽松和谐的教学氛围中培养学生的创新能力

过去，我们常常把教师的课堂行为比做舞台表演艺术，把课堂比做教师表演的舞台，认为教师只要表演到位就可以了，最高明的教师也就是那些具有高超表演艺术的人。这种认识不能说完全不合理，因为教学行为与舞台表演行为是有一些相似之处的。但是，若教师讲课如同舞台表演一样，一味地按照教参或教案设计（剧本）亦步亦趋地展示自己的行为，把学生当做观众，既没有沟通也没有交往，教学也就成了没有学生参与甚至是完全忽视学生的教师单方面的活动。"表演"的水平再高，"艺术"表现能力再强，也只能说明教师自身"塑造角色"的能力与水平，而无法反映出学生的学习能力与积极性。换句话说，表演可以是无互动、无交往的，而教学却必须要借助交往来进行。只有在真正有效的交往与互动中，学生获取的知识才能得到有效"内化"，提高的能力才是"货真价实"的，培养的情感才是"真真切切"的。从这个角度讲，衡量一堂课的标准不只在于教师的板书是否整洁、行为举止是否大方、时间控制是否合理，而更多地在于与学生交往、互动的方式、程度、水平与成效。

创新课堂教学是创新教育的主要环节，是学生创新素质培养的重要途径。在创新课堂教学中，教师一定要面向全体学生，充分调动每个学生的积极性，让每个学生都参与创新活动中来。营造轻松、民主的创新氛围，营造师生互动、生生互动的教学情境，让学生都有充分的心理安全感与自由度。学生回答错了，允许重答；学生回答不完整的，允许补充；学生没想好，允许再想；学生有不同意见，允许争论；学生不明白，允许发问等。通过一系列的活动，学生的思维被激活，灵感被催生，才气得以释放。

构建宽松和谐的教学氛围，是培养学生创新意识的重要前提和保证。而要营造这一氛围，教师应放下架子，与学生交朋友，使师生间建立起一种信任感；在最能体现学生主体地位的课堂上尊重学生，给学生更大的自由；在课堂上多给学生提供表现的机会，使他们能够毫无顾虑地发表自己的见解。这样，学生就会勇于发现问题，敢于提出问题，渴求解决问题，他们的创新意识也就会自然而然地得到培养。教师不应把学生带到预定的圈子里，求得一个预定的、统一的答案。仅仅对学生真诚相待与鼓励也是不够的，而是要把学生真正推到学习的主体位置，让学生成为学习的主体、课堂的主人。

教师在课堂教学活动中要充分明确自己的职责与任务，当好学生学习的组织者、指导者，并通过创设情境把教学内容转化为学生的需要；通过启发、诱导、设疑等教学环节，使学生轻松愉快地获取信息，从而突出学生的主体性；引导学生充分活动，使学生在动手、动眼、动口、动脑中学会认知，学会创新。

教师是课堂心理环境的直接创设者。如教师把微笑带进课堂，树立良好的形象，做到热情、和蔼、谦逊、守信，使学生对教师产生信任感；教师把学生当做朋友，尊重他们，帮助他们，提高他们的自尊心和自信心，使他们愿意亲近教师。在教学过程中，通过小组讨论、同桌讨论、集体讨论、师生共论等形式，营造宽松的课堂氛围，使学生之间互相启发，产生互补作用，加深认知程度，培养创新意识。教师把感情投向学生，学生感受后又作用于教师，课堂营造了一种宽松、和谐、民主的教学氛围。师生互动，形成合力，大大促进了集体创新意识的发展。

二、加强和改革实验教学，培养学生的创新能力

当前实验教学普遍存在着只重视简单的操作练习而忽视深入探索的问题。教材中的演示实验和学生实验，从器材、方法到表格设计都是按照规定好的步骤和方法进行的，教师很少引导学生去思考和探索，有些学生在实验中只是依葫芦画瓢，根本不能领会实验的原理和思想，不利于创新思维的培养。更有甚者，教师只是照本宣科、夸夸其谈地讲实验，学生迷迷糊糊听实验、背实验。"背得熟，记得牢，分就高"的模式培养的只是高分低能的人。要彻底摒弃这种"背多分"实验教学模式，必须要加强和

改革实验教学。实验是物理教学实施创新教育的基础和重要手段，对激发学生的学习兴趣、提高学生的实践能力具有不可替代的作用，创设创新氛围，是培养学生的创新意识、创新思维、创新能力并提高学生的科学素质的有效途径。物理教师应从以下几个方面对实验教学进行改革创新。

（1）演示实验中，可以不拘泥于教材或教参的安排，适当进行一些创新设计，让学生自行选择器材、设计实验方案、在实验中发现问题并寻找解决问题的方法。通过创设条件，让学生充分地动脑、动手、动口，发挥学生学习的主动性，从而激发学生的创造性思维，培养学生的创新能力。在实验教学中，教师不失时机地对学生的标新立异给予肯定、支持和帮助，鼓励学生大胆猜想、独立思考、通过实验否定错误的假设或修正不完善的猜想，从而培养学生解决问题的勇气、信心、毅力、科学的批判精神和创造力。

（2）分组实验中，允许学生在掌握实验原理的基础上，用不同的器材、不同的实验步骤进行操作实验。如初三物理测密度实验器材缺少天平（或量筒），测电阻实验中缺少电流表（或电压表），实验将如何进行？可以让学生使用其他器材或改变步骤来做实验，学生会兴致勃勃地参与。这种方式能极大地提高学生学习物理的兴趣，发展学生的个性，活跃学生的创新思维。在实验中，学生需要在各种因素中取舍，对所得的信息进行筛选，这就要求学生在追求既定目标的过程中学会应变、思考和探索，使学生的分析、综合、表达能力都得到训练和提高。

（3）探索性实验要比常规课堂教学有更广阔的活动空间和思维空间，可以激发和满足不同层次学生的探索与创新欲望。实践证明，把某些演示实验和学生实验设计为探索性实验，有利于培养学生勇于探索、敢于实践和善于创新的精神，有利于培养不同层次学生的创新能力。让学生自己动手独立操作，通过认真观察和思考得出结论，一方面使学生由被动学习变为主动探索，极大地调动学生学习的主动性和积极性；另一方面也培养了学生的实际操作能力和观察分析能力。探索性实验增加了课堂容量，加强了实验的探索功能。在具体教学中，教师应选取合适的、需要探索的问题作为实验内容，可以利用新旧知识间的联系提出需要解决的问题，并设计一系列有针对性、启发性的问题作为铺垫；设计问题时应充分渗透创新能力的培养，要引导学生在运用知识的过程中有所"创新"地解决问题。另外，教师应让学生明确探索性实验的基本环节，并在实验仪器的选取与操作、实验现象的观察、实验数据的处理、实验故障的排除及结论的得出等一系列环节中及时对学生进行指导，使学生在相对独立的实验活动中体会到艰辛与愉悦，学习实验设计思想、物理学方法、实验技巧等。用探索性实验培养学生的创新能力不是一朝一夕的事情，教师可有计划地组织学生进行一系列的探索性实验，并把实验内容和生活中的实际问题联系起来，使创新能力的培养和物理知识的学习紧密结合起来。

另外，积极创造条件，开放实验室，培养学生的创造能力。在实验室里，常有学生爱做一些非指定性的实验，教师一定不要单纯地批评制止，因为喜欢探索、不循规蹈矩正是"创造型"人才的特征。教师要克服偏见，鼓励他们设计实验，适当指导点拨，让他们利用课余时间完成自己感兴趣的实验，通过自身实践发展自己的创新能力。

总之，实验教学是培养学生的创新能力的主要载体。在科学、安全精神的指导下，一方面，教师要鼓励学生不局限于教材，积极动脑、动手；另一方面，教师要为学生创造更有利的条件，让他们充分利用实验室，参与动手实践，以培养创新能力。

三、在多媒体应用中培养学生的创新能力

随着教育技术的发展，物理学科的传统教学方法受到巨大的挑战。在物理教学中运用现代教育技术，有助于阐明物理概念、原理、规律，提高物理实验教学质量，培养学生创新能力和实践能力。特别是多媒体能满足人们处理多种形式信息的需求，能灵活地对学习过程和教学资源进行设计、开发、运用、管理和评估，在培养学生创新能力上具有得天独厚的优势。多媒体在教学中的应用改变了传统的教学模式，吸引了学生的参与积极性，发挥了学生的主体性，把传授知识和素质培养统一起来。

多媒体技术应用已逐渐普及，其功能也越来越丰富，在教育逐步走向现代化的今天，借助多媒体来为教育服务已经成为必然。如今大多数学校都开始运用计算机来开发教育软件，挖掘教学资源，为教学服务。

多媒体进入物理教学中后，通过声音、图像等多种表现形式，使学生能对知识掌握得更加透彻、形象。多媒体课件图文并茂，利用丰富的画面、悦耳动听的音乐、通俗易懂的解说等给物理课堂增添了无穷魅力。多媒体教学有利于激发学生的学习兴趣，调动学生的学习热情；有利于优化教学过程，提高教学效率，突破教材重点和难点；有利于学生感知、想象和理解一些抽象、微观现象。

在利用多媒体手段辅助物理教学时，培养学生创新能力应注意以下几点：

1. 激发"创新"意识

教师可利用多媒体播放科学家的趣味故事和青少年的小发明、小制作的录像片段，使学生认识到"创新""创造"并不是科学家、发明家的专利。在社会发展中，人们时时都在创新，开辟一个新领域，发现一个新问题，用一个新方法解决问题，制作一个新用具，撰写一则小论文，诸如此类，都是创新、创造，它并不神秘，而是存在于学生的日常生活、学习中。物理学发展史无时不伴随着"创新"，从伽利略否定亚里士多德的"力是物体运动的原因"到牛顿力学建立，从爱因斯坦质疑牛顿力学到狭义相对论的建立，科学的每一次进步都离不开创新。只有"创新"才有今天的物理学，只有"创新"才有今天高度发达的科学技术。

2. 建立"创新"环境

教师可利用多媒体课件再现物理情境，由学生控制变量进行操作并观察变化结果，

得出科学结论。这样的多媒体教学设计要具有探索性，教学方法和手段要确立学生主体地位，能够引导学生探求新知识，大大提高学生的观察力和主动探索的积极性；要将世界科学技术发展的最新动态、成就及原理引入物理教学中，开阔学生的视野，促进学生想象力的发展，让学生感受到时代的脉搏。

3. 启迪创造性思维

物理概念的建立和理解、物理过程的分析、物理问题的解决都需要丰富的想象力和抽象的思维能力。因此，教师在教学中要用形象、生动、直观的语言启发学生想象，利用模拟型、训练型等类型的课件帮助学生想象；启发和培养学生求异思维和发散思维，引导学生从不同角度、不同方向去思考和探索问题，拓宽学生的思路，使学生思维从单一向多向发展。

4. 培养良好的学习和思维品质

在教学中要培养学生的自信心和使命感，使其在学习中学到物理的严谨、准确与严密的逻辑推理，促进其个性品质、创新意识的形成。鼓励学生进行社会实践，培养学生对事物敏锐的感知力和接受新事物的能力，帮助他们从狭隘的智力目标中超脱出来，进一步发展创新能力。多媒体的应用，为学生发展个性特长提供了机会，大大地提高了学生的积极性、主动性、创造性。

我们已经进入数字化时代，目前，我国许多学校已将自己的校园网与 Internet 连接，使学校真正在信息高速公路上疾驰。我们相信，未来的教育将是创新的教育，在新课程物理教学中，多媒体在学生的创新能力培养上将会发挥越来越大的作用。

四、开展研究性学习活动，促进学生的创新能力进一步发展

随着《国务院关于基础教育的改革与发展的决定》的发布，以及《纲要》《课程标准》的实施，研究性课程已成为当前基础教育课程改革的重点和突破口。它体现了学习活动的实践性、研究性、综合性、合作性、开放性和主动性，在培养和发展学生的创新精神和创新能力上起着重要作用。

创新教学具有研究性、主体性、发现性、归纳性等特点，这就要求教师在实施教学方法创新的同时，用"创造性地教"为学生"创造性地学"创造环境和条件。研究性学习就是根据这一需要设置的新的课程计划，具有典型的创新教育功能。研究性学习是学生在教师的指导下，从社会生活中选择和确定研究课题，以类似于科学研究的方法主动地获取知识、应用知识、解决问题的学习方式，通常包括资料查阅、实验操作、专家走访、社会调查、问题讨论、现场观察等方面。

结合中学物理教学开展研究性学习，学生接触到大量的实际问题，在自主活动中提高运用所学知识解决实际问题的能力。作课题研究时，首先要收集信息资料，学生通过图书馆、因特网、专家采访、问卷调查、实验探究等方式获取数据；然后要处理

信息资料，作出统计或制成图表；第三要加工信息资料。由此看来，研究性学习不仅培养了学生收集、处理和加工信息资料的能力，更重要的是培养了学生的创新思维。研究性学习是发展学生个人兴趣、个性特长的最好方式，是一种自主创造的学习活动，满足学生的成功欲，激发其创新兴趣。

心理学告诉我们，一个人只要体验一次成功的喜悦，便会产生不竭的追求意念和力量。成功是兴趣的支柱，成功必定给学生带来喜悦，因此教师应注重从成功的喜悦中激发学生的创新兴趣。学生一旦达到了教师提出的要求，就会因成功的喜悦而增强了信心，激起进一步学习和创新的渴望。

现代社会正步入知识经济时代，日益激烈的竞争对人才提出了更高要求，新时期的人才应具有主动获取知识、探索创新、动手操作、团结协作和社会实践的能力。研究性学习以学生自主性、探索性学习为基础，以个人或小组合作为方式进行专题研究，适应社会发展和人才培养的需要。学生通过亲身实践获取知识，学习科学方法，培养科学精神，形成科学态度，提高综合运用知识、解决实际问题的能力，使创新能力进一步发展。

1. 物理研究性学习的特点

（1）实践性。在研究性学习中，学生学习的主要载体是"问题"，学生从感兴趣的生活、生产中去发现和提出问题，再确定其为研究课题。学生在解决问题过程中获得亲身感受和经验，在经验积累过程中形成主体意识，最终实现自主发展。

（2）开放性。研究的问题大多来自现实生活，学习的内容和形式是开放的，既可以是科技制作，也可以是探索性物理实验，也可以是偏重推理的理论性研究，还可以是物理学前沿的新科技问题等。

（3）自主性。学生真正成为学习的主体，成为研究的设计者、实施者，每个人承担相应的责任，在合作学习中共同克服困难，一同获得成功的喜悦，在自主学习、积极探索中促进主体性的发展。

（4）探索性。学生在学习过程中，用类似于科学研究的方法，模拟科学家的研究方法和研究过程，主动获取信息，并运用已学知识分析、讨论、解决实际问题。

2. 物理研究性学习中的师生角色

研究性学习特别注重学生的创新精神和社会实践，强调以学生为中心，要求学生由外部刺激的被动接受者和知识的被动灌输者转变为信息加工的主体和认识意义的主动构建者。这要求学生学会学习，学会思考，学会通过与同伴之间的讨论和相互影响提高研究性学习的效率，具备乐于质疑、乐于探索、努力求知的心理品质。

研究性学习要求教师由知识的传授者、灌输者转变为学生主动学习的引导者、帮助者、促进者。教师在设计和实施课题的过程中，对于确定研究课题、选择研究方法、设计研究计划、实施研究过程、支持交流评判、引导归纳总结应充分发挥主导作用，体现出在学法上的指导。

3. 研究性学习的方式和过程

物理中的研究性学习应有自己的结构体系和组织方式,只有这样,研究性学习才能发挥更大的教育功能,促进学生的创新能力和终身学习能力的提高。物理研究性学习采用小组成员合作的组织形式比较合适。在教师的指导下,学生用类似于科学研究的方式围绕课题展开研究,在此过程中应用已有的物理知识,并根据需要主动获取新知识来解决问题。其具体过程可以分为以下几个阶段:

(1) 确定课题。可由学生根据自己的生活实践经验和兴趣自主选题,或是在讲座、参观访问等活动后,由师生共同探讨,提出研究课题。

(2) 制订计划。制订研究目标、具体方法、人员分工、结果处理等,教师要帮助学生了解获得相关的研究方法和技能的途径。

(3) 开展研究。根据研究计划进行实验,调查和信息资料的收集、加工、处理,最后得出研究结果。

(4) 完成研究。学生将研究结果以报告或论文的形式加以表述。

(5) 成果交流。通过交流展示成果,学生自由评价、质疑和答辩,形成学术研讨的气氛。

通过开展研究性学习活动,学生学会了从多方面、多渠道收集各种信息;对信息进行分析和评价时,锻炼了思维和创造能力;调查中接触社会实际、了解社会状况,锻炼了实践能力;学生真正从传统的个人学习、封闭学习中解放出来;在成员之间的交流、合作以及共同克服困难的过程中培养了集体观念和合作精神。研究性学习是挖掘学生潜能的一种很有价值的活动,对培养学生的综合素质和创新精神有重要作用。

研究性学习不是随意的,它有自己的培养目标——培养学生思维的深刻性、发散性、流畅性和灵活性,培养学生掌握科学研究的方法,培养学生处理信息、与人合作的能力和尊重实践、大胆创新的精神。研究性学习没有一个固定的、程序化的、十分规范的教学模式,但它要遵循几个原则,如研究性学习的主体是学生,以小型课题为主,可适当搞专题研究等。由于研究性学习具有开放性、多样性、兼容性和时效性,因此在培养学生的创新意识和实践能力方面的作用更为突出。

最新九年义务教育阶段的物理课程目标突出强调了学生科学探究能力(包含提出问题、猜想与假设、制订计划与设计实验、进行实验与收集证据、分析与论证、评估、交流与合作等方面)、创新意识及科学精神的培养,具体表现为增加了物理综合实践活动和物理科普知识讲座。研究性学习作为综合实践活动的核心内容,对学生各种思维能力和创造想象能力的培养具有重要作用。这种能力的大小从某种意义上决定了创新能力的强弱,因此,学科教学与研究性学习活动的整合研究也日趋成为当前物理教学改革的重点。

学生创新意识、创新精神和创新能力的培养，仅靠课堂教学是远远不够的。实施创新教育需要多渠道、多层次地开展创新活动，改变封闭式的教学形式，构建一个由学校与社会组成的开放的教学空间。根据物理实验性强、应用广泛的特点，可适当增加活动课程，鼓励学生进行实践活动，给他们更多的动手动脑和自我发展的机会。这样能充分发掘学生的潜能，不断提高学生的应用能力、应变能力和创新能力，还能促进其个性特长的发展。

　　当今世界，科学技术突飞猛进，国力竞争日趋激烈。国力的竞争实际上是人才的竞争，也是知识创新能力的竞争。创新是一个民族进步的灵魂，是国家兴旺发达的不竭动力，我们国家要立于世界强国之林，就必须注重创新能力的培养。在物理教学中如何培养学生的创新能力，是时代赋予我们物理教师的新挑战。只要我们以全新的姿态走进新课程，努力探索，勇于创新，就一定能使物理创新教育不断走向深入、走向成功。

下 篇
技能修炼

本篇从教学目标的确定、教学设计、教学实施、教学研究、教学评价、实验能力、人际交往能力、语言表达能力等方面进行了详尽论述,囊括了教师技能修炼的各个方面。

专题一 教学目标的确定

第一节 教学目标确定的依据和原则

基础教育的各学科都要有明确的教学目标，但目标设定的依据是什么呢？如果按照过去的观点，教师应主要根据教材和教参确定教学目标，以新课程理念来看，这种设定显然是错误的。学生是课程的主体，课堂教学目标必须依据《课程标准》中的"课程目标"结合学生的实际情况来设定，设定的过程固然应该考虑教科书的内容及其所能训练的能力体系，但是更应该考虑学生的状况，把学生当做设计目标的主要依据之一。所以，我们必须充分了解学生，准确掌握学生的心理动态和认知水平，紧紧围绕有利于学生终身发展这一中心而设定目标。日本著名数学家米山国藏曾指出："学生所学的数学知识在进入社会后，几乎没有什么机会应用……然而不管他们从事什么工作，唯有深深钻刻于头脑中的数学精神、思维方法、研究方法、推理方法和着眼点等在随时随地发挥作用，使他们终身受益。"这段话耐人寻味，值得我们深思。

一、教学目标制订的依据

教学目标制订的主要依据是学科课程标准，同时还要考虑学生的基础知识、基本技能、心智水平以及非智力因素等。

1. 设计物理教学目标的直接依据是《课程标准》确定的物理课程目标

国家规定的基础教育的总目标是培养学生的综合素质，是最高层次的目标，这个目标被分解到不同的学科中去实现，并由学科专家制订出学科课程目标及不同学段的课程目标。课程目标既体现了国家基础教育总目标的要求和课程开发的方向，又结合了学生的实际情况、社会的需求和学科发展的现状，因此课程目标是教师制订教学目标的直接依据。物理教师在教学过程中要将本学段的课程目标分解成单元目标，并要进一步制订章节的教学目标和课时目标。这是一个将宏观目标逐级细化为具体目标的过程，最终要把它们落实到每一节课的教学之中。

2. 设计教学目标还要依据对学科知识、学生、社会、生活的分析

教学目标的制订要符合学生的认知规律与认知水平。教师在领会学科课程标准精神的基础上结合学生的双基、心智水平、非智力因素等确定教学目标，另外还要分析学生的起点能力（需要的起点、需要的层次），使学生"跳一跳能摘到桃子"，这样的

教学目标才是有效目标，是学生能达到的目标。

教师要分析学生的能力起点和教材，结合学生已学的知识，设计出知识目标，并在分析知识目标的基础上确定探究能力目标。一节课可以培养的能力有多个方面，究竟选择哪一个或哪几个方面作为本节的目标，还要考虑学生的需要、社会的需求和后续课程的需要。同样，在知识和探究能力目标分析的基础上，还要结合教学内容设计出几个情感和态度目标，然后根据对学生的思想状况的分析按需求的紧迫性和重要性进行选择，同时要考虑学校与社会环境中可利用的课程资源等情况。

物理是一门以实验为基础的学科，学生自己动手、自己感受，无疑会增强学习的兴趣与动力。物理新课程充分体现了"从生活走向物理，从物理走向社会"的课程理念。设计教学目标更要体现出教材"身边处处是物理"的思想，使物理资源支持"学"，支持"学以致用"。另外，教学目标设计应既注重共性又注重个性的发展，强调促进每一个学生的发展。我们要设计好教学目标，就要对课程目标作深入的理解、研究，对学科知识、学生和社会作全面分析。

课程目标是既定的，但教学的具体目标是生成的。所谓生成，就是说目标在教学实际过程中是动态的，是师生在教学过程中相互交流逐步形成的。教学是一个动态过程，因此，教师随着课堂教学的进展对教学目标进行适当的调整是完全必要的，其正确与否取决于是否符合学生实际，取决于有没有最大限度地调动学生自主探究的热情。这如同下围棋，棋手要"胸有大局"，不拘泥于一子的得失，根据"盘面"的具体情形随时灵活调整每个棋子的落子方位。

二、教学目标的制订原则

课堂教学目标至少应分为两个层面，一层是总目标，即课程目标；一层是具体目标，即课时目标。课堂教学目标的设计应遵循以下原则：

（1）主体性原则。学生既是教师施教的对象，更是课堂教学的主体。我们的教学是为学生的终身发展奠基，如果课堂教学忽视了学生的存在，没有让学生积极主动地参与课堂教学活动，教学目标又怎么能够实现？因此，教师要确定学生的主体地位，引导学生主动学习、探究学习、合作学习，帮助学生在学习活动中体验成功的快乐。

（2）开放性原则。如果说创新是现代教育的灵魂，那么开放性则是现代教育的表现形式。教学要培养学生的自由思想、独立精神和创造能力，塑造学生的人格。因此，课堂教学目标一定要目中有"人"。当然，也不应忽视教师的"导"，即使是放羊也应把羊引到水草丰茂处，而不是贫瘠的黄土地，更不是寸草不生的水泥场。"导"就是启发、点燃。

（3）多样性原则。虽说教学的终极目标一致，但由于施教内容不同、施教班级有差异，每堂课的教学目标自然也就不尽相同。其实，就是同一堂课教学目标也应是多样的，同样的班级不同的学生在同一堂课中欲达到的目标也不应相同。承认差异，因材施教，因人设标，分类推进，这才是科学之原则。

（4）渐进性原则。教师要意识到，学生不能一下就达成教学目标，一堂课的教学目标也不能过多、过高、面面俱到。课堂教学目标的达成也有一个由低到高、循序渐进、分类实施的过程，"高大全"式的教学设计必会弄巧成拙。

（5）生成性原则。每一位教师在上课前都要反复斟酌确定教学目标，但是"智者千虑，必有一失"，当他走进那充满生气和变数的课堂时，往往会发现有的既定目标是"闭门造车"。因此，课堂教学目标不是刻板的，应该是适时调整的，这种调整体现了教师的智慧。

（6）激励性原则。学生能否在课堂上发挥主体作用，能否积极参与探究性学习，离不开教师的引导，更离不开教师的及时点评和激励。曾有这样一则发人深省的报道：一个孩子在幼儿园、小学乃至中学阶段成绩平平，甚至屡遭挫折，但是他的母亲从未放弃。每一次挫折后，这位伟大的母亲都要从孩子身上找到闪光点并予以放大，帮助孩子抛却自卑、捡回自信。最终，在母亲的不断激励下，这个孩子考上了梦寐以求的清华大学。事实上，学生的自尊心需要保护，自信心需要激励，教师只有遵循既注重结果又注重过程的基本原则，灵活运用各种科学有效的评价和激励手段，才能保证次目标和终极目标的实现。

第二节　三维目标如何确定

新课程提出了三维目标的概念，是对我们多年教育教学实践的总结和升华，是对国内外教育教学理论的借鉴和创新，但从当前的新课程实施来看，有些教师对三维目标本身含义的理解可能还不够清晰。

我们首先了解一下三维目标的历史背景，也就是说：三维目标是怎么提出来的。

《纲要》中有这样一段话："国家课程标准是教材编写、教学、评估和考试命题的依据，是国家管理和评价课程的基础。应体现国家对不同阶段的学生在知识与技能、过程与方法、情感态度与价值观等方面的基本要求，规定各门课程的性质、目标、内容框架，提出教学和评价建议。"这应该是"三维目标"的出处，只是当时的《纲要》没有直接用"三维目标"这个词语。

一、"三维目标"的含义

"三维目标"指教学在知识与技能、过程与方法、情感态度与价值观这三个方面要达到的目标。知识与技能、过程与方法、情感态度与价值观三者有各自的内涵和特性，它们密切相关、相辅相成，三者统一体现了学生的综合素质。

知识与技能：既是课堂教学的出发点，又是课堂教学的归宿。教与学，都是通过知识与技能来体现的。知识与技能是传统教学的核心，是我们应该从传统教学中继承的东西。"知识"指事实、概念、原理、规律等,是人对客观事物认知和经验的总和。"技能"是掌握和运用某种专门技术的才能以及观察、阅读、计算、调查等技能,它是由知识经过实践和训练转化而成的。

过程与方法:既是课堂教学的三维目标之一,又是课堂教学的操作系统。过程和方法是新课标倡导的对教与学的过程的体验、方法的选择,是认知的过程和方法、科学探究的过程和方法、人际交往的过程和方法,是在知识与技能基础上对教学目标的进一步开发。"过程"是事情进行或事物变化发展的经过。"方法"是解决问题的手段和行为方式。

情感态度与价值观:既是课堂教学的三维目标之一,又是课堂教学的动力系统。情感态度与价值观是对己、对人、对自然及其相互关系的情感、态度、价值判断,是做事应具有的科学态度、科学精神。新课标倡导对情感态度与价值观的培养,是在知识与技能、过程与方法目标基础上对教学目标深层次的开拓。"情感"指"人对客观事物是否符合自己的需要而产生的体验",可分为道德情感、理智情感和美的情感。"态度"是在一定情境下个体对人、事物以一定方式进行反应的一种心理倾向。"价值观"是人们对某事物价值的基本看法,一方面凝结为一定的价值目标,另一方面成为主体对客体进行价值判断、价值选择的思维根据。

二、确立三维目标的原因

我国的教育长期存在着单一追求知识与技能目标的弊端,教师单纯地传授知识,传授给学生一定技能以求得评价学生绝对量化的结果——分数,这必然会产生诸多教育问题。众所周知,认知、体验和感悟是人的精神生活的基本方式,体验和感悟也是学习活动的基本方式。一个人在学习知识的同时,必然会在过程中获得体验,产生感悟,而体验、感悟是知识中更有价值的东西。学生探索新知识的经历和获得新知识的体验可能只是挫折、失败,也可能花费大量时间和精力后却一无所获,但这是一个人的学习、生存、生长、发展创造所必须经历的过程,也是一个人的能力和智慧发展的内在要求。同样,学生的学习兴趣、热情、动机、态度以及内心的体验,学生对个人价值、人类价值、科学价值等的认识,都与学生的认知有着千丝万缕的联系,因而关注"过程与方法""情感态度与价值观"是关注学生作为一个完整的人成长的必然要求。

新课程目标对过程和方法、情感态度和价值观的强调,突出了以学生发展为本的思想,更有利于学生的全面发展,是教育领域的一场深层次的革命。追求知识与技能、过程与方法、情感态度与价值观的协调统一是教育本质的真正回归,无疑会对教育产生深远的影响。

三、教学目标的合理表述

教学目标为学生学习过程中知识、技能的获得和情感态度发展的层次、范围、方式及变化效果提供了一个量度。准确表述教学目标可以充分发挥教学目标在教学活动中的指向、调节、激励和评估作用。表述教学目标时一般要考虑以下四个因素：

1. 行为主体

根据新课程的有关理念，在设计教学目标时，无论是一般的行为目标还是具体的行为目标，在表述时都应写成学生的学习行为而不是教师的教学行为，一般不描述教师的教学程序或活动的安排，不用如"使学生……""让学生……""提高学生……"及"培养学生……"等，而用"学生能认出……""学生能解释……""学生能设计……""学生能写出……""学生对……作出评价"或"学生根据……对……进行分析"等，要清楚地表明达成目标的行为主体是学生。如初中物理"力的作用"一节的教学目标是：通过力的初步概念的建立过程，培养学生观察、分析、概括物理现象的能力；促使学生关注生活，引导他们去观察、发现、认识生活中的物理知识，并激发其学习兴趣。这种设计则表现出对行为主体的有意模糊。

2. 行为动词

根据《课程标准》的要求，教学具体目标应采用可观察、可操作、可检验的行为动词来描述。

（1）知识与技能——切合课标要求，具有科学性、适切性。描述知识水平的行为动词是：了解、认识、理解、应用。描述了解水平的行为动词是：初步了解、了解、知道、描述、说出、举出。描述认识水平的行为动词是：初步认识、认识。描述理解水平的行为动词是：区别、说明、分析、解释、估计、分类、计算。描述技能的行为动词是：会测量、初步学会、学会、会设计。

（2）过程与方法——学生经历物理学习过程，领悟科学方法。描述过程与方法水平的行为动词是：感受、认识、运用。通常涉及的物理方法有：观察、实验、比较与分类、分析与综合、抽象与概括、归纳与演绎、类比、理想化、对称、数学、公理化、假设等。

（3）情感态度与价值观——激发学生的学习热情，使其形成思想感情、具有科学态度、懂得知识的应用价值。描述这一层次水平的行为动词是：体验、感悟、形成。

3. 行为条件

有时需要表明学生在什么情况下或什么范围内完成指定的学习活动，如"用所给的材料探究……""通过学习小组的讨论制订……""通过自行设计小实验体验……"等。

4. 表现程度

指学生对目标所达到的表现水准，用以测量学生学习所达到的程度。如"能准确无误地说出……""能详细地写出……""能客观正确地评价……"等表述中的状语部分限定了目标水平的表现程度，以便评价检测。

四、设计教学目标的艺术

1. 全面

教学目标要反映教育对人的全面发展的要求，要体现多元化。教师要创造一个有利于学生生动活泼、主动求知的学习环境，不仅有对知识性目标的要求，还要重视学生操作、能力、情感、态度、意识等方面的发展要求，使学生在获得基本知识和基本技能的同时提高能力并形成正确健全的情感态度与价值观。

2. 明确

明确的教学目标必须具备两点：一要表明教师可观察到的学生的学习结果，如"能……""画出……的电路图"等；二要体现陈述教学目标的"四要素"，如中学物理"机械运动"教学目标设计：

知识与技能：（1）知道机械运动、参照物的概念；（2）知道一切物体都在运动，绝对静止的物体是不存在的。

过程与方法：学生通过研究物体运动的实验建立参照物的概念，明白通常研究机械运动选择参照物的方法。

情感态度与价值观：（1）能用所学知识解释生活中有关机械运动的问题，感受物理与生活的密切关系；（2）通过讨论"选择不同参照物，对同一物体运动情况的描述可能不同"，感悟物体运动的相对性。

3. 重点突出

通常每一节课可以设计多个教学目标，每个教学目标都代表着一定的学习效果。在进行设计时，教师要对各种目标进行权衡，确定主要目标，其他目标尽可能围绕主要目标设计，使学生保持对自然界的好奇，产生对科学的探究兴趣，在了解和认识自然的过程中获得满足感和兴奋感。这样可以突出重点，防止由于目标过于分散影响学习效果。

4. 难易适中

教学目标要接近学生认知结构的"最近发展区"。目标太高，学生经过努力而达不到，会丧失信心，产生畏学心理；目标过低，学生毫无学习压力，目标对学生的发展起不到激励作用。因此，在制订目标时，教师要对学生的整体学习水平有一个科学的分析。

5. 注意各章节教学目标的互相协调

每个章节的教学目标都是课程目标的一个组成部分，为了保证课程目标的最终实现，各章节目标的协调是十分必要的。这就要求教师在上课之前将各章节的教学目标进行分析和设计，对教学目标进行综合安排。在针对具体的一节课设计教学目标时，还要结合实际作适当的调整，以保证三维目标分布均衡并能得以实现。

6. 有弹性

教学目标的弹性主要表现在两个方面，一是区别对待不同水平的学生，统一目标规定了所有学生达标的最低标准，但对于不同特点的学生，目标应有所侧重；二是可有一些隐含的目标或预期目标，如"愿意……""乐于……""能坚持……"等。

7. 便于检测

编写教学目标时，物理教师必须清楚地意识到它们将被用于编制检测项目，如果不能根据这些目标测出预期行为，则表明所制订的目标笼统、含糊、冗长、不符合要求。所以，应尽可能地用可观察到的外部行为来描述目标，或用可测量的语句来陈述目标。设计教案时要留足检测目标的时间，要制订与每一个具体目标相对应的检测项目，以保证实际教学紧紧围绕教学目标而开展。

专题二　教学设计

教学设计是以获得最佳教学效果为目的，以学习理论、教学理论及传播理论等为理论基础，根据教学目标并遵循教学过程的基本规律，对教学活动进行系统规划的过程。教师的教学活动通常都是从教学设计开始的，做好教学设计是进行有效教学的起点。下面就从了解学情、实践教学结构、研究教法与学法、运用教学手段等几个方面，对教师有效地进行教学设计应关注的几个方面进行分析和研究。

第一节　了解学情

"知己知彼，百战不殆"，这句话对战争适用，对教学同样适用。一名教师教龄再长，对教材掌握得再熟练，如果试图不顾学生的变化而套用一个老模式、使用一个老方法来教学，那无异于刻舟求剑，即使这个模式、这种方法曾经被证明是正确的、高效的，也不可能长久地获得良好的教学效果。能否深入有效地了解学情，是一名教师在备课中是否将"以学生为本"落实到教学中的一个"试金石"。教学围绕学生展开，学生是课堂的主体，教师真正认同这一点，就要在教学中认真完成了解学情这项任务。这样才能从认知规律出发，有针对性地进行教学，也才能使因材施教成为可能。

学情了解的内容主要是了解学生的认知结构，了解学生学习的兴奋点、薄弱点，了解学生的个性特点和兴趣爱好。笔者认为学情了解所经历的阶段可划分为"固态学情了解"与"动态学情了解"两个阶段。

所谓"固态学情了解"，就是指在长期的教学实践中积累起来的，对学生的真实情况与其行为表现之间的关联规律的认识。在广大的教师群体中，我们常常发现有些有经验的教师具有教学"洞察力"，往往可以在接触学生的很短时间内，通过对全体学生的第一印象，通过一些学生的"反常举动"，通过一个提问的回答情况，甚至是学生的一个眼神、一颦一笑，就对学生的真实情况作出准确的判断。可以说，这一判断的依据，就是长期教学实践中形成的对"固态学情"的了解。下面一个小例子可以帮助大家更好地理解进行"固态学情了解"的重要性。

某青年物理教师在完成"利用对称法进行平面镜成像作图"的教学任务时，总是发现很多学生作图时出现以下的错误：即作物像连线时，总是将物像连线在平面镜前的部分画成实线而将平面镜后的部分画成虚线（见图1）。尽管教师曾在教学中反复强调，物像连线无论是镜前还是镜后都应该用虚线。可是只要时间一长，总有学生又"旧病复发"。这位青年教师百思不得其解，只能埋怨学生"不可救药"。在一次教学交流活动中，这位青年教师说出自己的困惑，一位老教师提醒他："这么多学生总犯同样的错误，那往往是我们在教学过程中出现了一些纰漏或盲点造成的。仔细回顾自己的教学，想想看，是不是在教学中有什么地方误导了学生呢？"这位青年教师很受启发，事后仔细研究了这一部分的教学过程，然后发现，在进行补充教学时，曾经带领学生练习画出平面镜成像的光路图，因为平面镜所成的虚像是由光线的反向延长线会聚而成的，所以该教师反复强调：在画光线的反向延长线时，一定要将平面镜前的光线画成实线，而在平面镜后的是光线的反向延长线，并不是实际的光线，所以一定要画成虚线。回忆至此，这位教师茅塞顿开，有的学生因为基础不牢固，所以对这一部分提高教学要求的内容并不能真正理解，但却把老师反复强调的要求断章取义地记了下来。时间一长，就容易将"利用对称法进行平面镜成像作图"与"平面镜成像的光路图"混为一谈，从而导致错误的出现。了解到这一点，这位青年教师马上在教学中进行了调整：一方面，减小"平面镜成像的光路图"这一提高教学要求的学习内容的授课范围，改为只在学优生辅导课中讲授，避免让学习基础不牢的学生产生不必要的迷茫；另一方面，每当讲完"平面镜成像的光路图"，就一定将"利用对称法进行平面镜成像作图"的内容进行复习对照，强调两者之间的区别，避免出现混淆的情况。这样的教学改进果然效果明显，犯错学生的人数从此大为减少。

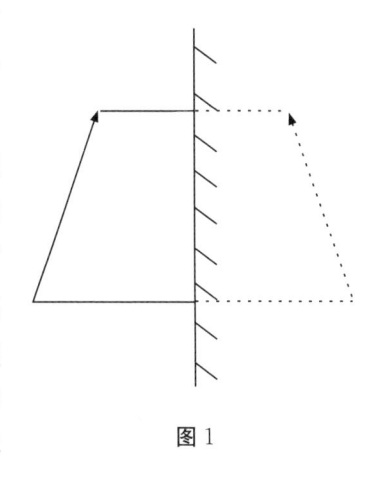

图1

可见，一名教师在长期的教学实践中形成的对学生的认识多么重要。它可以帮助教师在很短的时间内确定教学推进的方向并对教学方法和手段进行取舍。教师在教学活动中应注重积累对学生的认知情况和行为习惯的认识，及时进行总结；在工作中，要经常与有经验的教师探讨学生情况与教学方法，对好的经验要实行"拿来主义"，不断充实自己的"固态学情库"。

当然，一味地强调经验也是不对的，要重视"固态学情的了解"，更要积极进行"动态学情的了解"。新课程改革有一个特点，那就是与时俱进，教师应注重教学经验的积累，但不应该仅凭经验教学，停留在老经验、老方法上，故步自封，应该着眼于学生的时代特点和变化情况，积极进行新学情的了解，既要了解当代学生的共同特点，又要走到学生中间去，用发展的眼光看待教学。每一次面对不同的学生，教师都该在教学前采用观察、提问、谈心、作业等方式了解学生的认知结构，了解学生的兴奋点、薄弱点以及不同学生的个性特点和兴趣爱好等。具体来说，可以通过以下方式进行：

1. 通过细致的观察了解学情

教师可在讲授或指导学生学习的同时，有目的、有计划地观察学生的学习行为，可以重点观察学生的发言、学生在课堂中的行为表现等。如学生兴趣高涨时会积极参与课堂讨论，提出质疑；学生若听不懂或对本节教学活动不感兴趣时，会沉默不语或者窃窃私语，甚至抓耳挠腮或眉头紧皱。总之，教师在教学中要善于通过观察捕捉学生的一言一行，并了解其言行所反馈的信息。

2. 通过与学生沟通了解学情

古语有云："亲其师，信其道。"作为新时期的教师要重新审视自己在学生心目中的形象，要摒弃传统"师道尊严"的想法，与学生建立一种朋友式的关系。师生间多进行思想交流、感情沟通，可使教师及时了解学生的思想变化、学习状态，并进行疏导。如果学生感到教师急学生之所急，学生就会积极主动地和教师进行交流，教师也就能更准确地了解学情，形成师生共同发展、共同进步的局面。

另外，交流的方式也是多种多样的，除了传统的谈心、聊天，教师还可以通过电子邮件、网上聊天等现代化媒体与学生进行交流。也有的教师通过主题班会、"师生交流作业本"和"问题答疑本"等形式定期进行师生交流，也会取得很好的效果。

3. 通过与家长沟通了解学情

首先，要充分利用家长会与家长沟通，了解学情。家长会可以是全体家长会，也可以是部分家长座谈会，有时有针对性的部分家长座谈会能让教师更好地了解学生的家庭教育情况。其次，要适时进行家访。家访是教师了解家庭教育情况的重要途径和方法。家访不同于家长会，它具有更强的针对性。教师进行家访前，可事先与家长联系，约定时间，让学生及家长有充分的思想准备；预先考虑好要了解的内容，在交谈中要引导学生家长进行更深层次的交流。

当然，了解学情的途径很多，教师可在教学实践中多留心观察、多总结经验、多开动脑筋，灵活运用多种方法，做到对学生的行为、思想情感、学习情况等心中有数，从而有的放矢地教学，提高课堂教学质量。

笔者之所以将学情了解划分为"固态学情了解"与"动态学情了解"两个阶段，是基于对教师认识学生的过程考虑。我们可以简单地认为，"固态学情了解"是认识人的"第一印象"，这里经验的成分较多；"动态学情了解"则以学生的多元化、学情的多样性为出发点，注重学生的差异性，是认识的第二个阶段。这两个阶段相互依存，不可偏废。没有经验支撑的学情调查往往会失去方向、重点，耗费教师大量的精力；死抱着老经验办事，则经常会遭遇"老革命碰上了新问题"的尴尬，要知道"第一印象"也往往有不准的时候。所以，要将"固态学情了解"与"动态学情了解"结合起来，将学情了解进行到底。

第二节　课堂教学过程的结构设计

　　北京师范大学教育技术学院教授、现代教育技术研究所所长何克抗教授指出，所谓教学结构，是指在一定教育思想、教学理论、学习理论指导下的，在某种环境中展开的，由教师、学生、教材和教学媒体这四个要素相互联系、相互作用而形成的教学活动的进程的稳定结构形式，是教学系统四个组成要素（教师、学生、教材和教学媒体）相互联系、相互作用的具体体现。简单地说，教学结构就是指按照什么样的教育思想、教与学的理论来组织教学活动进程。

　　教学结构与教学骨架（教学流程中各个环节的设计）或教学方法是不同的。教学结构强调组成教学系统的四个要素及他们之间的关系，教学骨架、教学方法则是指在教学活动过程中所采用的具体进程或做法。

　　依照教学系统四个核心要素不同的作用关系，简单地可以形成"以教师为中心""以学生为中心""以教材为中心""以媒体为中心"四种不同类型的教学结构。显而易见，"以教材为中心"或"以媒体为中心"与现在的中学物理教学实际吻合性较低，在这里就不多探讨了，本节要着重分析一下"以教师为中心"和"以学生为中心"这两种教学结构。

　　传统教学是"以教师为中心"的教学结构，其优点是有利于教师主导作用的发挥，有利于教师掌控整个教学活动进程，有利于系统科学知识的传授，有利于教学目标的完成。它对于知识、技能的学习掌握和全面打好各学科知识基础是有利的，但教学中过于强调"以教师为中心"，往往就会出现忽视学生的自主学习、自主探究的失误，容易造成学生对教师、对教材的迷信，使学生缺乏发散思维、批判思维和想象力，这样就很难培养出创新型人才。同样，如果"以学生为中心"的教学结构在实践中片面强调以学生为中心，完全让学生去自由探索，忽视教师或教材的作用，虽然对学生的创新精神与创新能力的培养有利，但往往导致学生知识基础薄弱。现代西方教育是典型的"以学生为中心"的教学结构，西方教育工作者在对比了西方教育与中国传统教育后就提出要向中国的传统教育学习，加强教师的主导作用，这显然是矫枉过正的。基于现实国情，我们应大力提倡"以学生为中心"的教学结构，探索新型的教学结构，既要发挥教师的指导作用，又要充分体现学生的主体作用。在这种教学结构所形成的教学活动中，学生是信息加工的主体和知识意义的主动建构者；教师是教学过程的组织者、指导者，意义建构的帮助者、促进者；教材所提供的教学内容不再是教师灌输的内容，也不是学生知识的唯一来源，而是学生主动建构意义的对象之一；媒体也不再仅仅是帮助教师传授知识的手段，还是用来创设情境、进行协作学习、讨论交流即作为学生自主学习和合作探究的认知工具与情感激励工具。显然，在这种场合，教师、学生、教材与教学媒体等四要素各自有完全不同的作用，彼此之间互相联系。这种结构关系的转变，必将给教学带来全面而深刻的变革。

以下是一位教师设计的一份学案，需要指出的是，利用学案进行教学可以看成是一种教学方法，我们可以利用这一方法进行大胆的尝试，进行教学结构的摸索和实践，即探索一种既能发挥教师的主导作用又能体现学生的主体作用的教学结构。

<table>
<tr><td colspan="2" align="center">"透镜"学案</td></tr>
<tr><td align="center">实验流程</td><td align="center">纪律与情绪</td></tr>
<tr><td>
[导入]
小游戏：猜猜看。
请写写你的方案。
你的猜想正确吗？（正确/有偏差/错误）
[新知识学习]
体味透镜：
1. 用手触摸透镜，写写你的感觉。
2. 通过透镜看物体，写写有什么不同。
认识透镜——我们一起来总结。
认真听听老师的讲授，记录笔记，了解透镜。
透镜对光的作用：
观察演示实验。
设计小实验，用你手中的透镜演示凸透镜对光有会聚作用、凹透镜对光有发散作用。写写你的方案（可以结合草图）。
你的实验情况。（很成功/效果有但不明显/失败）
和老师一起总结透镜对光的作用，做好笔记。
焦点和焦距：
认真听老师讲授焦点和焦距的概念。
我们来提醒：
在测定凸透镜焦距的实验中，要保证实验结果尽可能准确，在实验实施的各个步骤中有哪些要特别注意？写写看：

温故知新：
回忆透明体的折射：

想想看，做怎样的实验，就可以解释透镜对光的作用了？
能用一个图来反映你的想法吗？
你认为这节课中最重要的知识点是什么？
你对哪个知识点还有疑惑？
</td><td>
同学们可以同桌间商量，但不要扩大讨论范围，想好后要举手示意，不要随声回答。
要"胜不骄，败不馁"！
要调动各种感官来认识我们的学习内容。
想想触觉和视觉对认识透镜的不同作用。
对新概念要重点记录，笔记要做好。
实验要求：
1. 不得起立，不要大声交谈。
2. 先讨论，方案获得小组通过后再实施。
3. 实验方案和结果要有文字记录。
4. 实验小组成员要有明确的分工。
认真做好笔记，焦距是_____到焦点的距离。
这是个做"预案"的小练习，你能通过你的认真思考，预想到实验中可能出现的问题并做好预案吗？相信自己，大胆设想，细心考虑吧。
看看"温故知新"这句"经典格言"在今天的学习中能不能再现光芒。
给你的这节课打个分吧。
我的课堂学习得分为_____。
可不能"不求甚解"啊！
</td></tr>
</table>

从这位教师设计的学案中我们可以发现，如果教师在教学中实施这篇学案、学生按照这篇学案进行学习的话，横向来看，教师、学生、教材和教学媒体这四个要素通过学案的推进不断相互联系、相互作用，推进的方向由教师利用学案来总体掌控，但每一个具体的教学环节、学生活动都有很大的自主空间，充分体现了学生的主体作用；纵向来看，教学流程由两条线索贯穿，一明一暗，一主一辅，即知识、能力培养与情感、态度调控。这样的教学设计可以使教师全面把握学生的能力、兴趣、态度，力求

学习的推进与学生的情绪态度合拍，让学生充分发挥潜能、提高主观能动性，促进三维教学目标的实现，落实对学生情感态度的引导、调动和培养，收到更好的教学效果。

当然，新型教学结构的构建形式应是多样化的，利用学案进行教学只是进行的教学结构摸索和实践的尝试之一，广大教师应在教学实践中探索更多既可发挥教师指导作用又能体现学生主体作用的教学结构，为教学带来更全面、更深刻的变革。

第三节　教法的选择与学法的指导

教法即教学方法，是教师为了实现确定的教学目标、完成教学任务，在教学过程中运用的方式与手段的总称。那么，常见的教学方法有哪些呢？可以归纳为讲授法、问答法、演示法、实践法、交流合作法、自学引导法等。下面对各种常见的教学方法进行简单介绍。

一、讲授法

讲授法是教师通过口头语言向学生传授知识的方法，是当前最常用的一种教学方法。当然，教师在运用其他教学方法进行教学时，大多都伴以讲授法。教师要想讲好课，必须讲究讲课的语言艺术，这就要求教师的语言要精确并富有感染力。"精"是少而有分量，"确"是恰当的表达内容。语言具有感染力，学生就愿意听；意思明确完整，学生就容易理解，教学效果就好。这里有两个例子。

案例1

在某校的"英语实验班"的一节物理课上，某教师讲授"导体容易导电，绝缘体不容易导电"的原因时，讲到"导体容易导电是因为导体中含有大量的自由电荷，而绝缘体不容易导电是因为绝缘体中几乎不含有自由电荷"。这时有学生提问："那么绝缘体中到底是否含有自由电荷呢？"这位教师说道："英语中 little 与 a little 的区别你知道吗？给大家解释一下可以吗？"这位学生先是一愣，然后很自信地点点头，说："a little 表示肯定的有，即有，只是不多；little 代表否定的有，就是说有，但太少了，和没有差不多，甚至可以认为是没有。"这位教师接下来说："绝缘体中的自由电荷就可以认为是 little，即绝缘体中的自由电荷已经少到可以忽略的程度，所以就不容易导电了。"听完这席话，不但这位学生恍然大悟，愉快地坐下，在座的其他学生也频频点头。在这个例子中，教师抓住该班为"英语实验班"这一基本学情，大胆地引入英语的相关词汇，巧妙而简洁地达成了教学目的，没有扎实的语言功底是无法做到的。

案例2

在某节物理课上，某教师讲授菲涅尔证明光是一种波的物理学史。他向学生介绍，当时有一位物理学家泊松，是光的波动说的反对者，他根据菲涅尔的计算结果得出，用光照射一个圆片，在阴影中心应当出现一个亮点，这是令人难以相信的，过去也从没看到过，因此他认为这个计算结果足够证明光的波动说是荒谬的。但菲涅尔通过不懈的努力终于看到了这个亮斑而最终证明了光的波动说，史称"泊松亮斑"。讲到这里，这位教师不禁随口念出："众里寻他千百度，蓦然回首，那人却在灯火阑珊处。"学生被这优美的意境所感染，不但学习了这段历史，而且体会到了在物理学史上科学家克服重重困难终于探知真理的喜悦，很好地达成了情感态度与价值观的教育目标。可见语言的感染力在教学中有着十分重要且不可替代的作用。

二、问答法

问答法即教师按一定的教学要求向学生提出问题，要求学生回答，并通过问答的形式来引导学生获取或巩固知识的方法。问答法有助于激发学生的思维，调动他们学习的积极性，培养他们的独立思考能力和语言表达能力。运用问答法的关键在于一要问得"准"，二要问得"顺"，三要问得"稳"。问得"准"是指教师的问题切中教学目标中最急需突破的点，为学生的思考指明方向；问得"顺"是指教师的问题对学生的思维要有很好的启发作用，使学生能够有"茅塞顿开"的感觉；问得"稳"是指教师的问题再"准"再"顺"，也不可能要求学生的回答总是与教师设计的思路一致，即有预设也得有生成，当学生的回答与原设计思路不一致时，教师接下来的问题不能偏离教学任务和目标的方向，仍能稳稳当当地通过一系列的问题使学生有所收获，或者将学生的思路重新引回原来设计的方向上来。我们来看下面一个例子。

一节物理课上，某教师讲授"质量与重量的区别"，以下是师生之间的一段问答节选。

师：体重的单位是什么？
生：公斤。
师：公斤是什么物理量的单位？
生：是质量的单位。
师：那就是说体重是指身体的质量了？
生（不能肯定）：……
师：有不同意见的请举手。
（有不少学生举手）
生：体重指的是身体的重量。
师：那为什么要使用质量的单位公斤呢？
生（无言以对）：……
师：那我们想想类似的情况，大家到食品店买包子，称包子的单位是什么？
生：千克。
师：那0.5千克的包子是不是没有1千克的包子重啊？
生：是啊。

师：也就是说0.5千克的包子的重量没有1千克的包子重量大，那么我们班的同学一顿能吃多少包子啊？

生：1斤……半斤……

（学生互相开玩笑，课堂气氛很轻松）

师：老师的饭量大，假如一顿能吃1斤包子，也就是0.5千克，大概有5个大包子，掂在手里沉甸甸的，不少吧？

生：哈哈……

师：假如老师的左手拎着5个大包子，也就是0.5千克的包子，右手拎着30个大包子，也就是3千克，右手拎的包子的质量和重量是左手的几倍？

生：6倍。

师：假如老师来到了月球上，还要一顿能吃饱，我吃左手的还是右手的呢？请个同学来说说。

生：左手的，您一顿就能吃5个包子，是0.5千克。

师（故作不解状）：那不对啊，月球上的引力只有地球上的六分之一左右，那重量也就轻了，原来3千克的包子现在重量只有地球上的六分之一，也就是30个大包子才相当于地球上的5个包子那么重啊，我应该吃30个包子才能吃饱吧？

生：哈哈……

生：重量减少了，但质量没变，您肯定一顿还是吃5个包子。

师（最后总结）：很好，质量是指物体所含物质的多少，不随物体状态、位置、形状等变化而变化，我们吃包子，吃的是包子中的物质，所以饭量一定，每顿吃的质量就不会改变。而重量是重力的大小，是可以改变的，在刚才的例子中，包子的重量就发生了改变。所以我们一定要正确区分质量和重量这两个概念。在地球上，质量和重量是成正比的，所以在日常生活中有很多人质量、重量不分，甚至很多人习惯将"质量"称为"重量"，刚才我们提到的体重其实是指重量还是质量啊？

生：质量！

……

在这个例子中，教师巧妙创设物理情境，在轻松幽默的气氛中用一连串的问题带领学生一步步地认清了"质量"和"重量"这两个初中阶段很容易被混淆的概念，是一个典型的利用问答法进行教学的范例。

三、演示法

演示教学是教师在教学时，把实物、多媒体课件、视频、图片或直观教具展示给学生看，或者做示范性的实验，使学生通过实际观察获得知识的方法。演示教学有助于学生获得生动而直观的感性知识，加深对学习对象的印象，把书本上理论知识与实际事物联系起来；有助于引起学生学习的兴趣，集中学生的注意力；有助于学生通过观察和思考进行思维活动，发展观察力、想象力和思维能力。使用演示法进行教学时，要注重演示的指向性，即在演示中通过各种手段将学生的观察焦点集中到最需要观察的地方去。教师可以通过语言提醒，也可以在课件、教具的制作中突出演示，或者利用现代化技术手段突出展示。如某学校利用自制教具演示"坐井观天——光的折射现象"（见图2）。

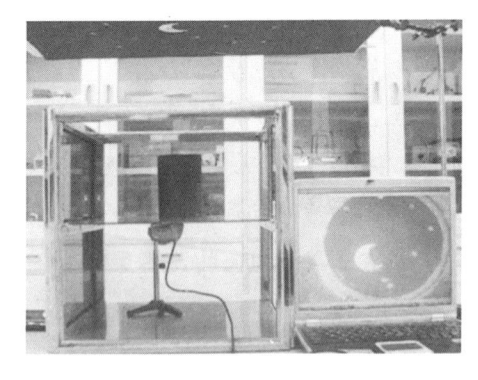

图2

把透明的载物玻璃板放置在二层支架上，把摄像头固定在载物玻璃板下方，并紧挨载物玻璃板，摄像头与计算机相连接（用摄像头来替代人眼观察）。然后用一只底部透明、侧壁用黑纸挡光的圆筒充当"井"，放在摄像头上方的载物玻璃板上，在二层支架的外侧用两个铁架台把事先绘制的天空模板（模板上画出虚拟的月亮及月亮周围的小星星）架在小井上方。打开电脑中摄像头的画面，调整摄像头位置使得通过"井"可以看到"天空"中的月亮以及月亮周围的两三颗星星。此时注意观察电脑画面中的视野范围，然后缓缓地把清水注入"小井"中，并观察注满清水后通过摄像头看到的天空范围，注意观察此时视野中星星的数目是否和原来一样多。学生会发现，注满清水后观察到的天空范围比没有水时明显变大，看到的星星数目比无水时多了，可以观察两种情景下的对比演示截图（见图3、图4）。

图3 井中无水时 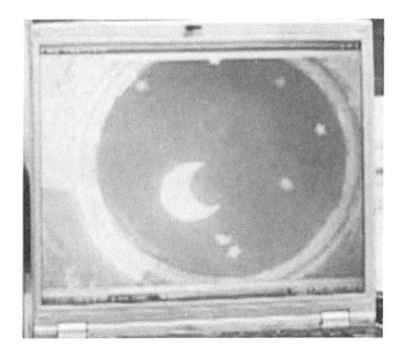　　　　　图4 井中有水时

请注意摄像头在这个演示中的作用。以往教具演示范围小，视角单一，前排看不清，后排看不见，正面容易观察，两边的观察效果就较差；而且全体学生都只能看整体，局部重点观察内容无法突出；实验变化只能看一点，看了这里就可能忽视了那里，一旦错过也不能重来，但摄像头可以进入通常实验的观察死角进行观测演示，往往给观察者一种眼前一亮的感觉，对观察者形成视觉上的冲击。教师想让学生看哪里，想让学生从哪个角度看，就可以通过摄像头的移动轻松做到，并且通过大屏幕在全班同学面前展示实验现象，使每一个学生都可以看到同样清晰的画面；另外，摄像头还可以进行实时缩放、定格、重放。高科技工具为教学活动的新课题引入、探究情境的创设等教学环节提供了更多的可能、更大的方便。

四、实践法

实践法是学生在教师的指导下进行实践，在实践中加深对知识的理解，从而掌握知识、提高能力的教学方法。这一教学方法在物理教学中尤为常用，平时带领学生完成作业或进行实验都可以认为是在教学中运用实践法进行教学。实践法对于巩固知识、引导学生把知识应用于实际生活、提高学生的能力以及培养学生良好的道德品质等具有重要的作用。下面看一个教学中的案例。

某教师在教学中发现，"像的正倒"一直是学生理解上的一个难点，对如"平面镜总是成正立的像，但为什么水中能成倒影""电影是利用凸透镜可以成倒立放大实像的原理制成的，但在银幕上为什么看到的像都是正立的"之类的问题，常常解释不清。起初该教师将各种情况下成像的情况编成了口诀，如"平面镜成像上下颠倒，左右不颠倒"等，但随后发现，这样的口诀一是很枯燥，学生不肯记忆，二是面对题目中设置的较复杂的情节缺乏灵活性，甚至可能误导学生。于是，在进行凸透镜成像的教学中，该教师设计了一个实验环节加强学生对"凸透镜所成实像是倒立的"这一知识点的理解。在探究凸透镜成像的实验中，作为物的蜡烛燃烧时火苗向上，但由于成倒立实像，所以光屏上接收到的像是"头朝下"的。为了进一步使学生理解"倒立"的含义是"相对于物的取向相反"，该教师布置任务："光屏上的像上下是颠倒的，那左右是否颠倒呢？请同学们通过实验的方法找到答案。"各组学生展开了积极的探索，有的学生用小刀在蜡烛的一边刻上一个缺口，再观察像上的缺口在哪边；有的学生将一小段火柴从侧面伸进火苗中，再看像中的火柴是从哪一侧伸进火苗的；还有学生轻轻地吹动火苗，使火苗偏向一侧，再看像中的火苗向哪一侧偏……各组学生集思广益，最后每组学生都想到了不同的方法。该教师在进行实验总结的时候，带领学生将实验成果进行汇总归纳，不但使学生更加深入地理解了像倒立的意义，而且锻炼了学生进行实验设计的能力及实验操作的能力，取得了很好的教学效果。

五、交流合作法和自学引导法

交流合作法是在教师的指导下，学生共同进行讨论、交流，从而完成教学任务、实现教学目标的教学方法。在物理教学中，这种方法在各种探究活动中是很常用的。在初中探究实验活动中，初中生物理知识较薄弱、动手能力较差，而教师不可能对每一名学生都一一进行指导，此时可采用交流合作法进行教学。运用交流合作法，可以使学生将知识、能力共享，在探究中相互学习，弥补教师指导的不足。另外，合作交流法有助于学生把各自的认知同书本知识联系起来，以获得比较全面的知识，又能够培养他们的独立探索能力、实验操作能力和科学研究兴趣。可见，这是提高物理教学实效的一种很好的教学方法。自学引导法是教师指导学生通过阅读教科书、参考书及利用网络资源等方式获取知识或巩固知识的方法。这一方法有利于提高学生的自学能力，养成良好的学习习惯。限于篇幅，这两种方法就不做实例分析了，广大教师可以在教学实践中根据需要实施，积极总结归纳，以期灵活运用。

需要说明的是，教法与学法不是对立的。学法即学习方法，学习方法其实是一种策略性知识（相对于陈述性知识和程序性知识），是智力技能的重要组成部分。对学生来说，"会学"比学到了什么更重要，对其终身发展更有价值。学习成绩优秀的学生往往更善于总结、提升自己的学习经验。"学会学习"离不开对具体知识的学习过程，但又不能认为学生在具体知识的学习过程中就一定会自然而然地"学会学习"，显然，学生在学习中是否能很好地"学会学习"与教师是否在教学中通过各种方法来引导学生达成这一目标是密切相关的。

这样看来，教学方法就应该定义为：为了完成一定的教学任务，师生在共同活动中采用的做法，既包括教师教的方法，也包括引导或指导学生学的方法，是教的方法和学的方法的统一。这一定义包含这么几层意思：首先，使用教学方法的目的是达成一定的教学目标及教学任务，也就是教学方法是完成教学目标的手段，采用什么样的教学方法依据教学的目标和内容而定。其次，教学方法的实施者和参与者既包括教师，也包括学生。教师使用或设计某种类型的教学方法是否能在具体的课堂教学中发挥实效，在很大程度上由学生是否在学习中真正受益决定，即学生不但从教师的教学中得到了知识、培养了能力，而且在教师运用某种教学方法的过程中提高了自己的学习能力，变得"更会学习"。所以，教学方法是教的方法与学的方法的有机结合与统一，而不能只是简单地理解为教师教的方法。下面看一位教师将学法指导蕴于教学方法运用中的教学实例。

为了使学生真正理解平面镜总是成"与物关于平面镜对称的、等大的、正立虚像"这一规律，某教师设计了三道习题。

1. 当小明以 1 m/s 的速度远离平面镜运动时，小明的像以_____ m/s 的速度_____（靠近/远离）平面镜运动，运动中像_____（变大/不变/变小）。

2. 湖水深 2 m，在水面上方 3 m 的空中有一盏路灯，则路灯在湖水中成的像的位置在（　　）

   A. 水面

   B. 湖底

   C. 水面和湖底之间的湖水中某处

   D. 湖底以下 1 m 深的淤泥处

3. 下列物理现象中成正立的像的有（　　）

   A. 放映电影时，银幕上的影像

   B. 百货商店橱窗玻璃上映出的路人身影

   C. 湖边的树木在湖水中所成倒影

   D. 用放大镜观察报纸上的文字

学生通常能很顺利地填好第一道题的前两个空，其实从出题者的角度来看，就是让做题者能很顺利地写出答案，从而产生麻痹心理，这样就很容易在第三个空"中招"，从而暴露出学习中的薄弱之处。做题人看到题干容易从生活经验出发，觉得随着像越来越远，看到的像就会越来越小，这样就在第三个空填"变小"。这时，教师适时地指导学生：应牢固掌握物理规律，即平面镜总是成"与物关于平面镜对称的、等大的、正立虚像"。物在远离平面镜的过程中大小是不变的，既然平面镜成等大的像，那么像自然也不可能变小。看起来像变小只是因为视觉的原因，就是我们平常所说的"近大远小"。

做第二道题时，不少学生也暴露出了不足。选 A 的学生认为，月亮在水中的倒影会随着水面的晃动而晃动，自然就在水面上；选 B 的学生觉得湖水就 2 m 深，像还能"钻"到泥里不成？选 C 的学生多半是拿不定主意而意图走"中间道路"。这时教师指导学生：平面镜总是成"与物关于平面镜对称的、等大的、正立虚像"，所以在做题时一定要立场坚定、思路清晰，在这道题中，湖面相当于平面镜，路灯是成像时的物，路灯的倒影是像，像与物应该关于平面镜对称，路灯在水面上方 3 m 处，它的像当然在水面下方 3 m 处，应选择答案 D。

而在第三道题中，A 情境对应的是凸透镜成倒立放大实像的知识点，在银幕上看到正立的像是因为放映机中的胶片是倒立放置的。B 选项是很典型的平面镜成正立虚像的实例。D 选项对应的是凸透镜物在一倍焦距以内成正立放大的虚像的知识点。学生容易漏选 C 选项。这时教师提醒学生，这里成的是"倒影"，但是不是平面镜成像呢？答案当然是肯定的，既然是平面镜成像，所成的像当然应该是正立的。湖水中树木的倒影是湖边树木在水面（平面镜）中成正立等大的虚像，这里的正立就是指倒影与树木本身相对于湖面的取向是一致的，如树木的树梢指向背离湖面的方向，水中倒影的"树梢"同样指向背离湖面的方向。教师在这道题中重在加强学生对光学成像中的"正立是指像与物取向一致，倒立则是指像与物取向相反"这一概念的理解。

从这几道习题的设计中，教师充分利用了学生习题练习的机会，使学生暴露出对基本概念、基本规律机械记忆而在实际情境中却仍从经验出发、不能主动运用规律的不良学习方法，引导学生在各种物理情境中，从正确的规律出发，正确地运用规律进行思考和分析，从而提高自己的学习水平。这一教学实例，充分说明了教学方法的运用应坚持教的方法和学的方法的统一。

第四节　教学手段的选择

所谓教学手段，是指教师为实现教学目标，在教学活动中所使用或与学生共同使用的工具、媒体或设备。在教学过程中，学生是在教师指导下，借助教学手段认知所学习的信息的。

教学手段在学生认识活动中起着重要作用。教师总是借助一定的教学手段作用于学生而实现预期目的的。使用教学手段可以对所研究的现象或事物提供更完整、更准确的信息；可以满足和最大限度地发展学生的认识兴趣；可以增强教学的直观性，从而使得某些教材内容容易为学生所掌握。

对于多种多样的教学手段，可以从不同的角度进行分类。如根据教学手段产生时间和技术水平分类，可将教学手段分为传统教学手段和现代化教学手段两大类；根据提供信息的来源分类，可将教学手段分为视听教学手段（如教师讲授、利用投影仪展示）、实际操作的教学手段（如利用各种实验器材）和人机交互教学手段（主要指利用电脑及电脑网络）；根据所传递的信息与现实事物的关系分类，可将教学手段分为真实性教学手段（如现场、标本）、模拟性教学手段（模型、多媒体课件）、符号性教学手段（如教科书、图表、地图）；根据教师与教学工具的关系可将教学手段分为自身性教学手段（如教师自身的语言、表情肢体动作）和应用性教学手段（如教具、学具、现代声光电多媒体课件）。抛开教学手段的分类，仅从教学中应用具体手段的频率来看，以下教学手段是最常用的：

（1）教师的语言、动作、表情。

（2）板书。

（3）各种实物、实景。

（4）现代展示技术设备（电脑投影仪、幻灯机等）。

（5）教学专用标本、模型、挂图。

（6）教学实验用具。

（7）课本。

（8）电脑及电脑网络。

显然，从技术发展来看，不同的教学手段有传统和现代之分，但却各有特性和功能，孰优孰劣不能一概而论。在教学手段的选择上，既不能夸大现代教学手段的作用，把教学水平的高低、教学效益的好坏都归结到教学手段是否先进上面，认为必须拥有价格不菲的先进教学手段才能有好的教学效果；也不能忽视教学手段的更新与发展，轻视多种教学手段的开发和运用，片面地认为教师的经验和积极性才是决定教学成败的主因。教师应该积极树立"教学效益第一"的观念，根据学校、学生的实际情况，有目的地综合运用各种教学手段进行教学，让每一种教学手段都能发挥最大的功用。备课时，在决定使用某种教学手段之前，不妨先问问自己："为什么要使用这种手段？""教学效果与教学成本（包括人力成本和时间成本）是否相称？""还有没有更好的选择？"

下面的"蒸发"教学导入环节的教学手段运用的实例对比，也许能给我们一些启发。

（1）利用多媒体展示手段导入。某教师从网络上找到了一些关于蒸发的视频资料，利用电影技术中的"快动作"制作手段,将蒸发的过程直观地显示出来。其中一个是雨后一个小水坑中的水在几天内逐渐干涸的过程,由于视频资料利用"快动作"技术,可以将这一几天内发生的现象压缩到十几秒的时间尺度上,所以学生可以很直观地观察到水越来越少直至完全干涸的过程。还有晾晒葡萄干的视频,同样是"快动作"镜头,葡萄似乎"迅速"失去了水分,从饱满多汁的葡萄粒变成了"瘦小枯干"的葡萄干。该教师利用这些视频资料作为新课程讲授的导入部分,利用投影仪播放,激发学生的求知欲,顺利导入新课。

(2) 利用实景导入。上课伊始,教师似乎没有进行特别的导入,只是寥寥数语将上节课的学习内容进行了简单回顾,接着就说:"那我们今天这节课要学习新的知识,一种汽化现象——蒸发。"说完,教师转身在黑板上板书"蒸发"二字,但他不是用粉笔书写的,而是用一小块布蘸着酒精在黑板上书写的。写完后,此教师故意假作收拾教具、整理教材讲义状,"耽误"一点儿时间后,接着说:"什么是蒸发呢,我们来看……"(同时面向大家,用手指向刚才所写的板书,其实由于酒精已经很快蒸发了,这时黑板上的字迹已经不见了)说完,转向黑板,忽做惊讶状:"咦?我刚才写的字哪里去了?"学生笑了起来,七嘴八舌地说:"蒸发了。"这时教师自然而然地导入新课继续教学。

(3) 利用实验手段导入。上课前,教师给每位学生分发一块玻璃片、一小瓶水、一小瓶酒精、几根棉签。上课铃声响过之后,教师对学生说:"同学们好,很高兴我们能一起研究一些新的物理知识,先来一起做个小实验吧。请同学们用棉签蘸一点酒精,均匀地涂抹在玻璃片表面,等一会儿,看会发生什么现象。"学生开始操作,不一会儿就有学生说:"酒精不见了。"等学生们都观察到这一现象后,教师又对学生说:"再把酒精涂到手背上看看。"学生们一开始动手,马上就有人喊了起来:"凉啊,凉——"教师又让学生用棉签蘸一些水,重复刚才的实验,看看实验效果有什么不同。有学生经过对比,主动举手回答:"水干得慢,往手背上涂水没有涂酒精感觉那么凉。"教师看到实验目的已经达到,就说:"水和酒精都是液态的,涂到玻璃片或手背上,过一会儿都不见了,那它们去哪儿了呢?真的消失了吗?"学生回答:"不是,是变成气体跑掉了。"教师说:"同学们说得对,的确是变成气体跑掉了,而液体变成气体的物态变化叫做汽化,刚才我们看到的现象就是汽化中的一种——蒸发。"这样,教师就顺利地完成了导入过程。

以上三种导入形式分别采用了不同的教学手段,都取得了不错的教学效果,这也似乎顺理成章,但如果留心研读,就会发现,这几个实例教学手段的选择、运用与教学资源情况、学生情况等教学实际合拍,教学手段的运用切合了"教学效益第一"这一基本原则,从而产生良好的教学效果。我们不妨假设一些不同的情况来进行对比分析。

假如第一种情况"利用多媒体展示手段导入"发生在一所教育设施相对不足、现代化信息技术薄弱的学校，教师在备课时即使想到了运用"快动作"视频来演示蒸发现象，也会在寻找教学资料上大费周折，也有可能找到的视频资料不清晰或学校的播放设备播放不了。当下网络视频的格式不下几十种，视频播放软件也是多种多样，这都给技术手段单一、设备老化的学校出了难题，很有可能出现一个巧妙的构思没有适当的资料或设备来保证实施的情况。显然，对于这样的学校，第二种情况中运用"实景导入"才是更好的选择。

而第二种情况"利用实景导入"如果由一位性格内向、举止沉稳但表演才能不足的教师来实施，会有什么结果呢？也许这位教师在以往的教学中不苟言笑，这节课却突然拿出一块湿布在黑板上写字，还要装作不知道字迹会消失，教室里的学生一定会觉得今天老师很怪异，注意力又怎么能集中到教学中来呢？所以，这样的教学手段并不适用于每一位教师，对传统稳重的教师来说，也许选择多媒体展示导入会更加符合自己的气质，教学效果才能更好。

而第三种情况"利用实验手段导入"如果发生在一个平时教学秩序较差、学生自控能力不足、对课堂调控要求较高的班级里，很有可能学生不能很好地听从指挥完成各项实验，有的学生还可能把酒精、玻璃片用于其他用途，甚至出现打碎玻璃片划伤手指等安全事故，完全打乱教学程序。在这种情况下，利用第一种导入方法也许更能吸引学生的注意而顺利完成教学。

由此可见，选择教学手段不能迷信先进技术手段，不能无视学生群体的差异性，而要综合考量教学实际，权衡各种教学手段的特性和功能，力求教学手段的选择和运用与教学资源情况（包括教师自身情况）、学生情况等教学实际合拍。坚持教学手段的运用以"教学效益第一"这一基本要求为原则，才能合理有效地运用各种教学手段为高效教学服务。

第五节　教学课件及多媒体的运用

近些年来，由于计算机技术的迅猛发展和日益普及，以电脑及电脑网络为核心的现代多媒体教学手段得到广泛开发和应用。现代化教学手段使传统的教育教学模式产生了深刻的变革，它们在提高教学质量和教学效率方面所起的作用有目共睹，并且对教育改革、教育现代化的进程产生了巨大的推动作用。但是，任何一种教学手段都不是万能的，都有局限性，如果在应用过程中认识不全面，或过分夸大其作用，或不正确地使用这种手段，就会对教学产生负面影响。这里，专门留下一点篇幅，分析当前教学课件及多媒体使用设计中经常出现的一些问题，并有针对性地提出改进方法，以期帮助广大教师最大限度地发挥现代教学手段的作用。

那么当下教师在运用教学课件及多媒体等现代教学手段时，常见的误区有哪些呢？

（1）滥用多媒体，抛弃板书。教学是为了实现一定的教学目标所进行的课堂活动。

有的教师在课堂上唯恐自己的教学技术落伍，忽视了使用教学手段是为了能更好地实现教学目标、提高教学效率这一原则，为了使用教学手段而使用教学手段。这样不但没有取得好的教学效果，反而加重备课负担，得不偿失。教师必须针对不同的教学内容和教学目标，精心选择和运用合适的教学手段，如果采用板书、教具的演示能够达到良好教学效果，就没必要把大量的精力、时间花在电脑旁。板书作为一种传统又实用的教学手段有其灵活的一面，在强调重点内容、进行逻辑推理演算的时候都可以配以板书，有助于学生理解接受。一幅完整的板书比一张张变换的幻灯片更能体现一节课的知识体系和重点难点，所以，不应因为使用了现代化媒体就放弃板书。当然，需要注意的是，多媒体手段与其他教学手段共同使用时，应该交替顺畅、衔接自然，板书和媒体展示的内容应各有分工，不要重复展示，浪费教学时间。

（2）利用不当，限制了思维想象的空间。有的教师认为，将课件、图片、视频存入电脑，上课时进行演示，轻松、方便、一劳永逸，进而不再积极准备演示实验，这样做的结果是使学生丧失了自主观察、自行归纳、独立思考的机会。还有教师认为用课件能将原本抽象的概念、规律直观地模拟出来，降低了学生理解的难度，所以对于一些抽象的概念也不再用心设计讲解引导，殊不知这种教学方式只是把自己的意志和理解强加到学生的思维当中，使学生跳过了理解感悟的过程，限制了学生的思维空间。这样一来，现代化的教学手段其实变成了新的灌输工具，由原来的"人灌"变为"机器灌"，说到底，这还是一种变相的"填鸭式"教育。

（3）制作水平较低，课件专业化不够，艺术性不强。有的教师制作的课件出现过多文字，甚至只是把书上的文字利用幻灯片的方式呈现出来，没有利用多媒体图文并茂、动静结合等特点来吸引学生的注意力。过多的文字很容易让学生产生视觉和心理的双重疲倦，甚至由此产生抵触情绪。所以设计课件时要避免出现过多文字，尽量以画面、流程图等方式进行表现，以体现多媒体课件生动活泼的特点。也有教师制作的课件出现太多无关的动画、音乐、声响等元素，结果喧宾夺主，冲淡了重点，降低了课件的专业水平。课件可以利用声音、图像、文字等带来丰富多彩的视听效果，增强教学的生动性、趣味性，但过于繁杂的画面和动画往往使学生分散注意力，不能专注于所学的内容，最终效果适得其反。因此，在设计课件时，要根据教学内容和学生的认知规律适当选用多媒体效果，要避免为了吸引视觉无节制地使用与教学内容无关的动画、音效，以免分散学生的注意力。还有的教师制作的课件缺乏美感，色彩使用过多过乱，边框、底纹等装饰使用没有章法，令学生眼花缭乱并产生厌恶情绪，这对教学当然是不利的。所以，教师应努力提高自己的艺术鉴赏能力，在制作课件时注重提升艺术性。

那么，怎样才能更好地制作教学课件及使用多媒体呢？

（1）要做现代教学手段的主人。自己多动手制作课件、开发既有设备的运用新途径，将现代教学手段融入每一节课的教学设计中。商业化成套教学课件或演示工具的使用可以使教师的教学内容更加有系统性，信息量更大，但也会带来"死"的课件跟不上"活"的学情的尴尬。所以教师可以突出个人的构想和创意，充分考虑学情，自己制作课件，与教学内容更合拍。好的课件创意总是与好的教学设计相得益彰，并成为教学设计的一部分和重要支撑点。

（2）要明确使用的目的。制作教学课件及使用现代媒体的目的在于，一是构建直观情境，演示动态过程，强化认知的重点，突破认知难点；二是创设情境，启发想象，促进思维；三是吸引学生的注意力，激发学生的学习兴趣；四是利用技术手段加快信息的处理速度，增加教学信息量，加快教学进度。在制作教学课件及使用现代媒体前一定要明确使用的目的，不盲目使用。

（3）多收集运用、设计的素材。好的课件与选择合理、生动、形象的素材是分不开的。与某一课题相关的如文字、图片、录像、声音、动画片段等，都可成为制作课件的素材。获得素材的途径有网上下载、市场购买、同行交流获得，或者采用扫描仪扫描、数码相机或摄像机拍摄等。教师要对各种素材进行整理、归纳，建立自己的信息素材库。设计制作课件往往比使用其他教学手段更费时，强大的素材库会提高制作效率，降低时间成本。

（4）多学习新的技术手段，提高个人艺术修养，精心完成设计和制作。制作课件，要有一定的软件运用能力，教师要意识到，自己的运用水平如果跟不上软件更新速度，就会被现代教学手段所淘汰，这就要求教师要有终身学习的精神，以适应科技的发展。另外，教师应意识到课件只有具备一定的艺术性，才能保证课件整体风格一致、有美感，学生才能乐于接受，这就要求教师要注重自身的艺术修养，制作出具有较高审美趣味的课件。

（5）在实践检验中注重测试和改进。教学课件及现代媒体使用过程中的测试、验证和反思是非常重要的，要根据师生的反映和感受发现问题，为进一步修改课件提供依据。反复修改与实践，是对教学精益求精、认真负责的表现，更是发挥教学课件及现代媒体等教学手段应有作用的有力保证。

值得注意的是，使用现代化教学手段时，一定要紧抓一个中心不动摇，这就是使用这一手段的核心价值是彰显现代教学手段的优势和不可替代的作用。

信息技术在教学中广泛应用，越来越显示出它强大的优势：信息储存、信息传递、信息处理的高效率及信息呈现的真实、生动与鲜活，打破了时间和空间的限制，突破了宏观与微观的束缚。这些优势是其他教学手段不具备的，是无法替代的。所以，要充分发挥信息技术手段在教学中的独特性和优越性，也就是说当教师决定使用课件等教学手段时，首先是因为"其他手段解决不了""其他手段解决不好"或"其他手段解决不经济（包括时间成本和人力成本）"，真正体现出信息技术等现代教学手段的优势和"亮点"，而不是用现代技术手段来"作秀"，避免出现公开课上有用没用都是电脑电视一起上、平时教学则黑板加粉笔包打天下的形式主义作风。下面两个教学实例可以帮助大家理解这一点。

案例1

在"长度与时间的测量"一节的教学中,教师需要向学生教授误差的概念,还要带领学生进行实际分组实验,测量"1元"硬币的直径和厚度。由于教师需要在实验中通过处理大量的实验数据(如计算同组学生在多次测量中的平均值、计算多组学生得到数据的平均值等)引导学生理解掌握"多次测量取平均值是减少实验误差的一种常见方法"这一知识点,大量的时间被花费在学生的机械计算中。有的组实验慢一些或算得慢一些,就无法进行数据汇总,影响了教学进度,降低了教学效果。某教师利用常见的办公软件"Excel"制作了一个电子表格进行求和及求平均值的计算,只要在表格中键入原始数据,表格就可以自动计算出相应的结果并在表格的特定位置显示出来。教师将这个电子表格上传到网络上,给学生布置预习作业,学生下载表格并进行使用练习。当进行实际教学时,每组学生都能利用实验室的电脑通过电子表格快速处理数据,教师则在大屏幕上实时监控各种数据的处理进程,同步进行讲解和对比,一节课紧张、有序、高效,不但完成了教学任务,而且培养了学生使用现代化信息处理工具的能力。而这样的教学效果当然是其他教学手段所不能达到的,彰显了现代教学手段的独特魅力。

案例2

在"电功的计算"教学设计中,由于某校为推进教学技术现代化,刚投资数万元引进了一套教学传感器系统,该系统可对实验中的高度、位置、温度、压强等各种物理量进行实时监控和采集,并能自动输入电脑进行计算,实时生成的计算结果和变化图像能在大屏幕显示器上进行演示,技术非常先进。电功的计算需要测量电压、电流和时间三个物理量,某教师决定利用此套教学传感器系统,分别采集三个量,由电脑直接计算结果反映在大屏幕上从而完成实验。起初该教师认为这样做一定会大大提高教学效率,并使学生感受现代化技术的魅力,教学效果一定会很好。可在实践中却发现,学生看到讲台上形形色色的一堆仪器,的确很好奇,在上课之前,都围在讲桌旁问这问那,不肯离开,可当实际教学进行到这一环节时,情况完全不同了。测量结果在一瞬间完成,大多数学生还没明白是怎么回事,他们的注意力被吸引到了器材本身上,而对此器材在实验中到底完成了什么任务,此器材的运行与本节课要探究的规律到底是怎样一种关系并不清楚,或者说,过于紧凑的教学流程不可能给予学生足够的时间去观察、思考和了解。最终学生并没有感受到探究的过程,似乎结果还是由教师直接给出的,只不过不是通过教师的口讲出来,而是通过"机器"讲出来而已。经过反思,该教师在同年级的其他班教授同一内容时,放弃了使用这套系统,仍使用演示用电压表和演示用电流表测量用电器两端的电压和通过的电流,由几位学生利用秒表计量通电时间,大家一起进行实验,收集数据并进行计算,进而完成实验。让每位学生都能参与探究过程,大大改善了教学效果。

在案例2中，并不是现代教学手段不好，而是学生对此手段很陌生，教师在学生不清楚教学手段的原理的情况下贸然使用该教学手段，就很容易使学生游离在教学手段之外，不能很好地完成教学任务，如果教师在前期的常规教学中已经由浅入深、由易到难地使用了这套教学传感器系统，学生对其工作原理已经较为了解了，知道该看什么、不该看什么、重点想什么，那么，教师在这节课上使用这套设备，教学效果自然也会不错。可以设想一下，将这套先进教学仪器使用在高中高年级教学中，如利用它来研究光电反应，就可以在实验中同时采集光的频率、光的强度和光电流的大小等物理量，并实时反映它们之间的关系。由于高中生已经有了一定的知识储备，眼界已趋开阔，思维能力也已经达到了一定的阶段，只要稍加解释他们就能了解这种器材的工作原理，也就能在实验中知道应该重点观察什么而不会被器材本身分散注意力，教学效率自然会提高，这时现代化教学手段才真正起到作用。当然，教师是教学发展的推动者，要积极引进先进手段推动学生观察能力、思维能力的提高，不过要力求水到渠成，不能脱离实际、企图一蹴而就。

专题三　教学实施

教学实施是教学活动中最重要的环节，教学目标要在教学实施中实现，教学设计要在教学实施中实践，所有教学预想都要在教学实施的过程中检验成败。在教师精心地了解学情、设计教学、准备教具开始教学时，一定希望自己的每一个教学设想都是奇思妙想，所上的每一节课都能成为一节好课。那么，在教学实施的过程中，教师又应该做好哪些工作才能使这些都变成现实呢？下面从课堂教学的组织管理、预设与生成、教学过程的程序控制和心理控制、学科德育、实验探究合作指导、课堂效率及分层次教学的实施几个方面，说说关于教学实施的话题。

第一节　课堂教学的组织与管理

课堂教学中的组织、管理可以被称为课堂调控，课堂调控是指教师为了提高教学有效性、减少不良行为问题而采取的合理组织课堂、合理组织教学的行为和活动。课堂调控的目的是营造宽松而不失紧张、和谐而不失内心激动、融洽而不失师生各自角色的人际心理环境。课堂是一种特殊的人际心理环境，课堂教学就是发生在这种环境之中以价值引导和自主建构为核心的师生交往、互动的活动。教师通过自己的行为和活动实施课堂调控，以达到提高教学效率、创造愉快的人际心理环境的目的，从而构建合理的课堂生态。

教师在教学中做好课堂调控工作是十分必要的，它体现了教师对自己课堂进程的有效管理。教师善于进行课堂管理，便减少了课堂行为问题，相当于增加了学生学习的时间，提高了教学的有效性，促使学生取得最佳的学习成绩。反之，教师如果不善于进行课堂管理，课堂教学时学生就会出现行为问题甚至破坏性行为，从而干扰教学的顺利进行，浪费有效学习时间，就会导致无效教学或低效教学的出现。由此可见，课堂调控对教学成功与否至关重要。据此，教师应该充分认识课堂调控的意义，在教学中高度重视课堂的管理工作。

课堂调控包括两个方面：一是教师根据课程内容和学生情况，为了使教学能按照预想推进而进行的、与教学流程设计一体化的调控；二是教师为了保证教学，针对一些突发情况进行的课堂调控。我们分别称之为"预设性调控"和"应激性调控"。

一、预设性调控

预设性调控是指教师根据《课程标准》的要求、教材的安排和学情分析情况，对教学实施进行预想，主动地在教学设计中体现出对课堂的调控，并在教学中予以实施。显然，这方面的调控表现在课前的准备过程中。

要做好预设性调控，就要认真分析课标和教材，认真钻研教材的细节，并掌握大量的与教学内容有关的信息资料，从更深广的角度分析和理解教学内容，设计符合学生实际的教学方案；对教学环节、课堂时间的分配、教学方法、课堂提问、反馈练习、课后作业及板书设计等都要认真筹划；要细致地进行学情分析，掌握学生的基本情况，了解学生的认知水平、情感需要和学习要求，特别是对一些在课堂上不能专心听讲的学生，更要根据其知识水平、行为习惯等情况制订适当的教学预案。

在教学实践中，"学案导学式"课堂调控是一种较好的"预设性调控"手段。即教师制订学案，学生在教师的带领下根据学案学习，教师进行导学，这种调控模式被称为"学案导学式"课堂调控。

"学案导学"的特点是：学案与导学密切结合，学案体现导学，导学依据学案，形式在"案"，重点在"导"。简单来说就是利用学案来完成"预设性课堂调控"，即教师将调控的"点"寓于学案中，完成学案设计，学生在教师的指导下完成学案，在完成的过程中接受教师的"预设性调控"。

学案是导学的载体，但不要认为只要有学案就是进行了课堂调控。不要把学案做成老师教案的"映像"，不要把笔记和课堂练习整合到一起，使得学生完成学案的过程成为教师推进教案实施的过程。这样的学案只注重了教学知识主线的展开，没有注重"课堂调控"的推进，强调了"案"，忽视了"导"。

学案的设计主线应该就是教学实施的主线，但不能局限于教学内容的再现，必须坚持"一明一暗"两条线。

明线是知识技能主线，以能使学生牢固掌握基本知识和基本技能为第一要务。内容不能是知识点的单一重复，要紧扣教学目标，要符合学生的认知层次。应当采用启发式教学，使学生"跳一跳就能摘到桃子"，在获取知识的过程中能发现各种知识之间的联系，受到启发，触发联想，产生迁移，形成新的观点和理论，实现认识上的飞跃。

暗线是课堂调控主线，关键在"导"，即开导、启迪，是启发式教学的精髓。一个"导"字充分体现了学生的主体地位。心理学原理告诉我们，人在认知过程中，适当的问题能激发学习动机。如果教师在学生学习的过程中进行适当的引导，不仅能使学生不断地体验成功，维持持久的学习动力，也能使学生缩短获取知识的时间，提高学习效率，从而培养探索问题的能力。所以，在学案设计中应注意以下几点：

（1）要在学案中把握好"导"的时机。课堂调控是否有效，体现在能否在教学过程中保持合理的课堂教学节奏。善于进行课堂调控的教师，能够根据教学内容、教学环节的安排与学生的接受力合理地把握课堂教学节奏，做到起伏错落、张弛有度、流畅自然。因此，教师在设计学案时，应该清楚教学目的、内容和要求，了解学生的现状和知识基础。难度不大的内容，可通过加大密度来调控课堂，要不断变换教学方法，吸引学生的注意力。一堂课上，学生的脑力不可能保持在一种状态，有振奋、愉悦，也有松懈、疲倦，教师应该根据这种有规律的强弱变化设计学案调控课堂教学的节奏。

总之，教师应力争在课程设计中把握好实施课堂调控的"点"，在学案中预想到"导"的时机，体现对教学节奏的掌控，想方设法地调节学生的注意力，调动学生学习的主动性，达到更好的课堂调控效果。

（2）"导"的手段要丰富，构建生动多样的课堂情境。设计学案时，教师要深刻地了解学生，了解学生的能力、动机、兴趣、态度，力求学案设计与学生的要求合拍，让学生充分展现自我。教师既要跟上学生的思路，又要引导学生的思路。要在学案设计中创设不同梯度的课堂情境，如设计有启发性的问题、组织生动活泼的学生活动、观看有趣的图片和视频等调控方法，使学生真正领悟、掌握学习内容。不能把自己的思路强加给学生，使其硬性接受。教学是师生的双边活动，在这一过程中，学生是学习的主体，学生通过眼、耳、口、手、脑多种感官参与学习活动，教师通过观、讲、问、查等途径获得学生的学习信息，并不断调控自己的教学状态和学生的学习行为，双方互动共同形成一种场面和氛围，即教学情境。一个优秀的教师，应善于通过创设好的教学情境对学生的学习行为进行调控。导学要具有灵活性和多样性，长时间单一的引导方式会使学生丧失学习的兴趣，这就要求调控的手段要丰富，使学生在完成学案的过程中，对每个教学环节都兴趣盎然。

（3）学案设计要有灵活性，要给突发事件留有回旋的余地。再好的学案也不能把课堂上的所有情境都设计到，所以教师的学案设计要有灵活性，要为教学过程中课堂上特殊情况的出现留有余地和空间，要能够反映学生学习的多元化信息。也就是说教师要灵活地设计学案，在教学中灵活地应用学案，听取不同学生的意见和建议，适当进行修改，使其进一步完善。教师不能将学案设计为"教条"，变成作业的延伸。另外，应鼓励学生根据自己的情况灵活地、有选择地使用学案，真正将学生置于学习的主体地位。灵活多样的导学方式可以给学案注入活力，从而极大地提高学生的学习效率。

"学案导学式"的课堂调控方式是"预设性调控"的一种很好的实践形式，限于篇幅，这里就不再继续分析了，具体的学案实例读者可以参考本书专题二中的"课堂教学过程的结构设计"一节中的"透镜"学案。

二、应激性调控

应激性调控是指教师在教学实施的过程中，在学生出现分心行为、问题行为等影响教学效果、降低学习效率甚至可能干扰教学正常秩序的突发情况等不在预想内的情况时，进行的课堂调控。调控的目标是维持课堂秩序，保证课堂活动的有序、顺畅进行，预防和制止课堂上的分心行为和问题行为。

不管教师在备课过程中怎样完善教学设计，也不可能预想到课堂中动态生成的各种情况。这使得教师必须思考课堂中存在的关键元素，琢磨其内在的规律性，以备在各种突发性的问题行为对教学产生干扰时，可以采取有效策略进行课堂调控。常见的课堂调控策略有指向性宽容的策略、角色转换的策略、有意停顿的策略、幽默的策略、诱导的策略、暗示的策略、冷却的策略等。另外，这些策略如何有效实施，即如何把握实施程度，也是调控策略的组成部分。在课堂调控中，应理清策略之间的关联，并在这些策略的指导下实施具体的调控手段，进行应激性调控，才能取得较好的调控效果。下面通过一个实例进一步阐述"应激性调控"的实施策略。

在初三"摩擦力"一节的教学中，某校学生进行分组探究实验，用木块、木板、弹簧测力计等实验器材测量摩擦力。有的学生通过预习已经知道了实验的方法，对教学的关注度下降，他们认为试验原理简单，易于操作，所以注意力不集中，说话声音较大，课堂出现秩序混乱的状况，这种状况发展下去可能会严重影响教学效果。

教师看到这一情况，及时暂停了实验，并提问："同学们的课桌上准备了木块和木板等器材，同学们要测量什么物理量呢？"学生回答："摩擦力。"这时，有学生用测力计拉着木块在自己的课桌上转来转去，还有一部分同学小声地向同桌"炫耀"。显然，这些学生自认为对实验已经很了解了，并不关心老师在说什么。教师说："那好，我们请一位同学为大家演示一下这个实验。"一位制造"噪声"的学生被叫到了讲台前，他先把木块挂在测力计上，测出木块的重量，然后用测力计拉着木块在木板上滑动，读出拉力，把两个数据做比，即表示实验做完了。此时，一部分同学的注意力被吸引回来，但有一部分同学仍然拉着木块在自己的课桌上滑来滑去。教师抓住刚才演示的那名学生的实验漏洞提问："你要测量哪个物理量？"该生说："拉力。"回答错误，显然，刚才这名学生没有注意听讲。其他学生提醒说："摩擦力。"

看到该生开始有些慌乱，满不在乎的表情有了收敛，教师便抓住机会继续提问。

师：那你来想一想，摩擦力可以直接测量吗？

生：不能，但摩擦力等于弹簧测力计的拉力。

师：需要什么条件吗？

生：木块要处于平衡状态。

师：能说得具体一点吗？

生：木块在水平木板上匀速运动，拉力就等于摩擦力。

师：桌子够水平吗？

生：还可以。

教师示意重新做实验。该生有些紧张，用测力计拉着木块在木板上来回滑动，半天不说话。

师：怎么了？

生：木块总是不能匀速运动。

师：你能不能提出一个更好的实验方案？

该生摇头示意不知道，然后垂头丧气地回到座位，完全没有了刚走上讲台时轻浮的神态。

师：可能这位同学已经提前学习过了这部分内容，却似懂非懂，我相信这样的同学在咱们班上不止他一个。学了不一定懂了，以为懂了不一定是真的懂了，就算真懂了理论，也不一定能做好实验。实验里大有学问，如果没有吴健雄的实验，杨振宁和李政道也得不到诺贝尔奖。只知道几条理论和公式，会做几道题还远远不够，你可能在解决实际问题上还差得远。

几句"醒"语使浮躁的课堂沉静下来，"抑"的效果部分达到了。显然，这个学生对教材所讲的知识有所认识，但一知半解，自己却以为已经了解了，在课堂上急着向其他学生炫耀，结果干扰了教学。教师在调控中运用诱导策略，将他的不足一步步地暴露出来，抑制浮躁情绪，制止问题行为。

这时，大部分学生安静下来，但仍有人精神不集中。课堂调控的任务还没有完成，仍需要继续进行调控，以达到更好的效果。

师：用手拉着木块在水平方向上做匀速直线运动，很难办到。同学们有没有好的方法来解决这个操作上的难题？

大多数学生陷入了思考中，但还是有几名学生不以为然。教师让其中一名学生回答。

生：可以让木块不动，用手来拉木板。

教师示意他到讲台前给同学们做演示。

该生按图5的方式完成了实验，读出了摩擦力的数值，显得非常得意。

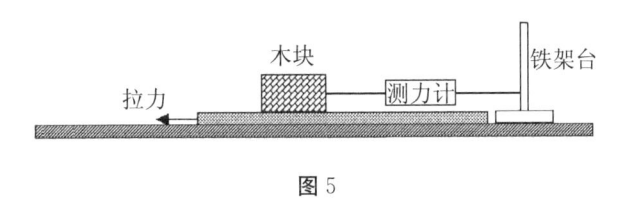

图5

师：同学们看明白了吗？

生：明白了。

师：方法很巧妙，解决了操作上的困难。你能不能分析一下这次实验的误差，并指出最主要误差的来源？

这个问题有些出乎意料，该生有些茫然，摇头示意不知道，略带沮丧地回到座位，与走上讲台时判若两人。

师：这个实验的目的是测量摩擦力，原理简单，操作也不难，但是要注意，学无止境，我们应该不断追求更理性、更严谨、更深入的结论，尤其是实验。很多理论是建立在理想化模型的基础上的，做实验就要考虑理想与现实的不同，就要考虑误差。我们认为桌面是水平的，这就存在误差，这个误差与弹簧测力计的读数误差相比，哪个更大，或者说哪个是最主要的？思考可以使我们的思维得到更多的锻炼，只有这样才能有进步。如果只停留在表面现象上，浪费了时间和精力，将来很难在科学上有大成就。

听了这番话，那几位自认为脑子聪明、学得不错的学生，脸上也露了惭愧的表情，与其他学生一起认真听起课来。

在这个案例中，教师很好地进行了应激性课堂调控。

在教学中，学生发现实验的器具易得，实验也容易操作，就容易产生浮躁的心理，出现违反纪律的情况。这时如果不进行适当调控，教学氛围被冲淡，学生注意力转移，教学效果必然大打折扣，但如果停下来整顿纪律，正在进行的教学程序就要中断，就会造成学生注意力的分散，而比较严厉、强硬的干预措施，还会造成班级气氛紧张，使实验中较为开放的探究氛围受到冲击。所以教师不必刻意停止教学整顿课堂秩序，可先采用提问的方式吸引学生注意，"先扬后抑"地进行课堂调控。

先提出的问题从学生的"容易"感入手，让产生问题行为的学生"自我感觉"更加良好，充分暴露问题行为。然后问题突然深入，使此生措手不及，也使其他学生的注意力集中过来。此调控将一些学生的浮躁情绪"压"了下去，但还有一些学生可能已经提前学了很多，对学习内容缺乏新鲜感，注意力还不能完全集中。这时，教师进行误差分析，创设更新的、更深入的探究情境，引导这部分学生进行更深入的探究，激发他们的好奇心和求知欲。这样，通过有效的课堂调控，使学生意识到自己还没有真正掌握这个知识点，或者自己已经掌握的知识并不能解决所有的问题，学生就会真正做到精力集中，就会聚精会神地听教师讲解，课堂调控的目的也就达到了。

要在教学实施中进行有效的"应激性调控"，应该注意以下两点：

（1）教师的应激性调控应体现个性化的特点。每位教师应结合自己的教学风格和个性特点，熟练地掌握一些行之有效的课堂调控手段。每位教师都应有自己拿手的调控策略，形成自己的调控风格，使自己的课堂深受学生喜爱。

每一位教师都是不同的，都有自己的特点，其教态、语言表现力、亲和力等都有所不同。教师可以调控教态，即利用表情、动作等身体语言辅助口头语言，传递教学信息，这也是调控教学的一种重要手段。教师的课堂语言，应如一首旋律优美的乐曲，激起学生心中的波澜；应如清澈的甘泉，滋润学生的心田。教师在讲课时应注重语调、音量、语速的变化，可以针对需要强调和突出的内容，加大声音的力度和强度；针对需要渲染气氛的环节，可以使语速越来越快，以调动学生的参与积极性；讲到重难点，可以放慢速度，给学生思考的时间。教师的动作、表情、语言的调控作用显而易见，教师要善于利用自己的动作、手势、眼神、表情与学生交流感情，启发、引导学生。

每位教师都应结合自身特点，充分利用这些调控资源，力求扬长避短，形成风格。鲜明的教学风格和调控特色能缩短师生之间的距离，使学生感到心理上的亲近。这样，教师调控教学就能得心应手了。

（2）应激性调控必须以最小干预为原则。在应激性课堂调控的实践中，教师要对不适当的课堂调控或者说过度的课堂干预的负面作用有清楚的认识。在采取干预措施时，制止问题行为可能会对班级活动、其他学生以及课堂教学产生负面影响，即对异常行为的干预有可能比异常行为更具干扰性。如果教师在教学过程中发现了影响教学进程的问题，而进行课堂调控方法却不得当，就会造成学生注意力的分散，甚至中断正常教学；如果教师对影响教学的行为采取比较严厉、强硬的干预措施，还会造成班级气氛紧张，不利于教学任务的完成。

基于对课堂干预的负面作用的认识，课堂调控应该本着最小干预的原则，尽可能采取柔和的、不留痕迹的、不制造紧张氛围的调控方法，才能更有效地进行课堂调控，促进有效教学的实施。

综上所述，合理地运用预设性调控与应激性调控，是构建有效课堂教学的关键。合理适当的课堂调控，可以最大化地利用教学资源，增加学生进行学习的有效时间，减少学生在学习过程中的问题行为，从而提高教学的有效性，使学生达得更好的学习状态。需要补充说明的是，预设性调控与应激性调控是一个有机的整体，不注意这一点，在实践中就会出现所谓的调控"跷跷板"现象，即预设性调控设计不到位，造成应激性调控应接不暇；应激性调控不及时有效，使得预设性调控难以推进。这就提醒我们，预设性课堂调控的效果常常受制于应激性调控的好坏，应激性调控的频度常常由预设性调控是否到位决定。将课堂调控分成预设性调控与应激性调控分别实施固然可以，但切忌在认识上将两种调控割裂开来，应在实践中注意两者的统一和整合。

第二节　课堂教学的预设与生成

课堂中的预设与生成是辩证的对立统一体。课堂教学既需要预设，也需要生成，预设与生成是课堂教学的两翼，缺一不可。预设体现教学对教师作用的尊重，生成体现教学对学生智慧的尊重；预设体现教学的计划性和封闭性，生成体现教学的动态性和开放性，两者具有互补性。教学既要重视知识学习的逻辑和效率，又要注重生命体验的过程和质量，课堂教学实际上总是在努力追寻着预设与生成之间的一种动态平衡。

一、精心预设

凡事预则立，不预则废。预设是教学的基本要求，因为教学是一个有目标、有计划的活动。教师必须在课前对自己的教学任务有一个清晰、理性的思考与安排，因此要重视预设。另外，精心预设最有可能为我们带来精彩的生成，以下是一位教师精心预设的案例。

在"体温计"一节的教学中，讲到体温计的构造时涉及的最主要的知识点有两个：一是体温计的横截面不是正圆形而是"圆角三角形"，这样可以利用放大镜原理使液柱更容易被观察；二是体温计液柱与液泡相连的地方有个缩口，以便温度下降时保持示数不变。有的学生平时不注意观察生活，对这两点缺乏感性认识，甚至根本就不知道体温计的这些特点。如果先将这两处构造介绍给学生，再解释构造的作用，那些不注意观察生活、没有理论联系实际意识的学生不感兴趣，也难有深刻的印象。一位教师通过精彩的预设，将学生不知不觉地带入了学习情境中，取得了很好的效果。

上课后，教师开始为学生介绍体温计，他从盒中取体温计，结果拿出了一支圆珠笔，他故作窘状地说："呀，太匆忙了，拿错了，怎么拿了个圆珠笔就来了？"这时学生大笑不止，那些本来兴趣不浓的学生也把注意力集中到了老师这里。这位教师接着说："没时间回去拿了，不如就假装这是一支体温计吧，我们看看平时应该怎样使用体温计。大家别笑了，我们请两位同学上来，一个演病人，一个演医生，给大家表演一下如何使用体温计，好不好？"学生的兴趣更浓了，马上有几个学生争着要表演，课堂气氛既活跃又融洽。教师让大家推举了两位学生来表演，一位坐着，另一位从老师手里接过那支圆珠笔充当的"体温计"，塞到那位坐着的同学腋下，稍等片刻，又取出来，放到眼前假装看了看，说："37度。"这时教师问大家："他们表演得像吗？"学生有的说像有的说不像。教师接着说："这样吧，我再来充当一下医生，大家做评委，看看是我表演得像还是刚才的同学表演得像，好吗？"学生们不知道老师葫芦里面卖的是什么药，都认真地观察老师的表演。

这位教师先从讲台上拿起这支圆珠笔，并没有马上塞到"病人"的腋下，而是先用力地甩了几下，再假装放在眼前看了看，又甩了几下，再看看，最后塞到"病人"的腋下，这时已经有学生发出赞赏声。稍等片刻，教师从"病人"的腋下取出圆珠笔，不是直接放在眼前看，而是举高放在光线好的地方，再用双手转动圆珠笔，好像在找观察的角度似的……这时学生们已经喊了起来："老师像，老师像……"看时机已经成熟，这位教师顺势提问："为什么体温计用前要甩一甩？家里测量气温的温度计也总甩吗？为什么看体温计要转来转去不直接看呢？"这时所有的学生都期待着答案，充满好奇，即使是平时不注意观察生活的学生也回想起自己看病时的情景，心中产生了许多疑问。这时教师从盒子中取出体温计发给学生，让学生观察体温计与普通温度计的不同，顺理成章地开始新课教学。

在这个例子中，教师的精心预设就是针对一个急需解决的任务，让参与度低的那部分学生积极参与到学习中来。可以说，教师在课前对自己的教学任务有清晰、理性的思考与安排，并用独特的预设诠释了教学的艺术。

二、巧对生成

生成是对教学过程生动可变性的概括。生成的教学过程要求教师不仅把学生看做"主体"，还应把学生看做是教学"资源"的重要构成者和生成者，在课堂教学中根据学生学习的情况，灵活生成新的超出原计划的教学流程，使课堂处在动态和不断生成的过程中。有效、精彩的生成并不是信马由缰地展开教学就能达到的，而是需要教师认真备课，精心预设，充分考虑如何呈现教学内容，如何组织学生开展活动，推测学生可能出现的种种情况并思考应对的策略。因为只有这样的精心预设才最有可能带来精彩的生成。也只有这样，当生成的契机出现时，教师才能从容应对，将课堂引向"精彩"。下面看这样一个课例。

在一次全国性的教学比赛中，一位教师正在参赛。一个能容纳近千人的会场的舞台上摆放了课桌椅、黑板及各种教学媒体，模拟了一间教室，评委就坐在台上的"教室"里，台下有来自全国各地的数百名参会教师。这节课的课题是"电功"。课程设计中，有一个全体学生共同参与的演示实验——计算一台小型电动机提升钩码所消耗的电功。为了测量得更准确，需要多次测量。

教师的设计是这样的：让演示用电压表与电动机并联，让演示用电流表与电动机串联，分别测量实验中电动机两端的电压和通过它的电流。启动电动机后，随着电动机的转动，悬线会缠绕在绞盘上，钩码就会被吊起。在悬线旁放置标志物，分别标示出钩码移动的起点和终点，由三位学生利用秒表计量钩码从起点到终点所经历的时间，这对应电动机将一钩码提升至确定高度所用的时间。多次改变电动机两端的电压，这样通过电动机的电流和电动机将同一钩码提升相同高度所用的时间都会改变。每次改变电压完成实验后，都将数据填入事先设计好的实验表格，等所有实验都结束后，再由学生一起动手，根据公式"$W=UIt$"计算出不同电压下电动机将同一钩码提升相同高度所消耗的电功。其实验结果应当证明：在实验误差允许的范围内，不同电压下电动机将同一钩码提升相同高度所消耗的电功是相等的。

由于电动机在工作中做功的多少与电动机的效率、摩擦阻力等不确定因素有关系，实验误差常常不能控制在理想的范围内，实验存在很大的风险，所以，很少有教师用这样的演示实验完成教学。这位教师考虑到初中教材中"$W=UIt$"这一公式是直接给出的，学生不知道公式的来源，对公式缺乏认同感，如果利用实验演示公式计算的结果，就能大大提高学生的认同度。为了实现这一点，这位教师多次到电子市场寻觅选择，终于找到了一种转速低、扭矩大、效率稳定的电动机，又精心设计制作了演示教具，克服了摩擦力不稳定等难题，终于使多次实验的结果都保持稳定。于是，这一设计终于亮相于全国比赛的赛场。但在赛场上，意外还是发生了。

在记录了一组数据后，开始进行第二组数据的采集。教师提高电动机两端的电压，启动电动机开始实验。电压和电流很顺利地由演示用电表读出并填入了表格，但时间测量上出现了意外。本来安排三名学生分别用秒表计时，就是为了防止出现错误计量，有一个错了，其他人的数据还可以用。负责计时的第一位学生由于马虎，将时间结果读错了，应为十几秒却读成了二十几秒。第一个学生读错后，第二个计时的学生犹豫了一下，也读出了二十几秒这样的答案。第三个学生一下变得有些茫然，踌躇之后，也读出二十几秒的答案！这时，赛场的空气仿佛凝固了：如果此时教师直接说几个学生读错了，要重读，那证据是什么？在探究活动中，教师虽然知道结果，但不能支配学生探究活动的进程，否则探究就会失去意义；如果教师不作纠正，这样的实验结果一定会使整个实验最终得出一个错误的结论，即不同电压下电动机将同一钩码提升相同高度所消耗的电功不相等！大家都想知道这位教师如何应对这突如其来的考验。

这位教师没有直接纠正学生的读数，而是记录数据后继续开始进行后续实验——继续加大电压，测量下一组数据。当全部实验数据采集完成后，教师并没有马上带领学生开始电功的计量，他对学生说："数据采集完了。我们在利用手中掌握的数据进行分析之前，一定要保证数据是可靠的。科学是严谨的，错误的数据会带来错误的结论，会将我们的研究引向歧途。所以，大家一定要培养自己良好的科学研究素养，养成验证数据可靠性之后再分析数据的好习惯。好了，让我们一起看看我们采集到的数据吧。"说着，他来到表格前，指着电压对应的一列数据说："在多次实验中，我们逐渐提高了电压，看，电压值是逐渐变大的。"接着，又指向电流数据说："电流的变化规律是怎样的?"学生们回答："也是增大的"。他又指向时间数据问道："做功时间的变化规律又是什么样的呢?"。这时学生们开始感觉到数据有些问题了，有人小声说："也是增大吧。"又有人说："不对啊，看后来越来越小。""怎么第二组变大了呢?"……教师看到时机成熟，马上说："大家好像对这个时间变化有争议啊，我们请一位同学来说说。"有一位学生站起来说："我觉得电压增加了，电动机应该更有劲，提升时间应减小，可第二组时间却增加了，我感觉有问题。"经他这么一说，很多学生也附和起来。这时教师说："第二组数据是三位同学一致的啊，难道有问题吗，我们请刚才计时的同学说说吧。"这时三位学生中的一位很不好意思地站起来说："我刚才测量得到的不是这个数，我看他们都这么说才这么说的。"教师听到这里，故作责备地说："这样可不好，数据是严肃的，怎么能编造呢？那就是说你的数据是无效数据了？其他两位同学呢？"剩下的两位计时的学生此时也意识到了错误，一起说："是不对，弄错了。"学生们听到这儿都笑了起来。教师对大家说："呀，那就是说我们刚才采集的几组数据中有一组无效数据，那大家说对于实验中的无效数据应该怎么处理呢?"学生们异口同声地说："排除不用。"于是，教师带领学生利用其他数据顺利得出结论。这时，台下响起了一片掌声……

在这个课例中，教师在设计教学之初，就非常明确这个实验在整个教学过程中的核心地位，所以从教具的选择和制作到实验原理的推想，到实验数据的获得，都做了大量的前期工作。教师对各种数据的变化规律了然于胸，当实验出现意外时，能马上想到数据变化的规律异常可以作为发现实验错误的指示灯，并且临阵不乱地在强调数据可靠性环节安排小活动，既巧妙地弥补实验漏洞，又用鲜活的实例对学生进行了价值观教育。可以说，在这样的预设下，精彩的生成更能将教学的精彩推向高潮。

总之，课堂教学是不断变化的动态过程，教学中，如果完全按照"预设"进行，教学的过程看起来没有任何"悬念"，课堂就会因此变得机械而呆板；如果一味追求课堂上即时的"生成"，也会增加控制和引导的难度，出现教师难以掌控的"乱课"现象。因此，我们要理性地看待"预设"和"生成"，预设要有弹性、有空间，以便在实施中容纳"生成"；预设要有创新、有土壤，精心培育精彩生成的"花"。对学生积极的、正面的、价值高的"生成"要多加鼓励、利用；对消极的、负面的、价值低的"生成"，应采取更为机智的方法，让其思维"归队"，回到预设的教学安排上来。课堂教学因预设而有序，因生成而精彩。

第三节　教学过程的程序控制和心理控制

课堂心理环境是指在课堂教学中影响学生认知效率的师生心理互动环境，它由学生的心理环境和教师的心理环境构成。

教师的有效教学行为会对课堂心理环境产生潜移默化的影响。学习的有效性建立在学生主动参与、主动建构的基础上，其关键是学生具有良好的课堂心理环境和活跃、有效的思维，教学行为的有效性与学生学习的有效性是统一的，是密不可分的。

建立和谐的师生关系是营造课堂心理环境、开发学生创造潜能并为学生提供心理安全和心理自由的基础。教师要热爱学生、尊重学生、理解学生。在课堂上，教师可以通过一个满意的微笑、一个赞美的眼神、一句鼓励的话语，使学生精神振奋。教师还可以用自己准确严密、风趣生动、丰富多彩的教学语言，创设良好的情感氛围。只有良好的课堂心理环境，才能激发学生的学习兴趣，才能让学生克服畏惧心理，使学生敢于表现自己、敢于质疑权威、敢于挑战困难。

在教学中，教师要合理地安排教学环节，预设学生在各个环节中的心理变化，及时掌控教学过程中学生情绪的变化，调整教学节奏，以达到最佳的教学效果。具体做法是：

（1）教师必须创设有吸引力的问题情境，激起学生的参与积极性，唤起学生的思维，激发他们的学习热情，从而使他们迅速地进入有效学习活动中。

（2）及时点拨疏导，调整学生的焦虑心理，提高思维调节的有效性。

（3）设计教学"空白"，激发学生的创造心理，提高学生的思维能力。

（4）强化实验功能，激活学生的动态心理，活跃学生的思维。

（5）把握知能落差，维持学生的探究心理。

（6）改变教学方式，满足学生的期待心理。

下面以"探究物体的下落"为例，看一看某校课外研究性学习如何通过教学环节调控课堂心理环境。

一、案例背景

这节探究课的主题是物体下落，教学难度较大。在课余活动中，引导学生通过自主探究对落体运动从定性观察到简单定量分析步步深入进行学习和研究，能极大地调动学生尤其是学有余力的学生的学习主动性，激发他们的创造性。为了更好地完成教学目标，降低学生探究的难度，可以设计制订学案来辅助教学，并在完成学案的过程中进行课堂调控。某校通过这种方式进行教学，取得了较好的效果。下面结合实际教学中出现的问题，就其中的几个课堂调控环节进行简述。

二、案例描述

《探究物体的下落》学案

记录你的做法和结果	收集你的想法和感受
导入： 抓尺游戏。 游戏规则：要用短尺；一方放尺，释放时只让对方看见尺子的下端；另一方抓尺。 （1）师生之间大PK。 成绩记录： 获胜的是_____。	谁是胜者？ 在各组竞赛中，胜利的一方是放尺的一方还是抓尺的一方？有规律吗？说说你的看法。
（2）同桌之间小较量。 成绩记录： 获胜的是_____。	你失败的原因是？ A. 个人能力有限 B. 被对方算计了 C. 科学道理没有用好 D. 竞争有胜有负而已
新知识学习： 一、轻重不同的物体，哪一个落得快。 问题1：哪些因素影响物体下落的速度？ 问题2：空气阻力能忽略吗？ 问题3：如果只受重力作用，谁更快呢？ 你的结论：	温馨提示： 1. 老师示范是把_____和_____从相同的高度同时释放，_____先落地。你能不能利用手头的材料实验一下？结果是_____。 期待老师更震撼的视频。 你认为震撼效果有几颗星？ ☆☆☆☆☆
二、定义自由落体运动。 请写下你的理解：	说说原来你心目中的"自由落体运动"与今天我们学习的内容有什么不同？
三、自由落体运动的性质。 你看到了： 你的猜想是： 怎样证明你的猜想？	温馨提示： 证明猜想要用什么理论？ 你知道频闪照相的原理吗？ 在生活中利用"频闪照相"可以出现哪些有趣的场景？想想看。
四、自由落体运动的规律。 结论：	再想一想： 1. 轻重不同的物体的加速度一样吗？ 2. 你能写出哪些运动学规律？

续表

记录你的做法和结果	收集你的想法和感受
五、测反应时间。 老师想准确地知道自己的反应时间，但是一直解决不了，你有什么好办法帮我解决这个困难？ 具体方法： 应用的原理：	反过来问你一句： 你的设计与今天我们学习的知识之间的最大联系是什么？

你的"自由落体运动"学习效果有几颗星？ ☆☆☆☆☆
你在本节课中思维的主动程度有几颗星？ ☆☆☆☆☆
你在本节课中的动手训练方面有几颗星？ ☆☆☆☆☆
你在本节课中与同学的协作程度有几颗星？ ☆☆☆☆☆

1. 在引入环节的调控

师生进行抓尺游戏，教师拿着一把尺的上端，学生用一只手在尺的下端准备抓住尺子。学生看到尺被释放，迅速采取抓的动作，抓到为赢。这个游戏要通过有效的控制让学生输。为了达到让学生输的结果，这里要采取两个必要的措施进行有效的控制，一是要用短尺，在实际的教学中用一把长为 12 cm 的尺；二是为了防止学生看到教师的手而提前抓，游戏时要用一本书挡住教师的手，只露出尺的下半部分。这样确保游戏能够有效地进行。学生输了游戏，个个摩拳擦掌、跃跃欲试。同桌间也可以做这个游戏（时间允许的话）。

教师引入问题，下面是师生对白。

教师：为什么抓不到尺子？

学生：尺落得太快了，来不及反应。（实际教学中学生能够总结出类似的结论）

教师：抓不到是因为反应时间比尺从手中落下去的时间长，反应时间就是从发现尺被释放到实施抓尺动作所经过的时间。你的反应时间是多少？能不能利用尺子的下落运动测量一下你的反应时间？尺子的下落运动是一个怎样的运动？通过这节课的学习，我们尝试着解决这些问题。

此环节的关键在于：通过让学生输，迅速激发学生的"斗志"，尽快引出本节要研究的问题。

2. 在指导探究活动中的调控

教师可以先和学生交流一下对下落物体运动规律的"感性认识误区"。学生对落体运动的快慢的认识主要来自生活中的观察和体会，多数学生的第一反应是重的比轻的落得快。早在公元前4世纪，亚里士多德就认为物体下落的快慢是由它们的重量决定的，物体越重下落越快。这样的现象随处可见，是容易被大众认知并接受的。

在这个环节，教师为学生准备了一块橡皮泥和两个可以用手捏扁的塑料泡沫，让学生通过对实验的观察，分析和总结哪些因素影响物体下落的速度。在教学中学生自行设计对比实验，在教师的提问引导下通过观察和讨论得出正确的结论。

教师做实验，把橡皮泥和泡沫从相同高度同时释放，出现意料中的结果，橡皮泥落得快。（这个实验既可引入问题，又让学生通过对比来比较下落速度）

师：总是重的物体下落得快吗？

生：不一定。

师：能通过实验说明你的结论吗？

学生自行设计实验。

学生实验1：把橡皮泥分成大小两块，对比实验发现似乎一样快（无法鉴别谁更快）。

学生实验2：把泡沫捏实，捏成球，和橡皮泥对比下落快慢，也看到一样快。或者把泡沫捏成球，和另一个泡沫对比下落快慢，看到质量几乎相同的泡沫下落速度明显不同。

师：把泡沫捏成球，这是一个非常有创意而且非常有价值的想法，不改变泡沫的轻重，但改变了泡沫下落的快慢。（在课堂上学生往往想不到这些，教师指出其差别有利于增加课堂调控的效果）有时轻重物体似乎是一样快，（不能急于断言一样快，只是观察到似乎是一样快）有时重的更快。那么是什么影响了前后两种情况下的泡沫的下落速度呢？

生：空气阻力。

师：亚里士多德的观点没有明确空气阻力对下落快慢的影响。可是空气阻力是一个很复杂的问题，受物体的速度、体积和形状的影响。研究问题要从最简单、最基本的问题入手，然后再由简入繁，那么在研究落体运动时是否可以把问题简化，忽略空气阻力呢？如果可以，那么任何时候都可以吗？

学生讨论。得出结论：与重力相比，如果空气阻力远远小于重力，那么它对物体下落快慢的影响会非常小，此时就可以忽略这一因素，认为物体只受重力。

师：在忽略空气阻力的条件下，是不是越重的物体下落得越快呢？

生：通过大小橡皮泥同时下落的对比实验，看上去好像是一样快。

师：也可能是因为下落的高度不够，下落的时间过短，使我们无法鉴别。为了解决这个问题，老师做了这样的实验。[播放实验视频：从5层楼的高处把一个5 kg和一个3 kg的铅球同时释放（见图6），画面可以暂停（见图7），来比较两个铅球下落的快慢]

图6　全景　　　　　　　　　　　　图7　暂停画面

114

这个环节视频效果清晰，增加了学生的感性认识。学生对于轻重物体在空气阻力可以忽略时下落的速度是一样的结论有一个深刻的认知，留下深刻的印象。

3. 在拓展环节"频闪照相——定量求证"中的调控

这个环节选择科学而严谨的频闪照相的办法，是对已经取得的探究结果进行拓展，初步进行定量分析的环节。学生不容易理解频闪照相的原理，如果处理不好，很容易分散学生的注意力，无益于学生对物体下落规律的认识甚至会使已经取得的教学效果大打折扣。利用学案设计问题和情境，对学生的注意和思维方向进行调控，就可以把学生的好奇转化为学习的动力，提高教学的有效性。

教师利用给学生拍摄挥手动作的环节让学生理解频闪照相。这样的照片（见图8）引起学生的兴趣，随之进行说明：频闪照相就是在同一张底片上呈现出运动物体间隔相等时间所在的不同位置。这样撇开了频闪照相的原理，直接切入 $\Delta x = aT^2$ 的主题。接着在教学中给学生呈现现场拍摄的小球下落的频闪照片（见图9），使学生初步理解物体的下落是一种越来越快的变速运动。

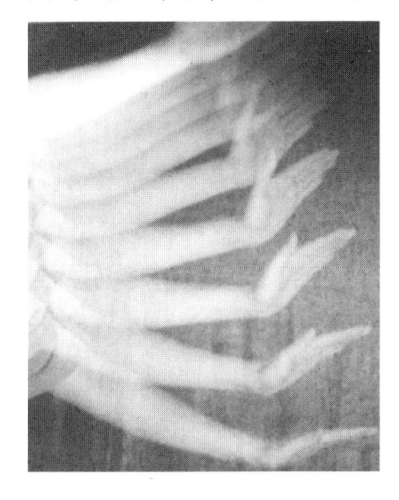

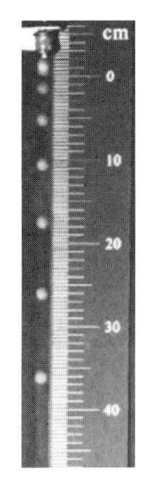

图8　　　　　图9

4. 在实践活动"测反应时间"中的调控

在学案设计中，留给学生的问题是让学生想办法测一下教师的反应时间。引导有余力的学生根据本节所学内容结合课前的抓尺游戏，通过选择长尺对照频闪照片估计教师的反应时间。这个环节要培养学生严谨和科学的实验思想，对本次探究活动起到了画龙点睛的作用。

三、案例分析

作为一次"学案导学式"课堂调控的成功范例，这一课例中，学案设计的成功之处主要体现在以下几个方面。

（1）教师在学案设计中对课堂调控的"点"即课堂调控的时机把握得较准。教师能够在学案设计中，利用适当的游戏（小竞争）、视频构建多样而生动的学习情境，调动学生的积极性和主观能动性，实施课堂调控。如在导入环节设计活动，通过让学生输迅速激发学生的"斗志",尽快引出本节要研究的问题,并引导学生思考胜负的原因。学案提供了四个选项让学生选择:A. 个人能力有限;B. 被对方算计了;C. 科学道理没有用好;D. 竞争有胜有负。实际上既节省了学生思考的时间,避免了在导入环节花费过多的时间,又达到了启发学生思考、导入新课的目的。这样的调控在整节课中有多处体现,如利用视频的"震撼性"创设的情境来吸引学生的注意力,利用预设的难题来引发学生思考等。这些调控体现出教师善于预想课堂进程中的亮点,善于把握各种时机,从而在课堂设计中,利用丰富生动的情境,对学生的学习和探究给予适当的诱导和点拨,加深了学生思考的深度,开拓了学习的广度,取得了很好的教学效果。

（2）教师在学案设计中对课堂教学的节奏进行了很好的调控。课堂调控要能够把握合理的课堂教学节奏,根据教学内容、教学环节的安排与学生的接受能力做到起伏错落、张弛有度、流畅自然。这节课的知识密度较大,难度较高,容易造成学生思维的倦怠,降低教学的有效性。因此,在学案中教师将教学活动分成了几个环节,每个环节的教学情境各有不同,吸引了学生的注意力,使学生的关注度总能维持在较高的水平上。另外,教学进行到三十分钟左右时,学生的注意力往往会出现一个低谷,这时教学正处于"频闪照相——初步定量分析"这一环节,难度较大,学生更容易出现疲惫感。这时,教师采用了给学生拍摄挥手动作的小环节,让学生了解频闪照相。当挥手照片呈现在学生眼前时,教师马上分析频闪照相的含义。这样撇开了频闪照相的原理,直接切入了主题,避免学生陷入更加烦琐的思考中。另外,与之配合的是教师在学案中设计了一个小思考题,让学生想象在生活中利用频闪照相的有趣场景,调动了学生的情绪,降低了学生的倦怠感。

（3）学案设计还多处体现出教师对学生学习的兴趣、情绪等因素的调控。如温馨提示、震撼效果指数、自我评估等环节的设计,都说明教师能够把握学生的能力、兴趣、态度,力求学案设计与学生的情绪态度合拍,让学生充分开发潜能、发挥主观能动性。这些设计说明教师在教学中关注三维教学目标的实现,落实了对学生情感态度的引导和培养,通过学案的细节设计进行了有效的课堂调控。

学生的"乐学"是建立在教师"善教"的基础之上的。只有学生"乐学",教师才算实现真正意义上的课堂心理调控,才能称得上实施了有效教学。

第四节 学科德育

《中共中央关于改革和加强中小学德育工作的通知》中提出:"德育要与传授科学文化知识相结合,渗透、贯串在各学科教材和教学过程中","各科教师均要教书育人,寓德育与各科的教学内容和教学过程中的各个环节之中","理科教学要注意培养学生学习实事求是、勇于探索的科学精神,帮助学生学习和树立辩证唯物主义的一些基本观点"。

物理学科的德育范畴应包括以下五个方面：辩证唯物主义教育、爱国主义教育、科学态度教育、科学思想方法教育、积极健康的个性品质教育。

（1）利用物理规律本身进行辩证唯物主义教育。物理规律本身包含哲学思想，教师在传授知识的同时，要对学生进行辩证唯物主义教育，培养学生科学的世界观和方法论。如讲温度计时，告诉学生"人体感觉到的温度的高低往往是不准的，需要借助科学的测量工具——温度计，才能准确知道温度"，讲光的折射时，告诉学生"人看到水下的筷子弯折了，实际筷子并没有弯折，我们看到的只是筷子的虚像"，这些知识让学生理解唯物主义物质观：事物是客观存在的，不以人的意志为转移。讲摩擦力时，问"摩擦力到底是有利的还是有害的"，帮助学生分析摩擦力在不同情况下扮演不同的"角色"，需要增大有益摩擦减小有害摩擦，让学生理解辩证认识论：事物都有益处和弊端，我们应该利用已经掌握的物理规律扬长避短、改善生活。讲宇宙是由物质组成时，说明"一切物质都在运动"，讲机械运动时，说明"选取的参照物不同，物体的运动状态也随之不同"，让学生理解辩证的发展观：一切事物都是运动的，运动是绝对的，静止是相对的。讲水的沸腾时，说明"水吸收热量，温度升高，达到沸点会沸腾"，让学生理解量变质变规律：量变的积累引起质变。讲欧姆定律时，说明"电压是形成电流的原因，电阻对电流有阻碍作用，电流的大小同时受到电压和电阻的影响"，让学生理解对立统一规律：任何事物都存在内部矛盾，内部矛盾推动事物的发展。

（2）通过介绍科学家热爱祖国的事迹进行爱国主义教育，通过介绍我国历史上的科学技术贡献和现代科学技术成就培养民族自豪感和社会责任感。如讲"磁现象"时，介绍我国古代四大发明及沈括发现磁偏角对世界文明的贡献；讲"核能的应用"时，介绍我国科学元勋邓稼先的爱国事迹；讲"噪声"时，提醒学生关注环境保护，提倡可持续发展。

（3）科学态度教育就是让学生在学习物理知识、经历科学探究的过程中体验到：物质世界存在客观规律，这些客观规律是可以认识的，寻求客观规律必须实事求是，不能主观臆断。如在实验教学中，强调对实验现象和实验数据要实事求是，不能为了符合规律而捏造数据。

（4）科学方法是一种正确的思维和行动方式，是人们认识、适应、利用自然的有效工具。物理教学中的科学方法教育就是要充分展现物理知识的形成过程，让学生在实验探究的过程中体验科学地认识世界、解决问题的方式和方法。如在实验探究教学中，教师带领学生经历"提出问题——猜想假设——设计实验——进行实验——分析论证——评估——交流"的过程，掌握控制变量法、转换法、类比法、等量替换法等解决问题的方法。

（5）物理教学要培养学生积极健康的个性品质，包括几个方面：认识自然、探索自然的兴趣，大胆质疑的习惯，对真理的执著精神，善于交流合作的品质等。

教师在贯彻物理学中的品德教育时，要寓德育于物理，不能按图索骥、照本宣科，更不能生拉硬拽、流于说教，使学生反感，起到负面效果。下面是一节"电能"课，这位教师在教学过程中渗透品德教育。

环节一：我们周围到处都存在着能量，而电能很容易转化为我们需要的各种能量，为我们服务（通过学习能量之间的相互转化原理，让学生认识到事物之间是相互联系的）。

环节二：电能的测量——了解电能的单位及电能表。介绍单位时，用演示的方法告诉学生一焦耳的能量相当于把一个小苹果匀速举高一米所消耗的能量；而一千瓦时的能量相当于把这个小苹果匀速举高一米的动作重复三百六十万次——通过等量替换，让学生将书本知识与生活联系在一起。

环节三：电的来源，介绍我国各种类型的发电机——了解我国的科技发展水平。

环节四：介绍世界矿产资源的蕴藏量和估计开采年份，组织学生讨论"我为国家找能源"。结合大屏幕上的中国地图，让学生联系地理课上所学的知识，在不同的地区建立不同的新型发电厂。有的学生说新疆地区风力资源大，可以建风力发电站；有的学生说拉萨是"阳光之城"，可以建太阳能发电站；有的学生说长江、黄河流域水力资源丰富，可以建水利发电站；有的学生说余杭地区潮汐景观壮观，可以建潮汐发电站等（让学生"因地制宜"地找能源，既能让学生理论联系实践，又能激发学生为国出力的热情）。

环节五：演示实验——测量干手器每使用一分钟大约消耗的电能。用一个吹风机模拟干手器，将它单独连在电能表上，利用摄像头将电能表的转动情况在大屏幕上"直播"，让全班学生一起测量一分钟内电能表转了多少转，计算出消耗了多少电能（通过学生自己参与设计实验，让学生感受实事求是的科学精神）。

情境设问：一个麦当劳餐厅中的干手器一天如果使用200次，一天消耗多少电能？一年消耗多少电能？全国所有麦当劳餐厅中的干手器一年消耗多少电能？全国所有餐厅中的干手器一年消耗多少电能？

环节六：介绍一千瓦时电能的作用，联系有关餐厅干手器消耗电能的问题，让学生认识到节约的必要性（关注环境保护）。

环节七：组织学生讨论"我是国家小主人，我为节电作贡献"的话题。教师通过对学生节电方法的评价，让学生认识科技节能（节能灯泡、节能用电器）和行为节能（人走灯灭、不使用干手器）两种节电方式（让学生体会分析问题的方法，培养他们解决问题的能力）。

第五节　实验探究合作指导

探究是多层面的活动，包括：观察；提出问题；通过浏览书籍和其他信息资源发现什么是已经知道的结论，制订调查研究计划；根据实验证据对已有的结论做出评价；

用工具收集、分析、解释数据；提出解答、解释和预测；交流结果。探究要求证明假设的论点，进行批判和逻辑的思考，并且考虑其他可以替代的解释。由此可见探究的含义之广。

物理是一门以实验和观察为主的学科，从生活中引出材料，通过实验探究其中的物理规律和原理，所以说实验是学习物理学的重要途径。

以往中学物理教学普遍存在的重讲解轻实验、重结果轻过程、重传授轻启发的现象，致使实验的探究性、学生的创造性无法得以体现，也造成了学生创新精神和实践能力的严重不足。《课程标准》的提出和推进，就是要改变这一现状。《课程标准》倡导学生主动参与、乐于探索、勤于动手，注重培养学生分析问题、解决问题的能力，构建知识与技能、过程与方法、情感态度与价值观相融合的课程目标体系。因此，在教学过程中，教师首先要考虑学生的主体地位，在"探究"实验教学过程中引领学生积极主动地去分析问题、解决问题，以培养他们的科学探究能力和创新能力。探究式学习提倡"以学生发展为本""强调科学探究过程"的课程理念，科学探究既是学生的学习目标，又是重要的教学方式之一，让学生亲历以探究为主的学习活动，是学生学习物理的重要途径。科学探究活动在物理教学中处于极为重要的地位，它包含提出问题、猜想与假设、制订计划与设计实验、进行实验与收集证据、分析与论证、评估、交流与合作等要素。如何在现有条件下积极转变教学观念，以新课标的理念指导和改进我们的教学，为学生创造良好的探究学习机会，使他们真正体验到学习的乐趣，自主地获取科学知识，从而形成正确的科学态度，是每位教育工作者应该思考的问题。要解决这些问题，教师要从多方面入手，但从探究式教学的结构来说，即从教学系统四个组成要素（教师、学生、教材和教学媒体）相互作用的特征来说，探究式教学是一种"以学生为中心"的教学结构。由此出发，教师应把握好两个定位，做好两方面的工作。

1. 将自己定位为学习的服务者，以提高学生科学素养和研究能力为目标，为学生的学习做好课题选择、情境创设、难点点拨等工作

学生在探究活动中相对自主的学习是需要一定的基本能力的，但不同的学生情况不同，教师不能坐等所有的学生都具备基本能力之后再展开探究教学。一节课的时间有限，通常只有四十几分钟，放开来让学生探究，必然会出现很多学生不能完成探究过程的问题，教师还要通过各种方式进行"补救"，最终使师生产生"物理实验探究课时间不够用，是一种费时、费力的教学"的感觉。其实，这是因为教师没有起到应有的服务作用。教师想要成为学生探究活动的合格服务者，就要为学生与探究课题之间铺设更通畅的道路，让每个学生都能依靠自己的能力不断努力、走完全程。

具体来说，教师应做好这些工作：选择针对学生情况、更适合提高学生科学素养和研究能力的内容为探究课题；设计巧妙、生动、有启发性的探究情境吸引学生；引导学生发现突破探究阻碍的关键点；适时评价探究活动中学生的得与失。可以看出，

这些工作有一个核心命题，就是教师是通过创设探究情境并通过在此情境中为学生的探究服务来体现自身价值的。教师创设探究情境的作用，就是以探究实验为手段，引导学生自己去探索发现。

教师应该怎样创设"探究情境"呢？

(1) 引导学生"发问"，建立探究情境。

著名学者李政道博士曾经指出："我们祖先提出了'学问'两个字，就是要'学问问题'，不是'学答'。现在很多青少年很注意'学答'，而不是'学问'。"美国教育家布鲁巴克也认为："最精湛的教学艺术，遵循的最高准则就是让学生自己提问题。"所以，对日常教学来说，"探究情境"的创设关键在于引导学生提出问题。比如，在"发电机"一节的教学中，学生在实验中分析直流电动机中换向器的作用后，教师可引导学生发问，如"如何把交流发电机改装成直流发电机？此时换向器的作用是什么""在直流发电机中，线圈中和线圈外的电路中分别是什么电流""交流发电机和直流发电机有什么不同"等。

(2) 利用与实验"相悖"的情境来创设悖论情境，可以让学生产生认知冲突，使思维处于激烈的不平衡状态，从而使学生去探索发现。

①在"理论——实验"相悖中设置探究情境。如在"用伏安法测电阻"实验中，学生通过改变小灯泡两端的电压测量电阻值。在实验中，学生发现不同电压下测得小灯泡的电阻值并不相同，这个结论与学生已有的"决定导体电阻大小的因素"理论相悖，于是学生很自然地提出问题：本实验测量方法是否准确？实验数据是否可靠？小灯泡的电阻为什么不是一个定值？它受到什么因素的影响？以上问题的发现和提出都可以引发学生的进一步探究。

②在"经验——实验"相悖中设置探究情境。例如，在教学"蒸发吸热"时，可让一位学生手中拿一支与室温相同的干燥温度计，另一位学生用扇子对着他和温度计扇，这位学生会提出以下问题：风吹到人脸上为什么会感到凉？吹来的风是"凉"的，但温度计示数为什么不会下降？然后让这位学生换一支用蘸有酒精的棉花球裹着玻璃泡的温度计，重做以上实验，这时他观察到温度计示数明显下降，此时又可提出问题：温度计示数下降的原因是什么？为什么两次实验的结果不同？

又如在"额定电压和额定功率"的教学中，可以设计这样两个实验：一是把"220 V 60 W"和"220 V 100 W"两灯串联后接到220 V的电路中。二是把以上两灯并联后接到220 V的电路中。通过比较两灯的亮暗，学生提问：额定功率大的灯泡，为什么有时反而更暗？在什么条件下，额定功率大的灯泡一定比额定功率小的灯泡亮？决定电灯亮暗的因素是什么？

(3) 利用开放型实验引导提出问题。

开放型实验，或条件开放，或操作方法开放，或实验目标开放，为学生的探究活动提供广阔的"空间"。教学中利用开放型实验创设探究情境，有利于培养学生思维的发散性。

例如，要求学生设计"测定一个鸡蛋的密度"的实验方案。这是一个完全开放的定量实验，学生根据已学过的知识，提出各种测定方案，然后教师引导学生对各种方案展开讨论，引导学生探究：各实验方案的原理是什么？分别需要测定哪些物理量？需要哪些器材？以上各方案中哪一种操作既简便又精确？还有没有更好的实验方案？学生针对各种方案的科学性、可行性、精确性提出各种各样的问题，最后达成共识，使探究得到最佳效果。

（4）运用问题变式设计实验，设置探究情境。

当学生顺利解决一个题目后，引导学生思考提出问题：解题的关键是什么？适当地变换题中的条件或结论，能否将命题做进一步的推广与引申？

例如，在学生做了"用伏安法测电阻"实验后，可以设计这样一个实验：把原仪器中的电流表换成已知阻值的定值电阻和电压表，测出待测电阻的阻值。教师引导学生分析讨论后，学生提出以下问题：此时电压表和定值电阻相当于什么？若用两个电流表和一个已知阻值的定值电阻，能否测出待测电阻的阻值？若只用一个电压表（或电流表）和一个已知规格的滑动变阻器，能否测出电阻？以上各实验方案，如何设计？

在引导学生进行探究的过程中，教师应创设活跃、开放的教学氛围，带领学生走入生动的探究情境中，对提出有价值、有创意的问题的学生应及时给予鼓励和表扬，对提出不符合教学需要的过浅、过难甚至离奇的问题的学生及时给予引导。总之，教师要做好学生探究活动的服务者，营造有趣的、有启发的、宽松的、友好的学习气氛，使物理探究教学的氛围焕然一新。

2. 将学生定位为课堂的主人，以保证学生合作探究活动的顺利有序进行，为学生的合作探究活动做好组织、引导工作

学生的探究通常是合作进行的，每个学生的发展水平、兴趣爱好不同，对同一事物有不同的理解和认识，合作探究能够促进学生在学习上互相帮助、共同进步。同时，探究活动可以锻炼和发展学生与人交往、合作的能力，符合《课程标准》所倡导的三维教学目标的要求。合作不仅仅促进学习，还铸就人格，这种人格特征表现为一种兼容并蓄、宽容大度的态度，对事不存有偏见，能正视自己的缺点，也能接受别人的意见，尊重他人的成果。

教师要做好学生合作探究活动的组织、引导工作。主要表现在三个方面：

（1）要培养和激发学生合作学习的态度和意愿，营造民主、平等、互相尊重的学习氛围。

（2）要对小组合作学习进行必要的组织和引导。比如，在探究"凸透镜成像"的实验中，小组中的学生要进行具体分工，有动手操作的，有记录的，有观察现象的，有收集材料的等。教师要深入小组合作学习中去，注重教给学生合作学习的技巧和组织讨论的要领，有针对性地提供具体的帮助；要制止小组合作学习过程中个别学生的

"霸权"行为，扩大学生的参与面，努力使所有合作成员都有表达机会。

（3）要鼓励成员发表独特见解，积极肯定和赞扬合作学习的共同成果，善于把个人或小组的创造性观点转化成全班学生的集体智慧。

总之，教师要在科学探究的教学活动中把舞台留给学生，做好引领者，让学生在合作学习中彼此进行充分交流、切磋，相互争论，相互启发，创造良好的"合作交流"氛围，充分调动学生思考的积极性。在引导学生开展讨论和交流中，让学生发表自己的探究成果和方法，倾听他人的探究经验，进行客观的比较和鉴别，不断改进自己的学习方法，克服独立探究中的片面性和局限性，促进对所获得知识的正确、全面的理解，从而使自己的探究能力得到进一步的提高。

第六节 课堂效率

课程改革对物理教师提出了新要求和新挑战。随着新课改的全面推进，教师努力将物理实验的探究过程、以学生为主体的教学理念引入自己的课堂教学，但是通过一段时间的教学实践，发现教学中出现了一些新的问题，因此也产生了一些困惑：物理课教材新、容量大、课时紧，时间不够用怎么办？采用了新方法、新理念，提高了学生的积极性，但是学生却没有把注意力集中到物理知识的学习上来怎么办？教材要求高，如何达到高效率教学？

造成以上困惑的原因是多方面的，但对于教师而言，可能是自己在实际教学中还存在一些问题而使课堂效率不高，主要问题有以下几种：

（1）目标模糊，教学随意。每个教师都明白教学目标的重要性，但在写教学计划时，一些教师却不假思索地把教参上的教学目标直接"搬来"，往往忽略具体教学环境。对于某个知识内容要求"了解""认识""理解"还是"掌握"，教师本人尚且模糊不清，必然导致教学的随意性。举例来说，"浮力"一节的教学目标是"了解浮力是怎样产生的"，即了解浮力是存在的，浮力作用于漂浮、悬浮在水中的物体上，也存在于下沉的物体上，浮力的方向是竖直向上的，但在实际教学中，教师用了大量时间讲解浮力是由上下表面的压强差产生的，变换题型计算上下表面的压力大小。这样去认识浮力枯燥无味，而且计算难度大，容易让学生失去学习的兴趣。

（2）情境牵强，追求形式。新课标新理念指导下的物理课堂教学，强调了导入阶段的趣味性、探索性，但在实际教学过程中，有些教师在导入阶段只注重趣味性而忽略了科学性，只注重去演示实验而忽略了时间和实效。有些视频、图片、动画与主题联系不大，在课堂引入这些材料既浪费时间又分散学生精力，最终影响课堂教学的实效。如在讲"液体压强"时，有的教师在刚开始上课时播放了一段电影视频：战舰上的士兵投放了深水炸弹攻击水下的潜艇，爆炸之后水花四溅。学生看了之后不知道这与液体压强有什么关系，而有的学生把注意力放在爆炸后的效果上，有的学生甚至开始小声议论起来。

（3）活动盲目，教学随意。新课标要求改变以往课堂过于强调接受学习、死记硬背、机械训练的现状，要求教学活动以学生为主体，让学生参与教学活动，通过观察自己去发现物理、应用物理，但这并不意味着教师就可"缺位"。有些教师只图课堂气氛活跃，完全忽视基本知识和基本技能的训练和培养，在课堂上看不到有效的反馈活动。有的教师提出一些显而易见或不着边际的物理问题让学生分组讨论，表面上看是全体学生参与，但实际上则是一盘散沙，毫无实效可言。还有些教师认为某个实验非常好，就不管是否合适都安排在自己的教学中，结果不但浪费了有限的课堂活动时间，还违背了教学规律。这些随意性、盲目性的教学活动严重影响了课堂效率。

（4）节奏松散，效率低下。课堂教学节奏松散是影响课堂效率的原因之一。在物理课堂教学中，有些教师安排的教学环节颠来倒去，一会儿补充前面，一会儿提前透露后面，教学活动松松垮垮；学生要么已经讨论完毕还得不到讨论结束的指令，要么还没讨论出所以然就匆忙停止，要么正在激烈讨论教师却突然插话。有的教师导入新课占用大量时间，而对新知识只是一言带过；有的教师对活动解释过多，而让学生参与活动的时间很少。这就导致一堂课上，学生只是在松散、凌乱的课堂教学活动中度过，没有掌握多少"有价值"的物理知识。

（5）滥用课件，忽略实效。恰当、合理地使用多媒体课件，对调动学生情绪、提高学生学习兴趣能起到良好的作用，但有的教师则是滥用多媒体课件，有的甚至只是为了作秀，结果课堂上教师手忙脚乱，学生眼花缭乱。有的教师把过多时间和精力放在制作多媒体课件上，忽略对教材的钻研、教学的设计和思考。有些教师只为课件画面的精美，把一些与教学无关或关系不大的内容放在课件中，从而浪费了大量的课堂教学时间。

为切实提高课堂效率，教师要努力做到以下几点：

（1）站在统观全局的高度来审视教材和确定教法。一名优秀的教师对教材有相当强的驾驭能力。只有掌握先进的教学理论，深刻领会教学大纲，拓宽知识面，提高课堂调控能力，才能设计并实施高效率的物理课。

（2）教师充分备课并布置学生预习。备课包括备教材、备学生、备实验、备板书等。教师在备课时，要确定一节课的教学目标，找出教学重点和难点，设计教学环节要突出重点、突破难点。备课越充分，教学设计得越详细、越合理，课堂教学效率就会越高。

（3）充分发挥学生的主体作用。为此，一要使学生明确学习目的，认识到学习的重要性；二要运用鼓励、表扬、批评等手段，帮助学生克服自卑、树立自信、改掉不良习惯；三要传授学习方法，指导学生创造性地学习；四要合理利用有趣的实验、幽默的语言、夸张的动作表情激发学生的学习兴趣。只有这样，才能把学生的主体地位落到实处。

（4）把握好教学节奏。为了提高课堂教学效率，教学内容必须有一定的广度、深度和密度，这就要求教师把握好节奏，如讲解难点时放慢速度，过渡性内容可快速跟进等。另外，鉴于理科教学的特点，教师在精讲物理知识后，应组织适量的反馈练习，让师生都能了解学习效果。

（5）及时捕捉教学中的反馈信息。教师通过反馈练习及时掌握教学情况，采取不同的矫正、补救措施，以保证课堂教学效率的整体提高。

（6）采用恰当的课堂活动组织形式。根据具体情况选择合理的课堂活动组织形式，使更多的学生参与教学活动。

第七节　分层次教学的实施

所谓分层次教学就是指教师从实际出发，根据学生的基础知识、学习能力、学习风格、个性特长的差异，将学生分为几个子群体，尽量使情况类似的学生处于同一群体内，以便在开展教学时能有针对性地给予具体有效的指导，使每个学生都能得到全面、自由、优化的发展。这种组织教学的形式就叫做分层次教学或分层次教学法。分层次教学与因材施教既有区别又有联系。因材施教是一种教育思想，可以运用于教育教学活动的全过程中，体现在对学生个体进行教育的每个环节上，而分层次教学是在这一思想的指导下形成的具体的教学组织方案。

《课程标准》指出，义务教育阶段的物理课程"应以学生终身发展为本，以提高全体学生的科学素养为目标，为每个学生的学习和发展提供机会"。可是在教学实践中，学生在物理学习能力方面存在着较大的差异。造成差异的原因有很多，如学生的先天遗传因素、生长生活环境、教学环境和条件等，这些对学生学习能力的形成起着重要作用，所以学生所表现出的物理能力有明显差异也是正常的。无视这一点，教学就会"顾中间、丢两头"，物理学习能力强的学生的潜能得不到充分发挥，能力稍差的学生就可能变成了后进生，部分学生成了陪读、陪学，得不到应有的发展，这与新课标的要求是不相符的。教学既要注意确保学生的共性需求，又要顾及学生的个性发展，所以进行分层教学的实施确有必要。

需要指出的是，分层次教学不等同于分班教学。有的学校在学生进校时进行分班考试，按学生的学习情况分别编入不同的班级，在教学要求、师资安排、教学资源的分配上不同的班有不同的标准。这样的做法可称为分班教学。虽然分班教学的出发点也是"因材施教"，但有这样几个弊端：一是有违教育的公平性原则。在校的每个学生都享有同等的受教育的权利，有平等的利用教育资源的权利，分班教学显然有违这一原则。二是不利于学生的可持续发展。在教育教学的进程中，学生是有发展变化的，进校时的一考就决定该学生在校的整个学习阶段的学习环境，每个学生进校后都被贴上了"标签"，尤其是在分班考试中成绩不理想的学生，他们可能会丧失对学习的信心。三是分层手段过于单一。分层的标准只是学生的学习成绩，不能综合地考量学生的学习能力、学习风格、个性特长等因素，有违科学性原则。所以，分班教学是一种很有争议的教育体制，各级教育主管部门也曾多次叫停这一做法。显然，这不是真正意义上的分层次教学。

分层次教学的实施应是在尊重教育公平性原则的前提下，在日常教学的各个环节中进行的一种教学方式。下面以初中物理中的分层次教学为例具体来阐述。

1. 备课分层

备课从教学要求、教学内容、教学时间、教学步骤、教学方法等各方面都应坚持与不同层次学生的实际相适应。如学生的接受能力不同，课堂的容量应有所不同；学生的学习基础有差异，在课堂提问、例题讲解、巩固练习上应有所区别。备课强调针对性，既保证"面向全体"，又兼顾"提优""补差"。

2. 授课分层

在具体课堂教学中应改变授课形式，在一节课中就时间安排进行分段，就学习内容进行分工，就评价方法进行分类。具体的课堂结构可以分合交替、有分有合、相互结合。如先分类自学，再集体讲授，然后分层质疑、分类指导或分类练习，再集体归纳，最后给予分层评价。这样，教学过程能自然地将分层教学融入预习、新授、质疑、辅导、巩固、小结的教学程序之中。

如在"凸透镜"一节的教学中，教师可以布置预习任务，分别给不同的学生群体布置"预习课本内容""搜集各种资料，写一篇《我用透镜能干啥》的小文章""用小纸盒做一架照相机模型"等不同任务，对不同基础、不同能力的学生给出不同的要求。上课后利用学生的预习成果导入新课，完成凸透镜基本概念的教学，进行课堂提问或利用实验归纳规律，让不同群体的学生根据自己的学习情况进行回答或表述，再分别对不同群体的答案或结论进行点拨指导。下课前根据课标要求对凸透镜的相关知识和能力要求总结本节课所学知识，并指出不同情况的学生在课后应通过巩固和练习达到什么样的要求。最后对不同群体的学生布置不同的作业以进行分层次的评价。

3. 作业分层

作业分基本作业和分层作业两类。基本作业可以根据《课程标准》统一标准、统一要求，面向全体学生，即使是学困生经过努力也必须完成。分层作业可以这样布置：对学有余力的学生群体，不能仅限于教材的基本内容，设计要求较高、难度较大的题目，开拓他们的视野；对基础知识和基本能力都在中等的学生，作业布置应以巩固所学知识为目的，设计相应的习题，作业目的落在使之熟练掌握应用应知、应会的教学内容上；对学困生，应将作业内容限制在教材以内，适当放缓坡度，将难度较大的练习分解或给予具体提示，这样，既能缓和学困生学习困难的状况，切实减轻学困生过重的课业负担，又能在一定程度上增强他们求知的积极性。

4. 辅导分层

辅导应是实行分类型、多形式的辅导，应侧重于完成阶段性的学习任务，培养学生的自学能力。教师可以利用课余时间多形式、多层次地进行辅导。具体地说，对学困生应采取个别辅导或几个学生组成小组进行辅导的方法，辅导内容从基本知识开始，重在使学生在教师的指导下学会如何去完成基本的学习任务，掌握基本的学习方法，逐步形成自学能力；对中等生可组织他们组成学习小组，采用分组讨论、教师提示的方法，促使中等生相互取长补短，逐步提高自学能力；对优生则适合通过社团活动、讲座、学科竞赛等形式，引导他们自发地形成学习探究团队，进一步激发他们的求知欲和上进心，辅导的内容以可接受为原则，可不拘泥于教材教学要求，主要培养其思维、操作、想象、创造的能力。

5. 评价分层

平时的考试、考核也应根据《课程标准》的要求和各层次学生的教学目标命题，实行分类考查。可在每份试卷中区分基本题、提高题和附加题。基本题面向全体学生设计；学困生可以先不做提高题；附加题供学有余力的学生选做。在试卷中合理地把握好三类题的比例，做到各有兼顾。分类考查后，对不同层次的学生群体要给出不同的及格线和优秀线，对每个层次群体中达标的学生都要给予肯定、鼓励，让学生体验成功的喜悦，确保各类学生都能达到各层次的教学目标。

当然，最后的总考试如毕业考试、升学考试是不可能有不同的要求的，那时的尺子只有一个，也许有的学生，尤其是学习基础较差的学生，可能会质疑多标准评价的实际意义。那么如何解决这个问题呢？其实，只要平时的分层次教学不是走过场，能真正落到实处，并且在学生在校学习的几年内都坚持执行的话，每个学生都能在自己层次的群体中体会到成功的喜悦和成长的快乐，学生总体水平就会不断提升。最后，理想的结果就是每个层次的学生都能通过这把尺子的考量，在自己原有的基础上取得更大的进步，那么分层次教学就真正地取得了成效。

专题四　教学研究

第一节　教学中的说课、听课、评课和教师的自我反思

一、教学中的说课

说课是以教育理论和系统科学为基础，有利于提高教师的理论素养、驾驭教材的能力和语言表达能力的一种教学活动，由于它具有不受场地限制、避免干扰学生、操作简单快捷等优势，对提高教师的教学水平、推进教育改革很有帮助。

授课教师通过说课活动，说明自己的教学意图，说明自己处理教材的方法和目的，与听课教师产生互动，从而使教研主题更明确，重点更突出。具体来说，说课能提高教研活动的实效，提高教学效率，提高教师备课的质量。

说课要求教师具备一定的理论素养，这就促使教师不断地去学习教育教学的理论，提高自己的理论水平。说课还要求教师用语言把教学思路及设想表达出来，这就促使教师不断提高自己的语言组织能力和表达能力。

在教学实践环节中加入说课形式，课前的说课可以完善教师的教学设计，课后的说课可以让其反思教学过程中的得与失，促进其专业成长。另外，说课通过"说"与"评"，增进了教师间的合作、交流，培养了广大教师的探究精神。在实际教学中，要提高教师的教学业务水平、教学能力，必须把说课与集体教研、优质课等形式结合起来，只有这样，才能从整体上提高教师教研的水平。

根据课堂教学要素，说课一般按说教材、说教学、说学法、说教学过程四个环节进行。

说课中的"教材"，指的是本节课在规定时间内所要讲的教学内容。在这一环节，说课人要对本节教学内容在教材中的地位以及同其他知识的联系进行分析，并根据《课程标准》的要求，说明本课时的教学目标（三维目标）、教学要求、教学重难点及其确立的理论依据，阐述在教学过程中应如何挖掘教材的思想性。另外，教师还要说课程的开发与课程资源的利用，即要说明如何将文本课程与社会现状、科技发展及学生生活紧密结合，使教学过程成为课程开发与创新的过程。

说教法就是要说明教师在本课的教学过程中准备采用的教学方法及理由。教学方法要体现以教师为主导、以学生为主体、以思维训练为主线的原则。教学方法是为教

学目的和内容服务的，同时也是教学思想和教学原则等教育科学理论的具体体现。根据教学内容和教学目标确定自己的教学方法是教学的基本要求，也是说课时必须说清的基本点之一。

学法是学生将知识转化为能力的桥梁。为了提高教学效率，达到教学目的，必须有科学的学法指导。新课标指出教学的最终目标是要实现人的全面发展，因此，说学法要在分析学情的基础上进行。学生是教学的对象，是课堂的主体，一切教学活动都是为主体服务的。一个班的学生，由于基础不一，知识水平和认知水平也不尽相同，所以我们的教学应该充分考虑学情，关注学生的差异性。不管是重点中学还是一般中学，不管是重点班级还是普通班级，教师事先都要有一定的了解，做到心中有数。只有这样，才能做到有的放矢。在此基础上，说课人要结合教学内容说明在教学过程中学生应学会什么学习方法，通过什么途径获得学习技能。

说教学过程是说课的核心部分。教师在说课过程中，应重点说清准备哪些教学环节、借助何种教学手段，同时还要说清各教学环节的时间分配，各环节间如何衔接过渡才能实现教学目标、达到预期效果等。

二、听课和评课

听课和评课是重要的教研活动，体现了教师的教学评价能力。听课和评课能力的高低，一方面反映了听课人能否客观公正地评价被听课教师的课堂教学质量；另一方面也直接反映了听课人自己教学能力的高低和教学价值取向。因此，培养教师的听课和评课能力，应当成为教育的一项重要内容。

在日常工作中，我们发现教师在听课和评课方面普遍存在以下问题：

第一，观察不细致，忽视了一些评课的关键信息（如教师的基本信息、学生的基本信息、教材的基本信息等）。

第二，不明了听课时应该记录的内容，先入为主地对教学程序进行分割，与教师实际授课情况不符。

第三，把听课记录的内容与评课版块的内容相混淆，如有的教师在评课记录中就写下教学目标、教学组织、教学效果等。尽管评课以听课的内容为基础，但评课分析不等同听课内容，我们只能从听课记录的内容分析教学组织和教学效果等。

第四，评课分析缺乏理论指导，仅凭主观臆想或以某些自己并未真正理解的术语来评判教师的授课。

教师在听课和评课能力方面的不足应该引起学校的高度重视，并在实际工作中采取相应措施予以弥补。如何培养教师的听课评课能力呢？

首先，提高教师对听课评课意义的认识。学习吸收其他教师特别是优秀教师的教学间接经验，可以弥补教师教学直接经验的不足。听课和评课作为教学反思的一种形式，是提高教师教学水平并促进专业发展的重要手段。听课和评课的教师是课堂教学的评价者和享受者，能从听课、评课中累积课堂教学的间接经验。

其次，把握听、评课的指导思想。听课和评课的指导思想是：准备充分，客观公正，抓住核心，以评促学。听课时客观公正地记录所听和所观察到的内容，不随意增减，对所听和所观察到的内容进行分析评价，不掺杂自己对上课教师的私人感情。抓住核心是指不要求面面俱到，抓住能够体现上课教师教学风格和质量的内容进行记录并作分析评价。

再次，作全面详细的听课记录。教师要把听到的教师课堂教学内容，观察到的教师课堂教学活动、学生的反应以及教师在教学过程中对非言语手段的运用等记在听课本上；同时，还要对教师组织的各个教学活动所花的时间、学生参与的数量、纪律问题及教师对这一问题的处理方式等作好记录。"记"作为听课的重要环节，有很强的说服力。

最后，从教学的各个方面进行评价。评课的内容需要从教学理论的角度来进行，应包括教师对教学目标的处理、对教材的处理、对教学程序的设计和安排、对教学活动的设计和安排、所采用的教学方法和手段、课堂教学效果、教师的其他基本素质等。

听课和评课对于教师来说是提高教学水平的重要手段，是获取间接教学经验的重要手段，也是更好更深入地学习和理解新课标的有效途径。

三、自我反思

新课标要求教师要在教学中不断反思、不断学习、与时俱进。新课标提倡培养学生的独立思考能力、发现问题与解决问题的能力以及探究式学习的习惯，所以要求教师在教学中不断反思。教学反思，就是教师对教学活动中的各个环节进行检查、分析、反馈、调节，并使整个教学活动日趋优化的过程。

教学是一种复杂的社会活动，对教学行为的反思需要一定教学理论和专业学识，这就给教师提出了更高的要求——不断学习。在课程改革的大背景下，物理教师应该经常反思自己或他人的教学行为，及时更新教学理念。现代教学理念认为，课程是教师、学生、教材、环境四个因素的整合，教学是一种对话、一种沟通、一种合作共建，这样的课程和教学所蕴涵的课堂文化有着鲜明的和谐、民主、平等特色。那么，教师应不断学习并在教学中体现新的教学理念，即在教与学的互动活动中，不断培养学生自主学习、探究学习和合作学习的习惯，提高他们独立思考和创新思维能力。

第二节　分析教材

一、为什么要分析教材

教材分析是备好课的前提。有的人可能会说，课本对教学内容做了详尽的阐述，教师按课本讲就可以了，对教材还有什么可分析的呢？我们知道，课本上的知识是一种贮存状态的知识，课堂教学过程就是要把这种贮存状态的知识首先转化为传输状态的知识，然后通过学生的学习再把传输状态的知识转化为学生头脑中的贮存知识。由于受多种因素的制约，这两种知识形式转化的过程与方法，很难在课本上以文本形式展现出来。因此，不经过对教材的分析与研究，教师就难于把握和完成知识形式的这两次转化。

教师要将教材中所讲的知识放在知识整体中去认识。教师要进行全方位、多角度的分析研究，以真正掌握它的内容，认识它在整个教材结构中的地位，认识它与其他知识之间的联系，这一点对提高教学质量十分必要。有些青年教师讲课只照本宣科，书本上怎么写的，就原原本本地讲出来，对教材缺乏分析，因而把握不住概念、规律的本质及它们间的联系，抓不住教材的重点。这是造成教学效果不好的重要原因。

在教学过程中如何促进学生的发展、培养学生的能力，是现代教学思路的一个基本着眼点。教学过程不仅是知识的传授过程，还是能力的培养过程。培养能力需要认识和比较各种知识的能力价值，而知识的能力价值具有隐蔽性，表现为不思则无、深思则远、远思则宽。教师只有通过对教材的深入分析，才可能挖掘出教材本身潜在的价值，以加强对学生能力的培养。

设计教学过程、选择教学方法是课堂教学的重要环节。教学过程与教学方法的确定不是随意的，它既受教学思想的指导，又受教学内容的制约。进行教材分析的过程，同时也是酝酿设计教学过程和选择教学方法的过程，因而教材分析的深广程度将直接影响课堂教学的质量。

教材分析是进行教学工作的一项最基础、最重要的工作，每个教师都应该重视这一环节，并要具有分析教材的能力，掌握分析教材的一般方法。

二、分析教材的两个依据

1. 物理学的知识体系

所谓物理学的知识体系即学科体系，就是物理学通过自身的发展所形成的知识内容和逻辑程序，可以分为两大部分：一部分是经典物理，是由力学、热学、电磁学、光学和原子物理学等部分所组成的知识系统；另一部分是近代物理，是以相对论和量子力学为基础的知识系统。在物理教学中，只有通过分析教材，才能看清教材的知识结构和体系，才能把各部分教材内容放在物理学知识体系中来理解。只有认识了两个知识系统各自的地位和作用，才能深刻地理解知识的内容，做到深入浅出，才能以发展的眼光掌握好知识，避免教学中的绝对化和片面性。

2. 学生的接受水平、心理特点和思维规律

教学的一切活动都要着眼于学生的发展，并落实在学生学习的效果上。因此，在教学中要充分地认识和把握学生学习物理的心理规律。只有充分把握学生在认知活动

中的智力和非智力因素，才能使教学活动落到实处。由此可见，分析学生学习物理的接受水平、心理特点和思维规律是分析教材的另一个重要依据。

初中学生学习的特点是学习兴趣的范围扩大，但兴趣一般还限于直接兴趣的水平上。初二学生往往表现为对物理只有直接兴趣，他们只满足被新奇的物理现象所吸引，希望看到鲜明、生动、不平常的物理现象和物理实验，而未产生探索这些物理现象原因的需要。初三学生对物理开始表现出操作的兴趣，他们要求通过自己的活动对物理现象施加影响，但往往忽视对现象本质的认识。教师在初中物理教学中要重视物理实验，充分发挥实验的教学功能，注意联系实际生活，使课本上的物理变成生活中的物理，这对培养初中学生学习物理的兴趣是十分重要的。

初中学生的思维认知特点是，学生正处在形象思维开始向抽象思维过渡、转化的阶段，初中后期还开始出现思维的独立性和批判性，模仿已经不能引起他们的兴趣了。因此，初中物理教学要充分重视形象思维，在教学中采用形象、具体的材料，重视展现物理图景，重视表象的作用。同时，教学又要不失时机地、适时地向抽象思维过渡，重视进行因果逻辑思维的训练。

在初中物理教学过程中，学生往往会觉得物理难学，其原因除物理学科自身的特点外，更重要的是学生在学习物理的过程中出现了思维上的障碍和某种心理倾向的干扰。物理学是以概念、规律为基础而形成的完整知识体系，物理学要严格以概念和逻辑关系为依据进行分析、判断、推理，但学生还没有形成这种逻辑思维的习惯。学生在学习物理之前，已经接触到生活中大量的物理现象，很容易养成一种从现象出发想当然地看问题的习惯。他们常常用事物的现象代替本质，用外部联系代替内在联系，在现象和本质发生矛盾的时候，相信现象而怀疑物理理论的正确性。此外，学生由于看问题方式的改变造成思维混乱，受习惯思维定式的影响而不善于寻找替换方案，抓不住关键环节，还常用数学方法代替物理概念，最终导致学习困难。不重视这些因素的分析，就难以保证取得良好的教学效果。分析学生学习物理的心理因素和思维规律，也是分析教材、设计教学过程的重要依据。

第三节　撰写科研论文

一、撰写科研论文的意义

1. 撰写论文，可以提高教师的思想认识水平

教师每撰写一篇论文，定一个题目，确立一个观点，选定一批材料，都会想一想，这些反映了怎样的教学思想？是否具有先进性、真理性？这一过程是个别的教育事例，还是反映了普遍的规律？这是对思想的砥砺，想得多了，就会吸收先进的、摒弃错误的，逐步向真理靠拢，完成自我提高。同时，撰写论文促使我们经常去学习教育思想、

探究教育问题，从而得到理论上的提高，这将对推动教学改革产生巨大的作用。

2. 撰写论文，可以丰富教师的经验

教师在实际工作中，总会遇到成功与挫折，但无论成功还是失败都将成为自己的经验与教训。如果这种经验教训不被整理，就会停留在一种散乱无序的状态。教师下次若遇到同样的问题，成功的经验可能被遗忘，失败的做法又可能被重复，导致工作水平停留在原始状态，教来教去没有进步。此外，这些零碎的经验也需要加工深化，一是把它上升到理论的高度去认识、鉴别，二是使它逐步完善，形成体系，这样才能使其在以后得到自觉、自如地应用。经验的价值最主要是指导实践。教学是一门有遗憾的艺术，教过之后，总有不足，常常总结、整理和消化这些经验和教训，可以使自己得到丰富和提高。

3. 撰写论文，有利于提高教师的思维能力

写文章要确定主题，教学要确定目标和重点；写文章要拟定题纲，教学要确定步骤；写文章要选好材料，教学要选好内容；写文章要用好语言，教学要学会表达；写文章要从读者的角度去思考怎样才能被接受，教学更需要为学生考虑让学生受益。两者都需要表达范畴所需的思维能力，所以经常写文章有利于促进教学。

4. 撰写论文，可以激发教师的进取精神

培养进取精神，是提高自身素质、做一个高水平教师的需要。教师写不写文章，主要靠自觉，其次是靠环境和氛围的影响。本来中小学教师工作就很忙，没有富余的时间专门写作，加上有的教师没有写作的习惯，就写得更少。很多教师缺乏写作实践，视写作为畏途。所以说，能自觉写作起码体现了一种进取精神。

5. 撰写论文，有利于提高语言表达能力

教师工作对从业人员的表达能力的要求较高。撰写论文对提高语言表达能力大有裨益。讲课用口语，写文章用书面语，文章写多了，用到口语中，语言会更加生动、丰富，容易激发学生的兴趣。

另外，在教育管理上，学校对教师的考核评价、评职晋级也常提出撰写论文的要求。这样做，也是为了提高教师素质，适应教育发展的需要。因此，教师需要撰写论文，更要写出高质量的文章。

二、科研论文的特点

1. 科学性

科研论文的科学性就是指科研论文能正确地反映学科教育的客观实际，深刻地揭示其本质和规律，体现当时的先进思想。科学性是论文的灵魂，是论文成败的关键，只有具有科学性的教育论文，才有益于教学实践，才能推动教育发展。其要求如下：

（1）观点正确，有可靠的理论依据，代表当时的先进思想。当时写的文章，主要为当时的现实服务，很难超越时空去探索永恒的真理。如"文革"后的教学思想提倡

扎扎实实教好"双基",即基础知识和基本技能,而现在要强调创新能力;为了避免"填鸭式"的满堂灌,教育界先提出"少讲多练",在一定时期起到积极作用,后来发现"少讲"只是在数量上、时间上看问题,遂改为"精讲",后来又认为"多练"有题海战术之嫌,要"巧练"。所以,论文应针对现状反映现实,代表当时的先进思想。

(2) 论据确凿。论据的材料要真实可信,不能把想象当成事实,不能道听途说,不能虚构杜撰;论据材料是经过调查获得的,最好是亲身实践验证的。对材料的表述要力求准确,少用模糊语言,能够量化的尽量量化,这样才能让人相信。另外,事实要有典型性、代表性,反映事物的本质规律。最后,引用文献上的资料和数字要准确,最好引用原著,要反复核对,不要以讹传讹。

(3) 论证符合逻辑。这是保证论文具有科学性的一个必要条件。如果文章的思路处于一种模糊甚至是混乱的状态,其分析、推理就不合逻辑了,也无法让人相信其论点。

2. 创新性

毛泽东曾经说过:"出一张卷子,什么都答出来了,一点创造性都没有,可以打个及格,不一定打个优秀;答了一半,但是很有创见,你给他打满分、八九十分也是可以的。"科研论文不同于教科书,也不同于教学法讲义。教科书是用来传播已有知识的,强调知识的系统性、常规性,所讲述的是用来教的内容,不是如何教的问题。教学法是研究教的方法,是比较完整、系统的成功教学经验。教学法是教人"掌握",科研论文是探讨"发展",论文则应该主要谈新观点、新经验、新做法。

3. 理论性和实践性

具有理论性,是科研论文的一个显著特征。首先表现在要有一定的理论深度,只有上升到理论高度,才能概括复杂的现象,对教育教学工作具有普遍的指导意义。另外,科研论文要具备实践性,提出的任何新理论都应经过实践检验,任何新方法都能应用到实践中。

4. 可读性

既然理论是深刻的、抽象的,那么,文章的理论性越强,文章就越深奥难懂。这其实是一种偏见。有人故作高深,大量机械地搬用一些专业术语,甚至自创"词语",表达的概念变化多样,叫人捉摸不定。这实际上是"装腔作势",用自诩的高深来掩盖思想的贫乏。

三、科研论文的写作

写作科研论文要把握四点:

(1) 通篇要具学术性。这一方面表现在科研论文对学科的发展具有理论或实践价值;另一方面表现在科研论文对新的发现和创造进行深入的理性分析,揭示其理论上的价值,能运用已有的理论知识通过严密的逻辑推理提出规律性的认识,丰富原有的理论体系。

（2）论点要具独创性。学术论文的内容可以是探索新的教育理论，论点是前人未曾提出的；也可以是完善旧理论，弥补前人认识上的一些缺陷；还可以是就别人正在讨论的问题阐述自己的观点，但无论是那一种研究，都应该具有独创性。

（3）论据要具真实性。旁征博引是学术论文有别于一般性文体的明显特征。撰写学术论文的基础就是积累资料，占有了充分、翔实的论据，才会有学术发言权，才能形成事实基础，才能使整篇文章有血有肉，毫无空洞之感。

（4）论证要具逻辑性。论证是由证据说明论点的方法和过程。从文章的总体结构来看，论证要符合人们对客观事物的认知规律，使事物的逻辑程序与人们的认知程序科学地统一起来，形成一个逻辑整体，充分体现出提出问题、分析问题和解决问题三方面的层次要素。提出问题是给文章立起靶子，使读者进入和作者同样的思维状态。分析问题是对提出的问题从不同侧面、不同角度做深刻的阐述分析。解决问题指作者在分析问题的基础上得出结论性意见，只要问题分析透彻了，结论自在其中。在科研论文中，一般是将总论点分为若干分论点，在论述中先出现哪个分论点，后出现哪个分论点，一般按提出问题、分析问题、解决问题的顺序安排。总论点是统帅全篇的纲，而分论点是由总论点派生出来的，从不同角度说明总论点，为总论点服务。另外，写作时要努力使论文的论证有层次、有条理，由"直观"到"抽象"，由"事"到"理"，由感性认识到理性认识。

在教育科学研究中，一般有三种类型的论文：一是理论研究类教育科研论文；二是实验研究类教育科研论文；三是描述研究类教育科研论文。这三种类型的教育科研论文的基本结构中的共同部分如下：

（1）前置部分。前置部分是教育科研论文的第一部分，一般包括题目、署名、摘要和关键词四个方面的内容。

①题目。这是对论文内容的高度概括，是文章的眼睛。题目的形式多样，可以明确点明题意，可以是仅指出研究的问题范围，也可以提出问题。实验研究报告的题目常常直接采用研究课题的名称，指明所研究的主要变量，使人对论文所研究的问题一目了然。

②署名。为了对论文负责，要署上写作者的名字。

③摘要。3 000字以上的正式发表的论文，一般应写出论文摘要。写摘要一是为了使读者能很快地准确了解论文的基本内容，获得基本信息，确定是否需要阅读论文全文。二是为了方便计算机存储，以便编制文摘页和二次文献。

④关键词。关键词是从论文中选取出来用以表示全文主题内容的单词或术语，一般是对所研究的范围、方向作出的标志，方便论文在文献检索时分类。

（2）主体部分。主体部分是教育科研论文的主要部分，不同类型的教育科研论文，其主体部分的具体内容不尽相同。

教育科研论文主要为学术论文，它是某一学术课题在实验性、理论性或观测性上具有新的科学研究成果或创新见解的科学记录，或是某种已知原理应用于实际而取得新进展的科学总结。其主体部分一般包括前言、正文、结论、后记（或致谢）、引文注释与参考文献。

①前言。前言写在正文之前，用于说明写作的意图及研究方法。学术论文的前言一般包括三个方面的内容：阐明研究的背景和动机，提出自己所要研究的问题；简介研究方法和有关研究手段；概述研究成果的理论意义和现实意义。

②正文。这是教育科研论文的主体部分，包括论点、论据、论证，是作者研究成果的表现，在整个论文中占重要地位。它着重讨论取得研究成果所用的论证手段和所建构的理论体系，观点与材料相结合，由表及里、由此及彼地推理，以证明研究的正确性。

③结论。这是围绕正文所作的结语，对研究成果进行更高层次的精确概括。结论是论题被充分论证后得出的结果，作者将自己的观点鲜明地提出来，并引出新的思考。

④后记（或致谢）。这部分主要是对在教育科学研究中或写作过程中曾经给予帮助、参加讨论、审阅或提出建议的单位或个人表示谢意。这是对他人劳动的一种尊重。

⑤引文注释与参考文献。科学研究总是在前人或他人的已有研究成果上进行的，是已有成果或理论观点的启迪，或是研究方法的借鉴。论文中应列出直接或间接利用的资料来源。凡引用了他人的材料、数据、论点，应注明出处，这就是注释。注释的方式有三种：文内注（行内夹注）、页末注（脚注）和文末注。参考文献是指与论文有关的重要文献，一般采用文末注。

实验研究类教育科研论文，主要表现为实验研究报告。它是对整个教育实验研究的全面总结，其主体部分包括前言、方法、结果、讨论、后记（或致谢）、参考文献。

①前言。实验研究类教育科研论文的前言一般也包括三个方面的内容：提出问题，说明选题的依据；课题的价值和意义，目前国内外此研究的成果、现状、问题及趋势；有的还指出该项研究所要解决的问题及研究的理论框架。

②方法。这部分要阐明实验研究所使用的研究方法，即要让别人了解研究结果是在什么条件和情况下，通过什么方法，根据什么事实得出来的。这样便于别人对整个研究过程的科学性加以评价和鉴定，便于他人用同样的方法进行同样的实验。

方法部分一般要写明五项具体内容：研究课题中出现的主要概念的定义和阐述；试验的条件、数量、取样方法；实验的设计，实验组与控制组的情况；自变量因素的实施及条件控制等程序；实验步骤的具体安排，研究时间的选择；资料数据的收集和分析处理，实验结果的检验方式。

③结果。这是实验报告的主要部分，要求说明每一个结果与研究假设的关系，将研究结果作为客观事实呈现给读者。其基本内容有两个方面：对研究中所收集的原始数据、典型案例、观察资料用统计表、曲线图结合文字进行初步整理；在对资料进行

初步整理分析的基础上，采用一些逻辑的或统计的技术手段，得出研究结果或结论。

④讨论。讨论是对研究结果的含义和意义进行评价。研究者根据研究的客观事实和结论，结合自己的认识和理解，通过分析、思考、讨论与实验结果有关的问题，对当前教育理论或实验的发展提出自己的认识、建议和设想。其基本内容包括：对实验结果进行理论上的分析和论证；对本实验研究方法的科学性和局限性进行必要的反思，对研究成果的可靠程度和适用范围进一步说明；提出可供深入研究的问题以及在本实验研究中尚未解决或需要进一步解决的问题，对未来的研究以及如何推广提出建议。

讨论与研究结果的主要区别在于：研究结果呈现的是研究中的客观事实，是基本肯定的，并可以在相同的研究中重复出现；讨论则是主观的认识与分析，是研究者将研究的结果引向理论认识和实验应用的桥梁。

⑤后记（或致谢）。实验研究常常涉及许多单位或个人，他们对实验的开展给予了配合和帮助，为了表示对这些单位或个人的感谢，可以写后记或致谢。当然，这一内容也可以用脚注的形式在论文题注中说明，而不作为论文主体部分中的一个部分。

⑥参考文献。实验报告的末尾，应注明实验报告中所直接提到的或引用的资料来源。

描述研究类教育科研论文，主要是指教育调查报告和教育经验总结报告。主体部分一般包括前言、正文、结论与建议。

①前言。教育调查报告和教育经验总结报告的前言要讲清楚调查和经验总结的目的、意义、任务和方法。一般要说清调查和总结的问题是什么，为什么要进行调查和总结，调查和总结的时间、地点、对象、范围、取样，调查和总结的方式方法等。

②正文。正文部分即调查或总结的内容，通过叙述、调查图表、统计数字及有关文献资料，用纲、目、项或篇、章、节的形式把主体内容有条理地、准确地表述出来。

③结论与建议。在对整个调查或总结内容进行总体的定性、定量分析的基础上，概括出事物的内在联系和规律，提出新的见解、新的理论和参考意见。在这一部分中，也可以进一步指出存在的问题，提出改进意见。

第四节　现代技术手段的运用与教学

随着时代的发展，传统的教学模式受到极大的挑战，信息技术在教学中的作用越来越重要。计算机技术、摄影摄像技术、多媒体技术、网络技术等为教学带来了崭新的思路，如利用计算机模拟物理现象、模拟物理实验、作动画演示，帮助学生掌握所学知识，解决疑难问题。另外，现在有很多教师在物理教学中利用多媒体技术对文本、声音、图形、图像、动画等作综合处理，制作教学课件。同时，利用计算机和网络丰富的媒体表现形式、可无限扩展的知识信息链接等来实现多媒体信息技术与物理教学的有机整合，对于提高学生的认知水平、培养学生的创造性思维都有着传统教学无法比拟的优势。

利用现代信息技术可以创设物理学习情境。教师利用现代技术尽可能地创设各种动手操作的情境，特别是对一些学生不能亲眼见的、有危险性的学习内容，可通过媒体再现，解决了传统教学方式中难以解决的问题，如微观世界、海市蜃楼等这些曾经只能靠语言描述的现象也可模拟再现。如太阳系有多大的问题，教师可利用录像片段呈现科学家制作的太阳系模型，帮助学生认识太阳系的星球之间的位置。在学习"力的概念"时，可以用媒体技术向学生展示力的有关现象，如我国运载火箭将卫星送上天、赵州桥历经千年仍然坚固、长江大桥与力等，展示力的巨大作用，激发学生对力的作用的兴趣。

在实际教学中，虽然学生通过物理实验看到了物理现象，但是由于有些实验时间较短，物理现象稍纵即逝，学生是不能马上发现问题的本质特征的，必须有一个细致观察、独立思考的过程。多媒体物理课件能多次重复模拟实验过程，再呈现物理现象，而且它能使物理现象由静态变为"动"态，微观变成"宏观"，高速变成"低速"，连续变成"定格"，它能使许多看不见摸不着的变得有"声"、有"形"、有"色"，能变抽象为"直观"……这一切都有利于学生对物理现象、物理过程、物理状态的观察和分析，其优势是其他教学手段所不具备的。如在"晶体的熔化和凝固"实验中，实验本身对晶体的纯度要求较高，且由于实验条件较难控制，若操作不当很容易得出错误的结论。如果学生在实验的基础上观看相关的课件，便可以在较短时间内观察到晶体的熔化和凝固过程，描绘出其"熔化和凝固曲线"，提高了课堂教学效率。如教材中的"日食和月食的形成""回声""磁"等现象，也可以通过课件形式展现给学生，既增加了课堂的趣味性，又加深了学生对知识的理解。再如，做物理"凸透镜成像规律"实验时，蜡烛在焦点处不成像时，传统的实验很难成功，因为蜡烛的烛焰为立体，焦点为一点，所以总有一部分烛焰在焦点外，一部分烛焰在焦点内，致使学生对凸透镜成像的特点不甚理解并产生迷惑。此时如改用多媒体技术进行凸透镜成像规律模拟实验，可使学生对该实验有一个清晰完整的认识。讲解"杠杆作用"分析省力和费力杠杆时，起重机和缝纫机都是比较复杂的机械，有的学生很难形成理性的认识，若利用动态画面体现起重机起重臂的工作过程和缝纫机脚踏板的工作原理，"杠杆作用"则一目了然。

运用现代教学技术创设物理情境，更能激发学生的学习兴趣，使之产生创新欲望。教学中高科技手段的运用能使学生更好地理解知识的实质，把握知识的内涵，引发学生积极思考、合理想象，为学生各方面能力的提高打下坚实的基础。因此，利用多媒体教学资源精心设计与主题相关的、尽可能仿真的情境，使学习能和现实情况基本一致或相类似，从而激发学生的联想思维，激发学生学习物理的兴趣与好奇心，使学生能利用有关经验同化当前学习的新知识，从而在新旧知识之间建立起联系。

利用现代信息技术可以丰富课堂教学手段，为实验教学提供资源。信息技术中图文并茂、丰富多彩的知识表现形式，能克服传统物理教学中语言描述具有不确定性、文字说明抽象乏味、实验演示只能给学生结论的缺陷，有利于激发学生的学习兴趣。现代信息技术的应用内容不仅仅是利用计算机开发和设计的多媒体课件，它还应包括实物投影仪、VCD等教学硬件，电视电影中的科教节目，各种现代教育网络。在教育教学过程中将它们有机地结合起来，充分发挥它们各自的优势，才能使课堂教学优化，从而达到培养学生创新能力的目的。例如，我们在教学中，根据教学内容让学生自由组成学习小组，通过图书馆查阅、网上查阅等方式完成专题的内容，然后教师选出完成最好的小组在课堂上进行汇报。虽然学生最后完成的专题内容不尽完善，或者还有知识性错误，但这些内容应用性强，学生兴趣大，网上、图书馆也容易查到，极大地激发了学生参与教学的积极性。这样的教学方式不但体现了学生在教学过程中的主体作用，同时培养了学生的心理素质、语言表达能力、团结协作精神及创新能力。

实验教学需要教学资源，利用现代技术与传统实验相结合的方法，能够满足开发新实验、改造老实验的需要。如创设新的测量手段和显示方式能提高测量精度，节省数据处理时间，从而提高实验教学的效率。

专题五　教学评价

"教学评价是依据教学目标对教学过程及结果进行价值判断，并为教学决策服务的活动。"[①] 教学评价包括对教学过程中教师、学生、教学内容、教学方法、教学环境、教学管理等因素的评价，在此我们主要讨论两方面：对学生学习效果的评价和教师在教学工作中的自我评价。传统的教学模式对学生的评价方式以考试、测验为主，随着课程改革的深入，评价方式开始多样化。

首先，教师要时刻谨记，评价最重要的目的不是证明学生的优劣，我们不是为了评价而评价，更不是为了分数而评价，而是为了改进教师的教学和激励学生的学习而评价。通过评价，可以使学生清楚地认识到自己学习中的问题，解决问题，进而总结解决问题的方法；可以使教师了解整体的教学效果，对课堂教学进行反思、改进、优化；也可以使教师了解学生学习的薄弱之处，在课堂内外进行有针对性的指导。

教学评价在教学中的作用可以概括为以下四点：（1）诊断作用。全面客观的评价不仅能反映学生的成绩在多大程度上实现了教学目标，而且能解释成绩不良的原因，帮助教师了解教学各方面的情况，判断教学目标是否达成。（2）激励作用。根据教育心理学的理论和实践，包括教师在内的每个人都有上进心。在一定的限度内，测验对学生的学习和教师的教学具有很大的激励作用，可以有效地推动课堂教学。（3）调节作用。评价反馈的信息可以使教师和学生了解教与学的情况，教师可以根据该信息修订教学计划，调整教学行为，从而有效地完成工作。（4）教学作用。评价本身也是一种教学活动，在这个活动中，学生的知识、技能将会增长，智力和品德也会有发展。

根据在教学活动中发挥的作用，评价可以分为以下三种：（1）学情诊断评价。在教学活动开始前，对学生的学习准备程度作出鉴定，以便采取相应措施使教学计划顺利、有效地实施。对物理教学来说，诊断性评价尤为必要，物理是一门与生活联系紧密的学科，需要学生具备大量的生活常识和相关的数学知识。由于师生生长环境不同，且现在的中学生极少做家务，缺乏生活经验，师生之间容易出现"代沟"。如在讲授杠杆的相关知识时，学生不知道什么是羊角锤、什么是螺丝刀、什么是独轮车，当然也就更不知道这些工具的使用情况。如果教师讲课前通过课前评价了解该情况，并预备相关材料在多媒体上播放，就能很顺利地推动教学进程。（2）教学过程中的形成性评价。这种评价是为调节和完善教学活动，保证教学目标得以实现而进行的确定学生学

[①] 王海萍. 教育学教材全解［M］. 上海：华东师范大学出版社，2007.

习成果的评价。这种评价可以采用课堂提问、测验、批改作业等形式。过程评价一定是双向"沟通",一方面教师要了解学生的学习成果,另一方面也要及时让学生认识到自己的问题并明确努力方向。教师在评价中要及时分析结果,和学生一起改进、巩固教学成果。(3)一段教学任务完成后的总结性评价。此类评价以预先设定的教学目标为基准,对评价对象达到目标的程度作出评价。总结性评价注重学生掌握某门学科的整体程度,概括性较高,测验内容范围较广,常在学期中或学期末进行。

教育学家王道俊曾在《教育学》一书中提出教师在进行教学评价时必须遵循以下原则:(1)客观性原则。教学评价要客观公正、科学合理,不能主观臆断、掺杂个人情感,以致评价不符合实际情况。因为只有客观,才能如实地反映出教师的教学质量和学生的学业水平,只有公正,才能使学生心悦诚服,才能调动起学生学习的积极性。因此客观性是评价能否发挥其功能的关键因素,违反客观性原则就会丧失评价的意义。另外,在评定中尤其要避免成见,如给"名声"好的学生比"名声"较差的学生评定更高的名次或分数。(2)发展性原则。教学评价应着眼于学生的学习进步、动态发展,着眼于教师的教学改进和能力提高,以调动师生的积极性,提高教学质量。评价应是鼓励师生、促进教学的手段,而不是批评人的工具。如某学生的此次考试成绩在全班并不高,但与过去相比却有进步,教师在评价时就应予以肯定和表扬。(3)指导性原则。教学评价应在指出学生的长处与不足的基础上提出建设性意见,使被评价者能够发扬优点、克服缺点、不断进步。如果评价缺乏指导性,就可能使学生或夸大自己的优点、成绩而骄傲自满,或只看到出现的问题而丧失前进的方向与信心。(4)计划性原则。教学评价必须紧密配合教学工作有计划地进行,为教师和学生及时地提供教与学的反馈信息,以便有效地调节和改进教学活动,提高教学质量。

教学评价所采用的方式应该是多种多样的,不能只局限于检测、考试等传统形式。按照本章所引用的教学评价定义,一切能够帮助教师与学生了解教学成果的活动都应归于教学评价的范畴。课堂上,教师提问征答,学生集体表决、个体演示(包括演示实验、演算练习、演讲);课堂下,教师批改作业,师生一对一讨论,都属于教学评价活动。

本专题将从三个方面讨论物理学习中的教学评价,第一节将介绍新教师应该如何编写作为评价载体的试题,第二节与第三节分别介绍过程评价、终结性评价的原则和方法。

第一节 试题编写

教学评价的形式多种多样:测验、提问、讨论……但不论采用哪种形式,都离不开评价内容的载体——试题。适当的试题可以引导学生的思维,不适当的试题会让学生感到迷惑和混乱。如在初三年级刚刚完成牛顿第一定律和重力、弹力、摩擦力学习的阶段检测中,30%的学生在回答这样一道题时出现了错误:"静止在地面的小球,与小球受到的支持力平衡的力是_____。"很多学生回答"地球对小球的引力",他们混淆了重力与万有引力这两个概念。虽然《课程标准》要求学生知道重力是由万有引力引起的，但并不要求掌握重力与万有引力的具体区别，并且对于刚刚接触"力"这个抽象概念的初中生而言，理解重力是万有引力的一个分力是很困难的，因此教师在讲授新课时不能深化这个知识点，也不应使用"地球引力"这样容易使学生混淆概念的词语。按照以往的经验，学生不应该在回答这样一道填空题时集中出现上述的错误。检测后教师与学生的单独交流，才知道集中出现错误的原因是，在刚刚学习完的牛顿第一定律中，课后作业中出现了一道题，它命题无误，却是出现在不恰当的教学阶段，此题如下：

用电线将电灯吊在天花板上，下述几对力中，属于相互作用力的是（　　）

A．电灯对电线的拉力和电线对电灯的拉力

B．电线对电灯的拉力和电线对天花板的拉力

C．电灯受到的地球施加的向下的力和电灯对电线的拉力

D．电灯受到的地球施加的向下的力和电线对电灯的拉力

其中，"电灯受到的地球施加的向下的力"语言表述繁复，三个定语的描述使很多学生将这个力当成了地球引力，实际上这个力就是重力。这道作业题导致部分学生将重力和地球的万有引力当做同一种力，类似的试题出现在过程评价中就是不适合的。可见，教师在试题的编写、使用中应仔细琢磨，选择合适的试题往往能够起到事半功倍的作用，反之，就是事倍功半。

新教师在编写试题时，要依据《课程标准》，从基本学情出发，根据评价的目的来选取试题并合理安排顺序，必要时要对"拿来"的试题进行改造，这样才能更好地发挥试题的评价功能。

一、试题的编写依据

（一）试题编写以《课程标准》为依据，体现《课程标准》的基本理念

1．注重全体学生的发展

义务教育阶段的物理课程应以提高全体学生的科学素质为主要目标，满足每个学生的发展需求。编写的试题应面向全体学生，既要有考查基本知识点的基础题，又要有考查能力的综合题。教师在试题编写时应改变学科本位思想，经常进行跨学科思考，编写出的试题应体现物理与其他学科之间的联系，使学生体会事物之间的联系。

这是一道物理与生物的综合试题。该图（见图10）是人的手臂骨骼与肌肉的生理结构示意图，实质上可将手臂看成一个杠杆。当手中托的物体静止时，重物对手的压力可看成对杠杆的阻力，二头肌收缩产生的力可看成对杠杆的_____，肘部O点可看成杠杆的_____，从图中可看出人的手臂实质上是一个

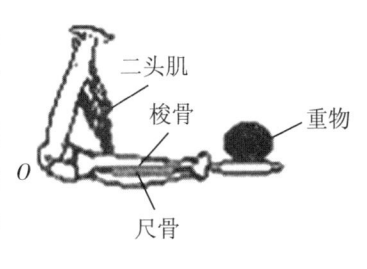

图10

_____杠杆。

2. 从生活走向物理，从物理走向社会

义务教育阶段的物理课程应贴近学生的生活，符合学生的认知特点，激发并保持学生的学习兴趣，通过探索物理现象，揭示隐藏其中的物理规律，并将其应用于生产、生活实践，培养学生终身的探索兴趣、良好的思维习惯和初步的科学实践能力。按照瑞士著名心理学家皮亚杰的认知发展理论，青少年阶段的认知发展正处在由具体运算向形式运算的过渡时期。所谓具体运算，相当于我们平常所说的形象思维，指的是处于这一发展阶段的少年在进行思维时，需要凭借直接观察或别人的具体描述来获取知识，而对于一些没有直接经验或间接经验的抽象概念还难以理解。形式运算也就是我们平常讲的逻辑推理，由假设、推论来印证，或从复杂的信息中分析事物的来龙去脉、因果关系，得出结论。初中生这方面的能力还不成熟，需要教师适当引导。

一方面，教师编写的物理试题要"从生活走向物理"，以生活中常见的现象为切入点，引导学生发现其中的物理规律，这一过程体现初中生形象思维的认知过程。试题的外在形式要努力体现生活化、情节化，应避免单纯使用物理符号、公式、模型表达的题目，避免类似于"一个小球""一个铁块"之类抽象的表述方式，尽可能将每一道题设计成实际生活中的情境或故事。这样既可以激发学生的创造灵感，又可以使学生将所学的知识与方法生活化。另一方面，物理试题又要"从物理走向社会"，引导学生利用逻辑思维方法，将抽象的物理结论运用到生活实际中，改善生活，体会到物理的用处。

一道好的习题，就是一个科学问题。学生解答习题的过程就是一个研究科学问题的过程，所以，在探究教学模式指导下编写的试题，必将对新课程的实施起到引导作用。下面这道探究实验题就能很好地体现"从生活走向物理，从物理走向社会"的理念。

珍珍观察到电风扇、台灯等有个大而重的底座，可使它们不易翻倒——从生活现象切入。物体的稳定程度（稳度）与哪些因素有关呢？——引入物理概念，提出探究问题。她猜想可能与物体所受的重力大小、重心高低及支持面的大小有关。

如何比较物体的稳度大小呢？她发现，让不同的物体倾斜相同的角度时，有的物体翻倒，有的物体不翻倒，翻倒的说明其稳度较小。于是，她将物体放在表面粗糙的水平木板上（见图11），让木板绕O点转动，通过观察物体翻倒时木板转过的角度的大小（物体不滑动）来比较物体稳度的大小。在探究物体的稳度大小与物体重心高低的关系时，她制作了重量相同、外形相同、重心高低不同的甲、乙、丙三个圆柱体（见图12）。实验时，将它们依次放在木板上，分别记下它们翻倒时木板转过的角度。实验记录见下表。

实验序号	甲	乙	丙
重心离支持面高度	低	中	高
物体翻倒时木板转过的角度 θ	大	较大	小
稳度	大	较大	小

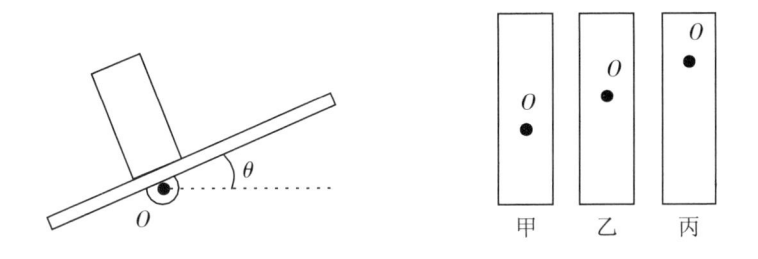

图 11   图 12

（1）物体翻倒时木板转过的角度越小，间接反映了物体的稳度越_____（填"大"或"小"）。

（2）在以上探究稳度大小与重心高低关系的实验中，应控制物体所受的重力大小和_____的大小不变，这种实验方法叫_____法。

（3）实验现象表明，物体的重心越_____，其稳度越大。

（4）依据以上结论，卡车装货时，应把重的货物装在_____层（填"上"或"下"），可使货物不易翻倒。

编写试题时切忌凭空捏造，想当然地认为生活实际就是这样的而不进行实际考查。与生活实际不相符的题目虽然不影响学生理解、掌握相关的物理知识与物理概念，却会教给学生错误的生活经验，从长远的角度看不利于学生的全面发展，与"情感态度与价值观"的培养目标相违背。我们经常会见到一些与生活实际不相符的题目，如下题：

为了提醒司机关好车门，小轿车上一般都装有一个指示灯，四个车门中只要有一个门没有关好（相当于有一个开关断开），该指示灯就会发光。四个电路图中符合要求的是（　　）

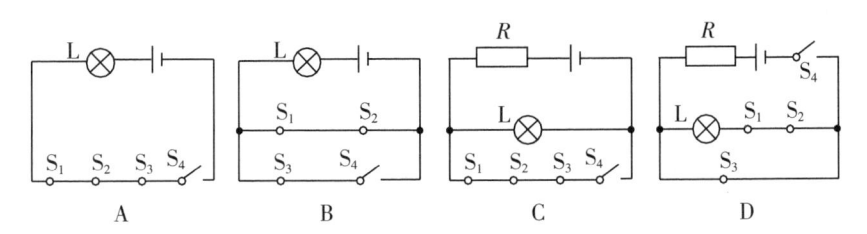

A   B   C   D

正确选项是 C，但实际生活中没有一辆汽车的关门指示灯是像 C 选项那样设计的，这样的电路图是物理教师想当然地编写出来的。这个电路在实际使用时有很大的缺点：

车门都关好后，保护电阻一直在消耗电能（为了能让串联时电灯发光，保护电阻的阻值不能太大；而当电源电压一定时，电阻阻值越小，电功率越大），而这种能源的损耗是没有任何意义的。

如果一定要使用这道试题，教师就必须对题目进行修改，在题干中加以说明：四个电路图是模拟电路图。

3. 注重科学探究，提倡学习方式多样化

物理课程应改变过分强调知识传承的倾向，让学生经历科学探究过程，学习科学研究方法，培养探索精神、实践能力和创新意识。新课标的要求给物理教师命题带来了一定困难，探究试题的提问方式应该是开放式的，让学生有创新的空间，但是过于开放的提问方式会让初中生感到无从下手。如"请设计实验比较棉花与泡沫塑料保温性能的优劣"这样的问题就过于开放，初中学生不容易弄清楚要探究的是哪两个物理量之间的关系。面对这样的试题，学生的答案往往天马行空、逻辑混乱，有些学生甚至放弃不答。这样的试题往往不能发挥它应有的功能。

4. 注意学科渗透，关心科技发展

教师要结合国际科学教育的理论和实践，构建具有中国特色的物理课程体系，使学生关心科学技术的新进展和新思想，了解自然界事物的相互联系，逐步树立科学的世界观。教师应时刻关心物理的前沿成果，适时地选用一部分与初中知识相关的内容编写试题，反映科学技术的新进展，激发学生的学习兴趣，如下题：

法国科学家费尔和德国科学家格林贝格尔由于发现了巨磁电阻（GMR）效应，荣获了 2007 年诺贝尔物理学奖。下图是研究巨磁电阻特性的电路示意图，当闭合 S_1、S_2 后使滑片 P 向左滑动，指示灯明显变亮，则下列说法正确的是（　　）

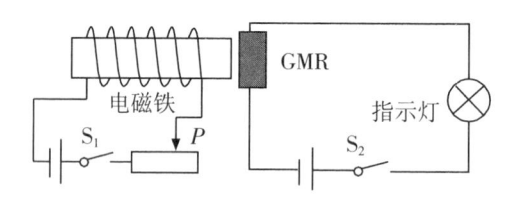

A. 滑片 P 向左滑动的过程中电磁铁的磁性减弱

B. 滑片 P 向左滑动过程中电磁铁的磁性增强

C. 巨磁电阻的阻值随磁场的增强而明显减小

D. 巨磁电阻的阻值随磁场的增强而明显增大

（二）试题的编写应体现《课程标准》的三维学习目标

对"知识与技能"的考查应注重理解和应用，不宜过多考查记忆性的内容；命题的着眼点应是学生的学习情况，而不应该在枝节问题上纠缠；命题应该将学生向联系实际的方向引导，要避免让学生死记教科书中的条文，避免在概念的严密性上做文章，避免烦琐的数学计算；题目中的物理情境应该有实际意义，杜绝编造。通过选择、作图、问答、实验、计算等题型对双基知识进行考查，从而实现考查的功能。

对"过程与方法"的考查可考虑以下几个方面：

（1）提供日常生活和生产实际中的物理现象，让学生简单描述物理现象的主要特征，考查学生发现问题、提出问题的能力。

（2）通过信息题，考查学生的信息收集能力及能否制订简单的科学探究计划和实验方案。

（3）考查学生科学探究的基本方法和书面表达能力，对应探究的思维程序、探究的具体方法及实际探究的考察，可以设计探究方法题、阅读探究题、探究设计题等。

对学生的"情感态度与价值观"的考查比较困难，首先不能脱离物理知识与过程，否则就会成为思想品德课的考查内容，另外，也不能只强调物理本身，否则又和其他的试题无本质区别。因此，教师必须将物理知识与思想情感有机地结合起来。在编写试题时，可适当拓展一下题目，考查学生在处理问题时的态度、意识，为学生创设一个物理情境，从而引导学生自己提出问题、发现问题并能解决问题。试题的编写和设计要有效地实现跨学科知识内容和研究方法的渗透，同时还要突出学生在探索自然现象的过程中所表达出的情感态度和价值观。要考查学生的创造力水平或解决问题的水平，就应该从创造性思维的角度去进行，其考查可以从联想力、想象力、运用方法解决问题以及设计制作等方面进行考查。因此，我们将命题分为应用联想题、想象能力题、设计与制作题三种题型。

二、试题的结构

《论考试命题中试卷题型分类及试题编写技术》一文曾提到教育测量学理论对题型有不同的分类方法。一般根据不同的作答要求划分，试题分为选择题、填空题、作图题、计算题、实验探究题、材料分析题等题型。根据正确答案的表达方式或是否受评卷者阅卷时的主观因素影响划分，试题可分为主观性试题和客观性试题。客观性试题的正确答案相对固定，评判结果不易受阅卷者的主观因素影响，测验误差较小且容易控制，比较典型的有选择题、填空题等。主观性试题的正确答案不唯一，不但答题时考生可以主动发挥，而且评卷时还往往要受到阅卷者的主观因素影响，测验误差不易控制，比较典型的有实验探究题、材料分析题等。

就题型功能来讲，一方面，客观性试题适合考查考生对基本知识的识记、领会和简单应用的能力，主要根据应答结果反映考生对所考核知识的掌握情况，而不偏重于考查具体的思维过程；另一方面，客观性试题的题量大、分值小，有利于提高试题的覆盖面和考试的可信度。主观性试题适合于考查考生应用知识的能力，主要根据考生对试题的解答过程来反映其对知识的掌握程度和思维过程。

客观性试题和主观性试题在功能上各有所长，在考试设计时应将二者有机地结合起来，但二者的比例应当恰当。在大规模的考试中，可适当提高客观性试题的比例，一是因为要求试卷内容覆盖面较大，二是有利于使用机器评卷。在一般的考试中，最好多使用主观性试题，这样便于教师直接了解学生的解题过程，发现学生的错误之处，发挥考试的诊断性功能。

三、试题的功能

科学、合理的试题，对于教学起着至关重要的导向、调控作用。物理新课程以提高学生的科学素养和教师的教学水平为评价目的，充分发挥评价的作用，使评价的过程成为促进教学发展的过程。物理新课程的培养目标主要是指学生在知识与技能、过程与方法、情感态度与价值观三个维度的培养目标。因此笔试试题应当既重视考查学生对物理基本概念、原理、定律、公式的识记、理解，又重视考查运用物理概念和原理去分析和解决实际问题的能力，还应着重加强对创新意识、思维能力和实践能力的考查。

诊断性评价、形成性评价和终结性评价的功能不同，要求所使用试题的功能也不同。

诊断性评价是在教学过程开始前实施的评价，旨在帮助教师了解学生的学情、检查上一阶段课程目标的实现程度（从这一点看，又起到了过程评价的作用）。诊断性评价一般以课前小测、课前提问等形式出现，所选用的试题要与课堂目标相关，能起到承前启后的作用。如教师在讲授"测量小灯泡电阻"前，可以选用一道利用欧姆定律求电阻的试题来进行诊断性评价。讲授"滑轮"前，教师可以选用下面这道试题作为诊断性评价：

在图中画出把圆柱体滚上台阶所需最小的力 F 的示意图及对应的力臂 L。

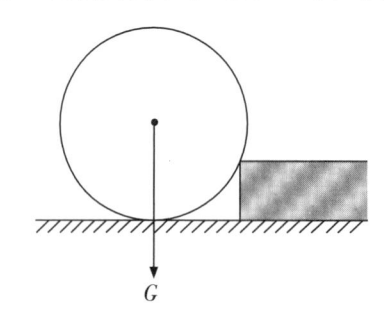

这道试题既能检验学生对杠杆的掌握程度，也能为滑轮讲授埋下伏笔：让学生明白杠杆不只是棒状物体，圆柱形物体也可以是杠杆。同时，这道试题还可以帮助学生理解动滑轮怎么使用才能最省力。可见，合理的试题能很好地实现诊断性评价的功能。

形成性评价是在教学过程中实施的评价，检查课程目标是否实现、实现的程度如何，以判定课程设计的效果，并以此作出改进课程的决策。所以在形成性评价中使用的试题要突出考查重点，有的放矢。如在初二学生刚刚学完"磁场"这一概念时，教师要考查"磁场方向规定为该点小磁针静止时北极所指方向"，所选用试题就应突出这个知识点。下面这道试题就无法达到教师的目的。

在马蹄形磁铁周围放置 a、b、c、d 四只可以自由转动的小磁针，小磁针黑色一端代表 N 极，其中画错的是（　　）

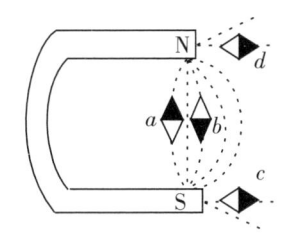

A. 磁针 a、c　　B. 磁针 d、b　　C. 磁针 a、b　　D. 磁针 c、d

"磁场方向"对学生而言抽象又陌生，与之相反"同名磁极相互排斥，异名磁极相互吸引"这个基本原理易于理解，而且被学生所熟知。按照初中生的思维方式，这道试题根本不需要用新学的知识就能作答，所以这个试题检验新知识的功能已经失效了，不妨换用下面这道试题。

图中箭头表示磁感线的方向，则小磁针静止时 N 极的指向应为（　　）

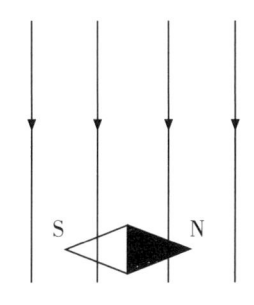

A. 向上　　B. 向下　　C. 向左　　D. 向右

题目中不再出现磁体的磁极，只给出磁场，迫使学生利用"磁场方向的规定"来作答，实现检验新知识的目的。

总结性评价是对一个学段、一个学科教学的教学质量的评价，其目的是对学生阶段性学习的质量作出结论性评价，是检测学生"三维目标"实现程度的重要途径，概括性、综合性强。其功能的实现无法由一道题或一种类型题目完成，需要通过各种题目合理编排来实现，这部分内容将在本专题第三节详细阐述。

第二节　过程评价

过程评价是通过有效、及时的评价，全面了解学生真实的学习情况，合理地分析得失，适当调整教学环节，激励并引导学生的学习行为的一种评价方式。评价过程涵盖学生的整个学习过程，既有针对学生学习成果的评价，也有针对学生学习过程的评价。诊断性评价针对某一堂课，应安排在课堂教学之前，但对于整个学段的教学过程而言，诊断性评价往往起到承上启下的作用。所以，我们将诊断性评价、形成性评价放在过程评价这一节中统一讨论。

过程评价的主要目的是全面了解学生的学习过程，从而激励学生的学习和改进教师的教学。通过评价，可以使学生清楚地认识到自己在整个学习过程中出现的问题，进而找出解决问题的方法。过程评价对学生的学习和教师的教学进行反馈、反思、改进、优化，达到提高"学"与"教"的效率的目的。一方面，让学生从学习过程的开始就了解评价要求、评价标准及评价方法，从而明确自己努力的方向和应该具有的能力；另一方面，通过学习过程中的评价，教师能随时了解学习情况，发现学生学习过程中的薄弱环节，改进学生的学习方法，达到教学目的。

过程评价有以下几条原则：

（1）注重教学过程中的行为。过程评价不但要对学生的学习过程进行全面的观察，还要关注学生在学习过程中的行为表现。根据实践教学所制订的评价表的要求，在实践过程中对学生进行几个项目的评价，防止用学生实践过程中的结果替代实践表现，真正体现"在实践过程中评价"和"评价实践过程"的原则。

（2）评价过程的多元化。过程评价应针对不同的要求、不同的内容运用不同的评价方式，以实现评价的多元化。过程评价主要评价学生的操作能力、语言表达能力以及处理问题的应变能力。因此，应在实践过程中采取个人自评、小组互评、教师评定等多样化形式；评价主体也应实现多元化，改变单一的教师评价模式，特别要注重让学生参与评价过程，真正体现学生的主体作用，促进学生的自主学习。

课堂上的评价帮助教师与学生了解课堂教学效果，让教师及时做出反应，适当调整教学进度。课堂评价与课堂反馈相似，但又存在不同。反馈主要是指教师了解学生学习效果；而课堂评价这种教学活动是双方的、互动的，教师要将评价标准和评价结果渗透给学生，让学生明白以后努力的方向。

课堂上的评价可采用以下几种方式：

（1）有预案的点名提问，多运用于课前诊断性评价。提的问题与提问的名单是在备课时准备好的，问题的内容要与三维教学目标相关（参见上一节），而提问名单是教师根据作业情况、检测情况以及问题难度拟定的。这种提问方式所选用的问题偏重基础知识，拟定回答问题的学生应在过程评价中反馈基础知识的掌握程度。教师在设计这一教学环节时应做出预案：学生在回答这个问题时答错或答不上来，下一步应该如何做，继续提问还是教师自答，不论采取什么方式，都应尽可能地达到该环节的教学目的。

（2）观察式提问，多运用于新知识讲授后的反馈练习。提问的试题同样是教师提前准备好的、有针对性的试题（参见上一节内容），但被提问的学生是在教学过程中确定的，教师通过观察每一个学生的表情及动作，决定回答问题的人选。试题应突出教学重点，检测学生对新知识的接受程度，目的性较强。教师可以在"教师启发和学生思索"环节帮助学习能力较差的学生理解正确答案，使他们跟上课堂进度。观察式提问还可以作为课堂调控的一种手段，教师通过观察发现某个学生不遵守课堂纪律或精力不集中，提问这个学生一些简单的、重复性的问题，把他的注意力吸引到课堂上来。

（3）征答，运用于教学过程中的各个环节。这一方式可以使理解能力较强、学习成绩较好、性格活泼开朗的学生积极参与教学活动，活跃课堂气氛，调节课堂节奏。根据耶尔克斯·多德森定律，最佳的学习动机激起水平与难度密切相关：任务较容易，最佳动机的激起水平较高；任务难度中等，最佳动机的激起水平适中；任务越困难，最佳动机的激起水平越低。按一般的推论，学习动机越强烈，学生学习的积极性越高，因而学习的效果也越好。其实事实并非如此，一般来说学习动机与学习效率的关系呈倒 U 曲线（如图 13 所示），即中等强度时水平最佳，太弱或太强都不太利于学习。所以，征答所使用的试题难度应该适中，太大或太小都不能达到最佳的学习情况。

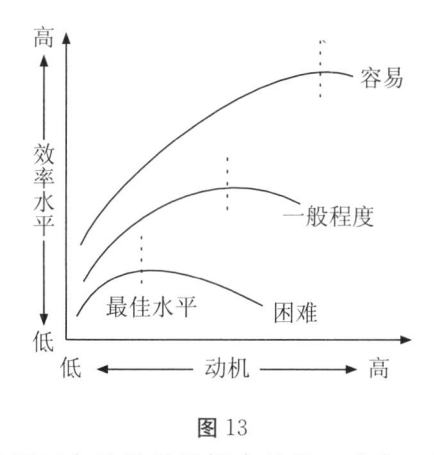

图 13

（4）集体表决，一般用于突破教学目标中的重、难点。这种评价方式可以让课堂上的每一个学生参与活动，帮助教师全面了解学生的学习情况。同时，学生对于这种评价活动积极性很高，在表决过程中会因观点不同分成两个或多个"门派"，为教师组织学生辩论、学生竞答等活动做好准备。例如，针对一道选择题可以采用如下的表决方式："认为 A 选项正确的同学请举左手，认为 B 选项正确的同学请举右手，认同 C 选项的请举起双手，认同 D 选项的请起立。"这种表决方式可以在同一时刻让全体学生同时表决，使每个学生都参与评价活动，反馈结果一目了然。不像传统的多次表决——"认为 A 选项正确的同学请举手"，"手放下"，"同意 B 选项的学生请举手"，可能有学生会因怕出错而羞于举手。教师也可以采用另一种提问方式——"同意 A 选项的举一根手指"，"同意 B 选项的学生举两根手指"，这种方式不突出学生个体，也有利于教师掌控课程气氛。

（5）分组讨论、学生互评，一般用于突破教学目标中的重、难点。分组讨论的题目一般开放性较强，需要学生集思广益、发散思维、发挥创造力和想象力，可以使学生经历探究过程，体验合作精神。在分组讨论的过程中，教师来回巡视，以组为单位进行个别辅导，可以关注性格腼腆、不善于表现自我的学生；学生之间互帮互助，有利于提高整体的教学效果。在讨论结束后学生代表表达小组观点时，教师适当引导学生进行互评，最后由教师进行合理评价。青年教师掌控课堂的能力不强，组织这种课堂评价活动可能会有一定难度，所以要把握两点：设计和说明讨论题目。教师要充分说明讨论的内容，适当地提示学生明确思考方向，不然讨论已经开始了，而大部分学生都不知道要说什么、该说什么，造成课堂纪律混乱。如在"探究电阻上的电流跟两端电压的关系"的课堂教学过程中，组织学生讨论设计实验电路，提出探究问题：请你设计实验电路，探究电阻不变时电流与电压的关系。这样的问题会让学生感到无从下手，有的学生开始查阅教科书或教辅资料直接把正确答案"拿来"，有的学生开始讨论与物理无关的内容，使教学无法继续推进。所以在组织学生讨论前，教师必须进行充分引导：①回顾已学过的知识，思考我们如何使电阻不变？②我们如何改变定值电阻两端的电压？③我们怎样观察通过定值电阻的电流变化？④我们需要记录哪些物理量？教师设计了四个问题，使学生明确设计实验的大方向，利用已经学习过的电学元件相关知识发挥自己的创造性设计实验，通过小组合作完善实验细节。学生小组通过讨论设计出的电路图不再千篇一律，而是带着学生自己的特色，有的小组使用了多节干电池，有的小组使用了可调电压的电源，有的小组使用了滑动变阻器与定值电阻串联的方法，有的小组使用了电阻箱与定值电阻串联的方法，有的小组通过观察小灯泡亮度比较电流的变化……真正达到了"培养学生创造力""让学生经历探究过程"的目的。

（6）课堂练习、课堂小测验，一般运用于新知识讲授完成之后。课堂小测的试卷可由教师亲自审阅，也可以组织学生自评或互评。教师亲自审阅可保证测验成绩的可信度，学生自评或互评可以让学生了解评价标准，帮助他们明白任务的预期目标，为他们指出努力的方向，帮助他们抓住学习的重点内容。两种评卷方式各有利弊，所以教师应根据具体情况做出适当的选择。

课堂外的评价可采用以下几种方式：

（1）家庭作业。教师每天精选2至3道说明题、作图题或计算题，组成"每日作业"布置给学生，收上来后全批全改。教师给学生批改作业也是了解学生对概念是否理解、思路是否清晰的过程。在批改中，教师要针对学生在作业中出现的问题加以个别矫正，适当缀以评语，实现教师与学生在纸上的交流。"每日作业"应多使用主观性试题，减少选择题、填空题等客观性试题的数量。另外，教师也可根据"每日作业"反馈的信息设计下一节课课前要提问的问题，拟定回答问题的人选。

（2）标准化检测。每周进行一次标准化检测，精选选择题和填空题，检查学生一周的学习成果，利用机器评卷快速将成绩反馈给学生和家长，突出评价的及时性和有效性。标准化检测的特点是题型较固定、可信度高、误差小、反馈及时、考查范围广，是其他评价方式的有益补充。教师不能以学生某一次的成绩给学生下定论，特别是对检测结果不理想的学生，要根据检测结果找原因、想办法，让所有学生在评价过程中都得到发展。

（3）一对一交流。一般情况是学生向教师提问，有时教师也会根据"每日作业"和"标准化检测"的反馈信息向学生询问错误原因。在这种评价中，一方面，教师可以根据学生解决问题时的表现，给予适当评价，发挥评价的激励作用；另一方面，这种方式有助于教师了解教学过程中存在的"盲点"和学生思维过程中的"误区"。教师应在一对一交流中帮助学生解决个别问题，还应将具有代表性的问题放到下一节的课堂教学中解决。

教师在进行过程评价时，要充分利用反馈信息，给学生恰当的评定。不论采用哪种评价方式，教师都应将结果及时反馈给学生，给测验评分，批改作业，在学生作答后要告诉学生"对"还是"错"，帮助学生分析对在哪里、错在哪里。心理学研究表明，来自学习结果的各种反馈信息，对学习效果有明显影响。这是因为，一方面学生可以根据反馈信息调整学习活动，改进学习策略；另一方面学生为了取得更好的成绩或避免再犯错误，会增强学习的主动性和积极性。美国心理学家布克和诺维尔曾做过一项试验，他让学生又快又准确地练习减法，每次练习 30 秒，共练习 75 次。在前 50 次练习中，让甲组学生知道每次练习的结果，不断鼓励和督促他们继续努力，并对所犯错误进行分析，而对乙组学生不进行反馈，结果甲组学生比乙组学生成绩好。在后 25 次练习中，给予乙组充分的反馈信息，而甲组学生不知道练习结果，结果乙组学生成绩优于甲组学生。这一实验说明，有关学习结果的反馈信息，对学习动机具有激发作用，有利于提高学生的学习成绩。

所谓评定，是指教师在分数的基础上进行的等级评价和评语。美国心理学家佩奇曾对 74 个班的 2 000 多名学生的作文进行了研究。他把每个班的学生分成三组，分别给予三种作文记分方式。只给第一组的作文甲、乙、丙、丁一类的等级，既无评语也不指出作文中存在的问题。给予第二组特殊评语，即不仅给出等级，还给出评语，但同一等级的作文的评语是一样的，不同等级的评语不一样。例如，对甲等成绩评语为"好，坚持下去"，对乙等成绩评语为"良好，继续前进"等。第三组除评定等级外，还给予顺应性评语，即按照学生作文中存在的问题加以个别矫正。结果表明，三种不同的评语对学生后来的成绩有不同的影响。在学期初，学生的作文水平差不多，到期末，学生作文水平的提高程度明显不一致，顺应性评语针对学生的个体差异，效果最好。特殊评语虽有激励作用，但未针对学生的个别特点，所以效果不如顺应性评语，而无评语的成绩则明显低于前两者。从这个实验中我们可以发现，评定是必要的，所采用的方式也十分重要。等级评定可以体现学生进步的大小，即评定的分数或等级并非表明个体的能力而是其进步的快慢。教师要让学生明白等级评定的作用，并且在评定等级后再加上适当的评语，两者相结合，就会有良好的效果。

回到初中物理教学中来，我们仍以"探究电阻上的电流跟两端电压的关系"这节课为例讨论如何给出恰当的评定。当教师组织学生分组讨论后，学生代表发表小组讨论结果，教师对学生的想象力、创造力给予肯定的同时，还必须从物理学的角度去评价结论的优劣。如第一个小组设计"通过改变干电池个数来改变定值电阻两端电压"的方案，教师先要肯定这种方法可行，然后还要指出方案的缺点：多次拆改电路比较麻烦，而且在实际操作时很难保证每节干电池都是新的、电压都是 1.5 V（实际上这个设计方案的最大问题是电池内阻对实验结果的影响，但讲授新课时，不提倡教师用电池内阻的概念去评价）。第二个小组设计"用学生电源来改变定值电阻两端电压"方案，教师要肯定这种方法的优点，在这个方案中，学生可以直接从电源上读出电压值，并且这个数值可信度强，另外它也有缺点，电源成本较高，实际生活中很少用到。第三个小组设计"用滑动变阻器改变电路电阻从而改变定值电阻两端电压"的方案，教师要肯定这个方案从实际操作的角度上比前两种有优越性，测量出的电压、电流值比前两种方案准确。第四个小组的设计方案和第三组类似，却是用小灯泡代替定值电阻和电流表，通过比较小灯泡亮暗程度来判断电流强弱，教师要肯定这组学生做法，但是要指出从误差的角度上分析，用肉眼判断电流强弱是不准确的，不如电流的测量工具——电流表测得准。第五个小组也和第三组方案类似，却是用变阻箱替代滑动变阻器，教师在肯定可行性的同时，还应该使学生明白实验中不需要知道变阻器的具体阻值，所以不需要成本更高的变阻箱，且变阻箱不能连续改变电阻大小，在这个实验中反而不如滑动变阻器效果好……评价方案的优缺点时，教师可以直接评价，也可以组织学生互评或自评。

教师不能一味地表扬学生，"这个方案很好，那个方案也不错，大家的想法都对"，而不评价优劣。从实际效果上看，一方面学生会对教师给出的"官方"方案缺乏认同感，不能突破本节课程的教学重点；另一方面，学生的发散思维收不回来，不利于学生"思维过程与方法"的培养。虽然表扬和奖励对学生的学习具有促进作用，但使用过多或者使用不当，也会产生消极作用。有效地进行表扬确实不是一件容易的事，另外，表扬是否具有内在价值，即是否为学生所期望、所看重，这都影响表扬的效果。因此，如何适时地、恰当地给予表扬应引起教师的高度重视。教师应根据学生的具体情况进行奖励，把奖励看成某种隐含着成功因素的信息，促使学生由外部动机向内部动机转化，对学习产生兴趣。同时，对于那些在竞争中处于劣势的个体，教师应给予更多的关注与鼓励，设置情境使其有成功的体验，以免其产生自暴自弃的心理。

第三节 终结性评价

终结性评价是在一个大的学习阶段如一个学期或一门学科终结时，根据考试或测验结果，对学生学习成绩的总评价，目的是为了对学生一个阶段的学习作出较为全面的总结。考试是教育评价的有力工具，是人们普遍认为操作起来最简单、直接、公平的测量手段，它对教育活动具有很强的导向作用。而考试的导向作用主要体现在命题中，一份试卷，能引导教师的日常教学行为，也能让学生正确认识自己。考试是衡量学生学习情况的一种重要手段，能否出一份好的试卷也是考验教师基本功的一个重要方面，同时，也能很好地反映一名教师的教学水平。

出好一份综合性强的物理试卷需要注意以下几点：

（1）试题编写以《课程标准》为依据，关注学生的学习过程，关注学生的知识积累，关注学生的运用与实践，关注学生的情感与态度，关注学生的综合素质。要有意识地引导学生把课堂上学到的物理知识应用于生活实际，在生活中学习物理，把理论和实践很好地结合起来，培养独立思考和创新精神。所以在试卷中，记忆性的试题要少而精，有利于培养创新思维的试题要占较大的比例。主观性试题要把考生引向独立思考而不是死记硬背，让考生根据自己的理解和看法来回答问题（参考本专题第一节）。

（2）试卷覆盖知识要全面。命题时不能只注重重点而忽略非重点，应对学生所学知识尽可能多地进行考查。同时在确保覆盖面的前提下，还要突出重点，保证试题在测试内容上具有代表性。

（3）不能出现知识性的错误，不能出现试题情境与现实生活相违背的题目，保证试卷的准确性、科学性。要保证试题题目语意清楚，文字简明扼要，不会产生歧义。

（4）试题要难易适度。试卷命题面向所有学生，不能超纲，不出偏题、怪题，注意试题题目易、中、较难三个层次的比例。每道试题都有区分度，正确率为0和100%的试题都是没有意义的。

（5）题目相对独立。防止学生因为一个知识点未掌握而造成多处失分，也防止学生作答时利用一道试题的结论去解答另一道试题。

（6）尽可能避免在试卷中原样照搬中考题或平时的练习原题。一方面，作为期中或期末考试，学生的学习水平达不到毕业时的水平，用中考题考查学生，难度和知识跨度偏大。另一方面，有的学生在平时练习时做过某道试题，有的学生没有做过，照搬这样的试题来考学生，不能体现公平性原则，也不能实现考试客观评价学生的功能。所以，教师给试卷命题时要编写一些新题，对于现成的题目，也应根据评价目标和学情做适当改动。

（7）试卷中各种题型的搭配要合理得当。物理题型一般有相对固定的题型搭配：单选题、多选题、填空题、综合题，教师在出题时要注重各种题型的搭配，避免千篇一律，兼顾各个层次学生的水平。

专题六　实验能力

物理是一门以观察和实验为基础的科学。实验教学既是物理知识教学的基础，也是在物理教学中实施素质教育的一种渠道和有效手段。

成功地创设演示实验、组织分组实验、开展课外小实验，不但能激发学生的兴趣，而且有利于学生克服思维定式，开拓思路，敢于创新，提出富有新意、与众不同的实验方案。另外，利用新奇、有趣的实验，可以培养学生学习物理的兴趣。如一位教学经验丰富的物理教师是这样展开学生的第一堂物理课——"科学之旅"的。

师：同学们，你们看过胸口碎大石的魔术表演吗？你们认为成功表演这样的魔术，关键因素是什么？

生：大石头被做过手脚了。

师：做过什么样的手脚？大石头的特点是大、硬、重，你们认为做过手脚的大石头的特点是什么？

生：用石膏做出大石头的模样，特点是轻而且脆。

教师设计实验：请同学们跟着我一起模拟这个实验。现在请同学们把自己的额头当做"胸口"，把自己的手指当做"大槌"，用手指弹额头模拟"大槌砸胸口"。

学生非常感兴趣地进行模拟实验的第一步，感到疼。

师：请同学们把桌子上的木板（提前准备好）当做"沉重"而且"坚硬"的大石头，把白纸当做"轻"而且"脆"的石膏板，模拟一下，在额头与手指间放上哪种东西会让额头感到不疼。

学生完成模拟实验的第二步，切身感受到实验结果——放木板时额头不疼，而放白纸时额头疼。

师：胸口碎大石的表演成功的奥秘之一就是大石头一定要用真的，与同学们开始猜想的完全相反，这就是物理的神奇所在。只要同学们继续我们的"科学之旅"，就能学到越来越多的神奇而且有用的知识。

兴趣是最好的老师，学生对学习有兴趣，是积极思维的重要前提。一般来说，初中学生在刚刚接触物理时，都有一种新奇感。这种好奇心如果得不到及时培养，可能很快就会消失。所以，应该通过各种有效途径，将学生的这种新奇感转化为持久的学习兴趣，这就要充分利用实验的趣味性。

在应试教育的大背景下，学生的动手能力得不到锻炼，许多学生是"高分低能"

"眼高手低",不会划火柴、没见过螺丝刀的学生比比皆是。而新课标下的物理教学理念是"从生活走向物理,从物理走向社会",培养学生观察生活、思考生活、热爱生活的习惯。实验教学强调"动手动脑学物理",培养学生发现问题、理解问题和实际操作的能力。由此可见,物理实验教学是实现素质教育的有效手段。

综上所述,实验教学在教育教学中起着非常重要的作用,因此要求每一个物理教师具备一定的实验能力。自古有"名师出高徒"的说法,一位"上知天文、下知地理""做实验像变魔术一样"的教师,对于学生的物理学习有着巨大的示范和推动作用。教师必须提高自身的素质,才能更好地实现《课程标准》的三维教学目标。

首先,教师对待实验的态度要认真,课前准备工作要充分。有的教师担心做实验会影响进度,学生在实验室听课的效率低,其实这种想法是错误的。物理学是一门实验科学,而学生最喜欢的事情就是到实验室上课,哪怕一节课只有一个小实验,就几秒钟,他们也会表现出很高的积极性和极大的兴趣。在实际教学中,有一部分教师为了省事,往往不去精心设计实验甚至不做实验,直接把结果告诉学生,这种做法极大地削弱了学生对物理的兴趣,给物理教学带来了很大的困难。还有一部分教师轻视实验的准备工作,结果造成实验失败或实验效果不佳。甚至有一部分教师认为,可以用多媒体手段去代替实验,如用网上下载的课件或视频代替实物实验,这样得出的实验结论很难得到学生认同,教学效果一样不理想。

其次,教师应该具有物理教学的新理念。教师要开拓自己的思维,带领学生走出课堂、走进生活;不给学生套框子去禁锢他们的思维,不给学生设圈子去打击他们的信心;不局限于课本,大胆进行教学创新,对原有教学模式扬长避短;多听,多看,多写,多做,积极与同行交流成果,实现资源共享。

第三,教师应该具备广泛的实验专业知识。教师要不光会做实验、会讲实验,更重要的是还要管理好实验。初中学生好动好玩,注意力不集中,在实验时他们往往不遵守纪律,看见东西就乱动,使实验课的秩序难以控制,影响实验课的教学效果。因此,教师只有作好实验课的管理与调控,才能为学生实验提供有力的保障,这是实验课成功的关键。

物理实验教学活动以全面提高公民的科学素养为目标,着眼于学生的发展,使学生获得终身学习的兴趣、习惯及一定的学习能力。教师要相信所有学生经过努力都能达到《课程标准》所规定的目标,用终身教育的理念和可持续发展的意识去理解物理实验在新课程教学中的功能与作用,促进全体学生的全面发展和素质的整体提高。物理实验要充分发挥教师的主导作用,突出学生的主体地位。教师应充分相信学生,使学生主动参与,让学生独立设计实验,利用物理实验发挥学生的主观能动作用,最大限度地调动学生自主学习的积极性和主动性。教师在学生实验中应该大胆尝试,做到"学生力所能及,教师避之;学生力所难及,教师助之;学生力所不及,教师为之"。加强物理实验教学,是提高物理教学质量的有效的途径,对培养学生抽象逻辑思维能力很有帮助，能为学生学习高中乃至大学物理知识打下坚实基础。因此，初中物理教学中，应大力加强和优化物理实验教学，进一步提高物理教学质量。

第一节　认识实验器材

实验离不开实验器材，如何根据实验目的合理地选择、组装实验器材是做好实验的关键一步。在这节内容中，我们把初中物理中涉及的实验器材分类整理，从用途、使用方法和怎样读数这几个方面去认识实验器材。

一、测量工具

图 14

如图 14 所示，先把两只手分别放入热水和冷水中，然后把左手放入温水中，再把右手放入温水中，同一杯水到底是"冷"还是"热"呢？这个小实验告诉我们，人们靠感觉判断温度高低往往是不准确的，需要使用科学的测量工具——温度计。

不仅温度的测量靠感觉是不准确的，其他的物理量也是如此。我们通过观察相同规格的小灯泡亮度可以判断电流的大小，但是当亮度变化不大时就很难分辨，需要用电流表测量；我们可以用手去感觉拉力大小，但大小相差不大时需要用到弹簧测力计……初中阶段需要学生掌握使用的测量工具有以下几种：

测量工具	用途	单位	使用时的注意事项
温度计	测量温度	摄氏度（℃）	浸没到待测液体中
电流表	测量电流	安培（A）	与待测用电器串联，绝不允许直接连在电源两极
电压表	测量电压	伏特（V）	与待测用电器并联
电能表	测量一段时间内消耗的电能	千瓦时（kW·h）	
刻度尺	测量长度	米（m）	与目标线平行，尽可能靠近目标线
秒表	测量时间	秒（s）	

续表

测量工具	用途	单位	使用时的注意事项
天平	测量质量	克（g）	左盘放待测物体，右盘放砝码
量筒/量杯	测量液体体积	毫升（mL）	
弹簧测力计	测量力的大小	牛顿（N）	

测量工具都是用来测量物理量大小的实验器材，都要读数。它们在测量时需要按照以下的几个步骤来操作：

（1）估计待测物理量的大小，选择具有合适的量程和分度值的测量工具。量程指的是测量工具所能测出的最小值和最大值的范围，当待测物理量超过量程时，就会损坏测量工具或无法测出物理量大小。如电压表，待测电压超过电压表的最大量程就会打坏电压表指针；如刻度尺，待测长度超过最大量程就不能测量了。分度值指的是测量工具上最小的一格所代表的值，分度值代表了工具的测量精度，分度值越小，测出的物理量越精确。测量前要根据实验目的来选择工具的精度，不是分度值越小的测量工具就越好。如我们在测量光源到凸透镜之间的距离时，选择分度值是1 mm的刻度尺就足够精确了，没有必要去选择分度值更小、成本更高的工具，即使使用了这样的测量工具，所测出的精确数值也没有意义，因为透镜厚度、光源厚度所带来的误差远比测量工具的误差要大得多。所以，一定要根据实验目的选择合适的测量工具。

（2）如果无法确定待测物理量是否在所选测量工具的量程内，就应该通过"试测"来判断是否需要改换其他规格的仪器。如在电学实验中选择电流表或电压表，需要通过"试触"确定量程，如果指针"满偏"，需要选择具有更大量程的电表；如果"反偏"，需要将正负接线柱交换位置；如果指针偏转角度小于整个表盘的1/5（以实验室用的电表为例），需要改用小量程的电表。

（3）选择好测量工具后还要观察测量工具的示数是否为零，如果不是，需要调整零刻度。如天平在使用之前必须放在水平桌面上，将游码放到零刻线处，调节天平平衡，使天平在不放任何物体时质量读数为零；量筒和量杯在使用之前，也需要检查容器内是否干燥，确保在没有倒入待测液体时，体积示数为零。

（4）组装实验仪器，正确使用测量工具。

（5）等待指针/液面静止后，按照下面"三看清"的步骤去读数：①看清量程、分度值。②保持视线与刻度线垂直，看清指针的位置，确定物理量的数值。如在使用温度计、量筒、量杯等测量工具时，读数时视线要保持与凹液面最低处（水、酒精、煤油等）、凸液面最高处（水银）相平；在使用电压表、电流表、刻度尺、弹簧测力计等测量工具时，读数时视线要保持与刻线垂直，某些电压表、电流表的表盘上有块小平面镜，目的就是让测量者判断视线是否与刻线垂直。③看清测量工具上标注的单位，确定物理量的单位。

（6）收拾实验器材，按照不同的摆放要求摆放好仪器，轻拿轻放。

初中阶段学生在实验过程中还能接触到的测量工具有以下几种：

测量工具	用途	单位
万用表	测量电阻	欧姆（Ω）
	测量直流电流	安培（A）
	测量交流电流	
	测量直流电压	伏特（V）
	测量交流电压	
功率表	测量电功率	瓦特（W）
密度计	测量液体密度	克每立方厘米（g/cm³）
水表/煤气表	测量液体/气体体积	立方米（m³）
压强计	测量液体压强	厘米水柱
气压计	测量气体压强	厘米汞柱

上述几种测量工具可以为很多创新实验服务，初中阶段的物理教学要求学生能够根据仪器上的单位辨认该工具的用途、能够按照测量工具的读数原则读数，并不要求学生具体掌握它们的使用方法。

除了传统的测量工具以外，还有一些新型的测量工具，如数字传感器。传感器是一种检测装置，能感受到被测量的信息并能将检测到的信息按一定规律变换成为电信号或其他的信息形式输出，以满足信息的传输、处理、存储、显示、记录和控制等要求。按被测物理量来分类，数字传感器可分为位移传感器、速度传感器、温度传感器、力传感器、光强传感器等几个种类。物理实验中，将数字传感器与电脑相连，配合数学作图软件，可以边实验边画函数图像，并且可利用多媒体工具将数据与图像实时地展示在大屏幕上，具有测量准确、使用方便快捷、读数一目了然等优点，但是这种高科技的测量工具是一把双刃剑，有利的同时也有很大的弊端：由于传感器的原理非常复杂难懂，学生不知道这些数据是怎么来的，缺乏认同感，甚至会认为教师在传感器上动了手脚才会得出这样的数据；仪器使用起来过于方便快捷，实验过程被简化，使学生很难参与实验，即使学生亲自动手用传感器去实验，也会有"吊线木偶"的感觉，老师让怎么操作就怎么操作，自己却并不明白这样操作的意义是什么，很难实现"过程与方法"的教学目标。所以在初中物理教学阶段，不要试图用传感器完全代替传统的测量工具，而应该将传感器作为传统实验之后的补充实验的工具，让学生体会到科学技术所带来的便捷。如在演示如何利用传统电能表、秒表测量某用电器电功率的实验之后，可以演示电子电能表的实验，同时让学生尝试在家里测一测电视机或电冰箱的功率，让物理从课堂走向生活。

二、其他实验器材

1. 检验类实验器材

实验器材	用途	使用时的注意事项
验电器	检验物体是否带电	
灵敏电流计	检验电路中是否有电流	
试电笔	检测家庭电路是否有故障；判断零线、火线	手指按住笔卡，千万不能碰到笔尖

2. 固定类实验器材

实验器材	用途	使用时的注意事项
光具座	固定光学元件	
铁架台	固定力学元件	
电路板	固定电学元件	

3. 作为研究主体的实验仪器

实验器材	用途	使用时的注意事项
平面镜	进行平面镜成像、光的反射试验	
凸透镜	进行凸透镜成像试验	
三棱镜	进行光的色散试验	
定值电阻、小灯泡、电阻丝	大部分的电学实验	
小车、小球、木块	大部分的力学实验	
磁铁、小磁针	大部分的电磁实验	
电磁铁	探究电磁铁的大小、方向与哪些因素有关	
电磁继电器	连接自动控制电路	
定滑轮、动滑轮	做滑轮组实验；测滑轮组机械效率	
杠杆	探究杠杆平衡条件	
海波	观察海波熔化	
水	观察水的沸腾；测水的比热容；测水的密度	

4. 其他常见的实验器材

实验器材	用途	使用时的注意事项
声源、光源、电源、酒精灯	提供声、光、电、热	电源：不允许直接用导线将正负两极相连 酒精灯：不允许用正在燃烧的酒精灯去点燃另一个
滑动变阻器、电阻箱	改变电阻，从而改变电路中的电流电压	滑动变阻器："一上一下"接线法
挂码、砝码	改变质量，从而改变重力、压力	
烧杯、试管、烧瓶	盛放试验用液体、固体	
导线	连接电路	
细线	连接力学元件	

以上所列举的实验器材只是初中物理重点实验中经常用到的，实际教学中需要用到的仪器远不止这些，教师还可以把身边的废旧物品改造成实验仪器用于教学。

三、开发利用多媒体展台、电脑、摄像头的功能，为实验教学服务

实验要面向全体学生，尤其是演示实验，不仅要真实，而且教师应该想方设法使实验现象更加清楚，使学生即使坐在最后一排也能看清楚。

在具体实验中，教师可以用实物投影仪将演示实验的现象放大展示在大屏幕上；而在某些因观察角度小实物投影仪"看"不到的地方，教师就可以利用小巧灵活的摄像头放大实验现象；教师还可以制作动态课件或视频录像，把自然奇观、科技新闻、生活中的物理现象等引入课堂，作为课堂实验的补充。合理运用媒体辅助手段来配合教学、服务教学，体现了多媒体对课堂教学的影响。

但是若音像资源过多过滥，会适得其反，有的教师收集视频资料时没有精心选择，音像资源也没有发挥它应有的价值。如一个教师在上新课"浮力"前花了大量的时间让学生看视频"沉船的打捞过程"，学生看了半天，老师就说了一句话："这就是我们今天要学习的内容——浮力的应用。"而一直到课堂结束，教师再也没讨论过这些内容。其实教师完全可以结合"轮船的利用"让学生先自己想办法，再让学生看一看现实生活中是如何打捞的。有的多媒体课件把整个教学过程甚至教师和学生要说的话都编排好了，限制了学生和教师的思维，有时学生还没有思考，教师就让学生看规定好的答案去了，给人一种机器领着教师走、教师领着学生走的感觉。

利用多媒体辅助实验教学，要用得恰到好处、顺理成章。在认识实验材料的基础

上，教师怎样根据教学内容设计实验方案、组合实验器材，提高实验教学的有效性？这个问题我们下一节讨论。

第二节　设计实验

　　设计实验是探究实验过程中的重要环节，一个好的实验方案是完成科学探究的基础，体现了物理原理与实际的结合。一个好的实验方案应该具有易操作、易观察、误差小的优点，让学生通过交流与评价去改进实验，能够锻炼学生的思维方式。如在大气压的测量的实验中，两种不同的实验设计会产生两种不同的效果。教师首先按照教材上"想想做做"的方法，把塑料吸盘紧紧地贴在光滑的玻璃板上，用弹簧测力计将吸盘缓慢拉出，记录拉出前一瞬间弹簧测力计的示数和吸盘面积，然后让学生实际操作，学生一动手就发现实验操作起来不方便——很难准确读出弹簧测力计的示数。这时教师启发学生改进实验方案，学生将弹簧测力计改用小桶，将塑料吸盘紧紧地贴在光滑的玻璃板上，把小桶挂在塑料吸盘下，缓慢地向桶中加沙子直到吸盘被拉开，用弹簧测力计测出此时小桶和沙子的总重，再计算大气压强。在整个教学过程中，学生经历了设计实验、操作实验、发现问题、改进实验、再次实验、记录数据、计算结果几个环节，经历了"动手—失败—思考—再动手—成功"的过程，增强了克服困难的信心，认识到课本上的内容并不是绝对正确的。另外，在教学实施时，教师可以设计"陷阱"让学生去"跳"，不要把最好的方案直接告诉学生，让他们在探索中发现。

　　设计实验应遵循以下几个步骤：

　　（1）实验原理的确定。许多实验，特别是测量某个物理量（如密度、机械效率、电阻等）的实验，都要依据物理原理。确定了实验原理，也就决定了实验的总方向或框架。

　　（2）控制变量法的运用。控制变量法是科学探究的重要方法，若被研究的量与多个因素有关，通常就要运用控制变量法。这种方法通过控制其他的量不变，仅使一个量发生改变，记录因变量改变产生的相应的数值，经过多次（至少三次）实验寻找规律，最后再总结规律。故有几个自变量，就至少要分成几个实验部分。

　　（3）物理量的显示与控制方法。有些物理量可以用仪表或测量工具测量出来，如电流、电压分别有电流表、电压表等，而有一些物理量，还没有专用的测量工具或实验中不能提供专用的测量工具，就要运用"转化法"进行间接测量。这时我们就要动点脑筋，在理解该物理量的意义和规律的基础上，设计好测量的方法和待测的物理量。对于一些学生没有学过的物理量，教师要引导学生注意研究和总结。

　　实验中总要控制某些物理量不变，同时改变其他物理量。有些物理量的控制方法也是难点。如在研究欧姆定律的"电流与电阻的规律"时，要控制一段电路两端的电压不变，理论上只要给这段电路接上一个稳压电源就行了，但实际上这样的稳压电源很难找到。如何控制这段电路两端的电压不变，就成了一个"富有技术性"的问题。类似的问题还有在研究"动能的大小与物体的质量、速度的关系"时，如何科学地控制和改变速度等。这些都是设计实验的重点。

（4）实验器材的选择。在实验原理和大致的实验方向、方法确定后，就要考虑使用哪些测量工具了。要注意根据实验的方法，特别是根据需要测量的物理量，选择合适的测量工具（量程）。

（5）实验步骤的设计与表述。一是要明确指出实验步骤要特别注意的细节，如是否要匀速拉动、沿哪个方向拉动等，或者必须要怎样操作或操作到什么程度等；二是书写实验步骤要做到简洁、清楚、有条理，表达到位。

（6）实验表格的设计。通常学生只要把所有要测量（记录）的物理量写成一横行，写清楚物理量的名称和字母，依此向下划列，再在左边写上实验次数，依此向右划行，一个表格就行成了。千万要注意的是，一定要在物理量的后面写上相应的单位。

我们来看一个"探究影响滑动摩擦力大小的因素"的设计实验环节的实例。

师：我们要探究滑动摩擦力的大小，用什么样的测量工具可以测量？

生：弹簧测力计。

师：弹簧测力计只能测量对木块的拉力大小，怎么能测摩擦力？

生：利用牛顿第一定律，当木块静止或匀速直线运动时受到的平衡力、拉力大小等于摩擦力的大小（确定实验原理）。

师：测量滑动摩擦力的大小，木块应该静止还是匀速直线运动？（这是教师设计的"陷阱"，为后期的实验改进服务）

生：木块必须匀速直线运动。

师：同学们，请根据我们刚刚学习的滑动摩擦力的概念和看到的演示实验，猜想一下，它的大小与哪些因素有关，并说出你的理由。

生：与粗糙程度有关，因为在伽利略实验中，毛巾的摩擦力就比木板大得多。

生：与压力大小有关，因为刚刚讲过，没有压力就没有摩擦力。

生：与相对运动速度有关，因为没有相对运动就没有摩擦力。

生：与接触面积有关，因为不接触的物体之间是没有摩擦力的。

师：第一位同学的猜想联系了之前做过的实验，说明他对学过的知识掌握得很好；后面三位同学结合刚刚学过的知识——摩擦力存在的条件进行了猜想，说明他们思路清晰（给予学生积极、有效的评价）。

师：现在同学们猜想可能有四个因素——粗糙程度、压力大小、相对速度大小、接触面积大小对滑动摩擦力的大小产生影响，我们应该怎样设计实验？

生：用控制变量法，分成四个小实验。（1）控制压力、相对速度、接触面积并使之大小相同，选择粗糙程度不同的物体，用弹簧测力计测出滑动摩擦力的大小。（2）控制粗糙程度、相对速度、接触面积并使之大小相同，改变压力大小，测出滑动摩擦力。(3)控制粗糙程度、压力、接触面积使之大小相同,改变速度大小,测出滑动摩擦力。(4)控制粗糙程度、压力、相对速度,使之大小相同,改变接触面积大小,测出滑动摩擦力。

(此时,教师应放慢速度,不怕麻烦地让学生把每一个实验需要控制的、需要变化的物理量说出来,强化控制变量法的同时,给理解能力差的学生一点思考的时间)

师:通过什么方法可以控制压力大小?

生:在木块上加减砝码改变压力大小,不加不减,压力大小相同。

(也有的学生说选择大小相同、质量不同的铁块、铝块和木块,教师应指出这种方案的可行性,但仪器数量较多,不易获得,而且很难保证三个物块体积完全相同)

师:通过什么方法可以控制粗糙程度?

生:选择木板、棉布和毛巾分别与木块接触改变粗糙程度,只使用木板与木板接触就控制了粗糙程度。

师:通过什么方法可以控制速度大小?

生:用手去改变速度大小,或使速度相同。

师:通过什么方法可以控制接触面积的大小?

生:选择长方体木块,分别让正面、侧面和顶面与木板接触,那么接触面积不同,若只用正面与木板接触则控制了接触面积。

(也有学生建议选用质量相同、体积不同的正方体木块,教师适当评价利弊)

教师组织学生自己设计实验步骤和实验表格,并把它们写在预先准备好的学案上。组织学生分组实验,交流实验结果,得出实验结论:滑动摩擦力的大小与相对速度、接触面积的大小无关;在粗糙程度相同时,滑动摩擦力的大小与压力大小成正比;在压力相同时,表面越粗糙,滑动摩擦力越大(表述结论时要指出如何控制变量,与设计实验方法相呼应)。

师:请同学们评价一下,实验操作、实验结果中有什么不足?

生:在进行实验时,用手很难控制木块保持匀速直线运动,弹簧测力计示数一直在变化,读数不准确(交流评价的过程中发现的新问题)。

师:要是弹簧测力计保持静止就方便我们读数了,可是弹簧测力计静止了,木块也就静止了,静止的木块能不能受到滑动摩擦力的作用?

问题有些难,学生答不出来。

师:木块受到木板的滑动摩擦力作用时,必须与木板是相对运动的,而弹簧测力计静止是以哪个物理为参照物时的静止?

学生发现问题的关键:可以让木块、弹簧测力计与地面保持静止,匀速抽动木板,让木块相对于木板运动——学生在教师的引导下优化实验方案。

"想要给学生一滴水,教师就要准备一桶水",教师在课前准备时要认真思考,努力优化课本中的实验,只有教师先设计出好的实验,才能在课堂上引导学生设计出

"源于课本、高于课本"的实验。如在 2009 年的全国名师大赛中，一位教师在教授"液体压强"这节课时，将改良版的"帕斯卡裂桶实验"带进了课堂。传统的"帕斯卡裂桶实验"实验器材庞大，需要多人长时间配合才能完成，不能在时间和空间都有限的课堂上演示，有些教师采用了课前拍摄实验过程课上播放的方法，效果也非常好，但是播放视频的效果毕竟比不上实物演示。这位教师用塑料袋代替了橡木桶，用一根短的塑料管代替了长长的玻璃管，用一把木椅代替了三层高楼，在一个学生帮助下完成了"裂塑料袋"的实验，现象明显，在视觉和听觉上都给学生带来了冲击。对于学生而言，这个实验新奇有趣，极大地激发了他们的学习热情。

而一些只是为了创新而进行的创新实验是没有效果的，如在探究浮力大小的实验中，为了比较物体所受浮力大小与排开水的重力大小的关系，需要把物体浸入溢水杯。有的创新实验是把物体浸入烧杯中，一个小物件将烧杯垫高、变得倾斜，去收集从烧杯中溢出的水。比较传统的溢水杯和创新的烧杯，我们发现实验原理没有任何区别，而且倾斜的烧杯不稳定、容易摇晃，给实验的准确性和安全性都带来隐患，溢水杯也是实验室中的常见仪器，成本也不高。所以，这样的创新没有太大的实际意义（只有在实验室没有溢水杯时可以采用），课堂上把这个创新点突出展示给学生，是很难吸引学生注意力的，也就是无效的。

所以，教师能够高水平地设计实验、创新实验是上好物理探究实验课的基础。

第三节　演示实验

物理演示实验具有形象、真实、生动有趣的特点，能为学生在形成物理概念、得出物理规律前营造出生活中的物理情景，使学生感受更深，"百闻不如一见"就是这个道理。演示实验一般作为课堂引入，把要研究的物理现象生动展现在学生面前，使其感到惊奇，产生疑问，激活思维，从而顺利进入新课。

如讲授"液体的压强"时用实验导入。把红色水倒入下端蒙有橡胶膜的玻璃管，学生发现橡皮膜向下突出，尤其是当发现老师再倒入水时橡皮膜突出很多很大，学生开始担心膜会破掉，兴趣一下子就被吸引到教学中来。

如讲授"浮力"时用实验导入。一个鸡蛋放在水中下沉，放入一点盐后鸡蛋可以浮起，而在另一个容器中本来漂浮的鸡蛋，加盐后鸡蛋却下沉了。学生带着疑虑一直认真听课，直到本节内容结束，教师才揭开谜底，原来这是一个空壳的鸡蛋，盐是加在蛋壳里了，改变了物体的重力，使物体的重力大于浮力，所以鸡蛋下沉。

如讲授"双耳效应"的，除了传统的蒙眼定位实验，有的教师还组织"双眼效应"的小实验。让学生们拿两只笔使笔尖相对，两只眼都睁开时很容易做到，而只睁一只眼时却很难做到，学生切身感受到知识之间的内在联系，学会使用迁移的思维方式。

如讲授"大气压强"时，有的教师把气球放在密封的塑料桶里，把塑料桶里的气体抽出一部分，气球可以变鼓，甚至破裂，强烈的视觉、听觉效果吸引了学生的注意。

如讲授"水的沸腾"时用"纸锅烧水"实验导入。教师当场用挂历纸和订书器制作两个纸锅，一个盛水，一个空着。将两个纸锅分别放到酒精灯上，无水的纸锅很快燃烧并化为灰烬，有水的纸锅却完好无损，通过强烈的视觉对比吸引学生的注意。

学生在利用已有的经验分析新生事物时往往爱犯经验主义的错误，教师可以很好地利用这一特点创设问题情境，让学生陷入"陷阱"，产生认知冲突，激发学生的学习热情。

经验告诉我们：一个物理成绩优秀的学生对物理现象和物理过程具有很强的"悟性"，这种"悟性"源于对日常生活的观察。物理学习有障碍的学生，其最大的障碍不在于智力因素，而在于缺少对日常生活的观察，头脑中缺乏感性经验，而这些感性经验恰恰是物理思维的基础。因此，作为一名物理教师，首要任务就是：尽一切可能，在课堂上为学生展现出丰富多彩的物理现象和生动的物理情境。教师不仅要按照课程标准规定做好演示实验，甚至可以将教材上的一段话、一幅插图、一道习题搬上"讲台"，进行演示。演示的形式不仅仅是"老师演，学生看"，还可以是"教师导，学生演"，即边学边实验。

演示实验是一种重要的教学辅助手段，是教师备课的重要内容之一。有的教师轻视课前演示实验的准备工作，不认真准备，结果造成演示失败或演示效果不理想的情况，以致在课堂上束手无策，最后迫使学生接受结论，反而不如不做实验。造成这种情况的原因很多，有的是主观上的问题，思想认识不足，对演示实验教学不重视或图省事；有的是疏忽大意，以为实验内容简单，以前做过或曾看见别人做过，就想当然认为没有问题；还有的是怕麻烦，唯恐耽误教学进度等。教师首先要加强对演示实验的认识，在课前应该准备好与实验有关的全部仪器、材料；其次要在课前多操作几遍，直到熟练，对于在实验中可能出现的问题做到心中有数；第三要掌握好演示的时间，注意与教学进度的紧密配合；第四是教师在做好规定的演示实验外，还可以适当补充一些小实验，或对现有的实验做必要的改进，以提高实验效果；最后要考虑在演示过程中如何引导学生观察，启发学生思考，最大限度地发挥演示实验的作用。

教师在演示实验之前要向学生介绍新的实验器材，并说明其使用方法和注意事项。教师在介绍实验仪器、说明实验步骤和总结实验结论时，语言要简洁准确。有的教师在进行演示实验时不注意语言的准确表达，对学生正确认识仪器、形成概念、掌握过程就会产生不好的影响。这里有几种常出现错误的情况：一是器材名称不准确，将电阻箱称为变阻箱，将托盘天平称为天平；二是将相似的仪器混为一谈，将圆筒测力计、弹簧测力计称为弹簧秤；三是将不同的概念混为一谈，比如将"质量"与"重量"混淆。

另外，在演示实验时，教师要注意操作的规范性。操作规范是指教师在使用器材、连接和装配器材及演示现象时动作要准确、规范，在使用时精密仪器要轻拿轻放，潜移默化地让学生学会爱护器材。要注意一些细节，在使用托盘天平时，取用砝码、移动游码时必须用镊子而不能用手；点燃酒精灯后火柴杆不能随手扔在地上，要放在专门的废物杯中；电路的连接应先接线路后闭合开关，拆卸时先断开开关，再拆线路。总之，教师的一举一动都会影响学生，起到潜移默化的作用。教师的规范操作，不仅能提高实验的成功率，而且会使学生养成严谨求实的良好实验习惯。

传统的演示实验是教师唱独角戏，先是教师做学生看，再由教师讲给学生听，这种做法使演示与讲解脱节，忽视了学生学习的主动性，学生成了实验的看客，完全没有发挥出演示实验的作用，是不可取的。教师要在演示的同时引导学生观察，不断启发提问，让学生分析、讨论并参与实验，充分调动学生学习的积极性，使实验结论合情合理地被推导出来。在下面这个例子中，教师选择的情境很好，却缺少对学生的引导。某教师在讲大气压引入新课时，让两个学生上台喝饮料，然后教师提问："是什么原因使他们一个能喝，一个不能喝，哪位同学能回答？"学生答："大气压。"老师接着说："对，我们今天就来学习大气压。"然后写板书，展开后面的教学环节。在进行这个演示实验时，教师可以引导学生通过观察分析：喝饮料时液体表面为什么要有大气？难道是大气产生的力把饮料压进嘴里吗？或者说大气有压强吗？然后引导学生进行猜想。

演示实验还可以让学生参与实验，如让学生上前来读数或亲自动手。如在讲测量时，可以让一个学生用他的步伐对教室的长度进行测量。学生在参与中学到了知识，记忆会更加深刻。

演示实验不仅要清楚展示，还要面向全体学生。我们要坚持这样一个原则：学生看不到的实验不做，要做就做能让全班每一个学生都能看到的实验。教师要想方设法增大实验的可见度。如在说明磁体周围存在着磁场的实验中，采用投影放大的方法，让学生观察到清晰的现象；水的沸腾实验可以在铁架台上固定一个摄像头对准温度计，让全班的学生都可以通过大屏幕实时观察温度变化。教师有时为了让教师后面的学生能看清楚实验现象，在讲桌上放一把椅子，以便学生轮流演示；有时也让后排的学生临时调整座位，坐到靠前的过道上；有时可以拿着实验器材在教室里前后走动一下，以便照顾全体学生。

有些实验我们在演示的时候效果非常好，但是还是有一部分学生记不住实验结果，原因在于教师演示的过程较快或者实验过于烦琐，学生还未来得及消化前面的内容，后面的内容又出现了，最后学生眼花缭乱。这时可以借助图形理清实验思想和结果，让学生一目了然，既降低了教学难度，又省力省事。如在光的色散实验之后，教师可以借助挂图或多媒体展示光的色散光路图，帮助学生理解。再如在演示羊角锤、瓶起子等杠杆实验后，教师可以带领学生一起画杠杆示意图（画支点、力、力臂），让学生在作图练习中思考杠杆的转动过程。

总之，我们在教学过程中一定要重视课堂上演示实验的作用，一定要认真准备、认真演示、认真总结，好好利用演示实验，使它在教学中起到更大的作用。

第四节　指导、分析实验

要使学生产生持久的学习兴趣，仅靠几个演示实验是不够的，应充分发挥各种实验的作用。在一些探究性的实验中，学生对于观察到的现象和实验所揭示的物理事实感到惊奇，从而产生好奇心和兴趣。新颖有趣的实验问题，特别是学生自己提出的耐人寻味的问题，是学生参与探究活动的基础，学生通过实验验证问题，印象会更加深刻，教学效果也会更加明显。

《课程标准》有科学探究和科学内容两部分。教科书将科学探究和科学内容放在同等重要的地位，旨在强调科学方法和科学态度的重要性。科学探究不仅是教学方式，也是教学内容，是课改的核心内容。然而对于学生来说，其科学探究能力的发展不可能一蹴而就，这就需要教师在教学中长期规划和统筹安排，对学生进行培养、熏陶和训练。教师要把科学探究落实在日常的教学中，变偶尔为经常，将理念化成日常行动。

我们以"探究平面镜成像实验"为例，详细讨论科学探究的七个步骤。

（1）发现并提出问题是科学探究的起始步骤。在探究学习的课堂上，教师应依据物理学科的特点尽量以实验为主构建真实的问题情境，使学生通过观察发现问题。

课堂以"魔术盒"的演示实验引入（如图15所示），用摄像头对准观察口，让全班同学都能从大屏幕上看到：投进去的一元硬币不见了。聪明的学生很快发现了"魔术盒"的奥秘——中间有块平面镜，我们看到的只是盒子底部在平面镜中的像，不是整个盒子。教师顺势提出问题：平面镜成像有什么特点？所成的像比物体大还是小，远还是近？是实像还是虚像？

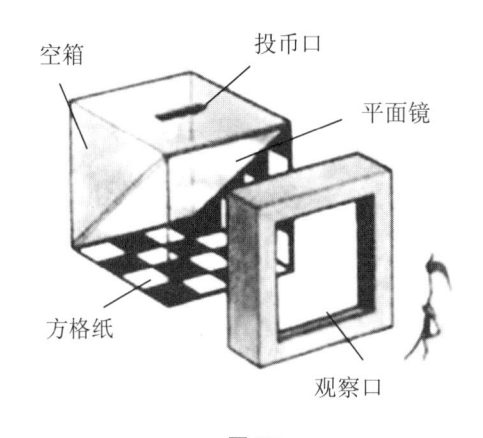

图 15

（2）作出猜想与假设。我们强调"猜想与假设"必须是以实际情境为基础的，反对随意猜想，或者使学生的猜想流于形式。如有的教师在没有给出任何情境的情况下，让学生猜想浮力的大小与什么因素有关？没有预习过浮力知识的学生无所适从，已经预习的学生立即答出背熟的答案。如此设计猜想与假设环节，没有实现培养学生的猜想能力的目的。

在探究平面镜成像问题前，教师先带领学生复习什么是实像，什么是虚像，怎样识别实像与虚像。然后教师组织学生观察自己手中的平面镜,让学生猜想平面镜中所成的像有什么特点,学生作出猜想并说出猜想的依据:平面镜中的像比实物小,像与实物是上下相同、左右相反的,像与物的信息是完全一致的,像到镜子的距离与物到镜子的距离一样(根据观察猜想的),虚像(用白纸接不到像)……

(3)制订计划与设计实验(参见上一节内容)。①实验原理的确定。②控制变量法的运用。③物理量的显示与控制方法。④实验器材的选择。⑤实验步骤的设计与表述。⑥实验表格的设计。

师:我们要完成探究平面镜成像特点的实验,需要什么实验器材?

生(很快答出):平面镜。

师:我们怎样才能比较像与物的大小关系,用数据说话?

生:使用刻度尺。

师:请同学们用桌子上的刻度尺去测量一下,镜子中的物理书有多大?

学生将刻度尺直接放在平面镜的表面,发现并不能测量——尺子放在平面镜前,离物理书的像还很远,物理书的像在镜子后面;学生又将刻度尺放到镜子后面,发现尺子被挡住看不见了。

师:看来想要测量出平面镜的像的大小并不容易,请同学们分组讨论,怎样做才能用刻度尺测出像的大小。

学生讨论,教师巡视,在巡视中了解各组的设计方案,确定回答顺序。

教师先让这样设计的学生叙述方案:将刻度尺放在物理书旁边,然后在平面镜中就同时看到书和尺子,这样就可以直接读数了。然后组织学生互评——这个方案好不好。很多学生指出方案行不通,因为刻度尺在平面镜中的像已经和原本的刻度尺不一样大了,测出的数据不可信。

教师再让设计其他方案的学生叙述:用玻璃板代替平面镜,将刻度尺放在玻璃板后测量物理书的像。然后教师按照这个方案在教室演示,学生发现很难确定刻度尺的摆放位置。

师(引导学生思考):实验不需要我们测出像的具体大小,只要能够确定像比物体大还是比物体小即可,我们可以选择两个一样大小的物体,比如蜡烛、国际象棋,一个放在玻璃板前当作"物",一个放在玻璃板后与像重合,比较它们的大小。这样做有什么好处?

生:同时也确定了像所在的位置。

师:怎样才能知道两个蜡烛到玻璃板的距离?

生:用刻度尺量。

师:请同学们动手操作一下,用刻度尺量一量蜡烛到玻璃板的距离。

学生动手操作,很快发现这种方法不易操作,即使量出来也不准确。

师:为了方便测量,我们选择了白纸,把它放在这些实验仪器下面,然后……

生：用铅笔把它们的位置画下来，然后再用刻度尺去量。

教师在设计教学过程时，故意将学生引入误区——选择平面镜作为实验器材，接着通过实际操作和分组讨论环节，换用既能透光也能反光的玻璃板，强化学生对平面镜成像的认识，培养了学生解决问题的能力和态度。

（4）按照实验步骤进行实验，在表格中记录现象与测量结果。教师组织学生分组实验，在动手实验之前，教师要先给学生提要求：实验器材轻拿轻放；实验过程中不提倡与其他小组互相讨论，不允许大声喧哗；实验完成后整理实验器材，恢复实验台原来的样子。

教师在指导过程中，注意观察学生遇到的问题，鼓励并引导他们自己动手解决。如有的学生位置不好，阳光恰好照到玻璃板上，学生很难观察到蜡烛的像。教师应该帮助他们分析问题原因，通过改变仪器位置验证猜想，让学生自己想办法解决，而不是直接动手给他们解决问题。

（5）得出结论。教师带领学生通过计算、绘图等方式处理实验数据，将实验数据和实验现象归纳成结论，有的还可以写成抽象的数学关系式。

处理实验数据有以下几种方法：①函数图像法。如探究电压相同时，电流与电阻的关系；探究密度相同时，质量与体积的关系等。要让学生掌握用图像的方法寻找两个物理量之间的关系。②推理的方法。如伽利略实验，通过三个实验现象所表现出层层递进的关系做出合理推理：物体表面越光滑，小车运动的距离越远，如果物体表面无限光滑，小车将一直运动下去。如验证声音传播的实验，也是通过三个现象所表现出层层递进的关系做出合理推理：玻璃罩内空气越稀薄，闹铃的声音听起来越小，如果玻璃罩稀薄到极致——真空，闹铃的声音将不能被听到。③控制变量法。在实验现象和实验数据中，找到在其他条件都一样时一个物理量对结果的影响。

学生根据表格中记录的现象和数据，得出平面镜成像的特点。

（6）评估、交流与合作。教师组织学生自评和互评，总结实验中的不足之处；让学生与课本中直接给出的结论作比较，寻找实验中导致误差出现的原因；引导学生思考在实验设计和实验操作上，哪些地方还应该改进；依据实验结果，提出新的探究问题。

教师将学生的实验结论与猜想假设对比，反思实验方案，让学生进行自我评价，思考如果下次再做这样的实验，应该改进哪些地方，并进行交流。

有的学生认为，下次实验他不会选用两根一样的蜡烛，因为蜡烛是左右对称的，无法验证"像与物是左右相反"的猜想，应该选择两个外形一样、左右相反的物体。通过交流，同学帮助他找到具备这样特点的物体——数字"2"和"5"。有的学生认为，下次实验他会选择更薄一些的玻璃板，实验时就不会出现"重影"现象了。有的学生认为，下次实验应该到比较暗的环境中，用手电筒照亮蜡烛，排除周围环境对实验现象的影响。

一个在很多学生看来简单、平淡无奇，甚至不需要探究变量的实验，经过教师的精心设计，步步设疑，也可以成为一个生动有趣的探究过程。在整个探究过程中，学生的逻辑思维能力和创造能力得到了锻炼。因此，要提高物理课堂教学质量，教师在教学中要做到对学生进行有效的启发。在探究学习的课堂上，教师对问题的引导要留有余地，启发要得当，能够达到激发学生兴趣、使学生深思的目的。

分组实验是培养学生多方面能力的一个重要手段。分组实验多以测量性、验证性和实验性实验为主。要提高学生分组实验的教学效果，就必须使学生进入角色，手、眼、脑并用，进行有目的的探索活动。根据教育心理学的观点，课堂教学的目的不在于教师完成某个过程，而在于通过某种活动促使学生在行为上发生某些变化。假如学生通过主动参与教学过程，在教师的积极指导下获得物理知识，那么印象会更加深刻，所以教师要指导学生经历操作实验仪器、观察实验现象、处理实验结果等一系列过程。为了进行正确的思维活动，学生必须掌握基本的实验技巧，进行认真细致的观察，长期坚持，锻炼观察能力和实验操作能力。学生的实验操作能力的高低对他们今后的工作和学习有着重要的影响。生活中小到照明电路的安装、各种物理量的测量，大到交通运输和生产劳动，都需要这方面的能力。物理实验本身就是一个操作过程。在分组实验前，要求学生设计实验记录表格，在实验完成后，要求学生根据实验数据和实验现象分析归纳物理结论。这个探究过程能有效地锻炼学生处理数据的能力。

初中学生好动好玩，注意力不集中，在实验时经常不遵守纪律，看见东西就乱动，影响教学效果。因此在实验课前，教师应充分准备实验器材，做好实验过程的评估，预见实验中会出现的困难。对实验过程进行细分，把实验分成几个独立的部分，如制订计划、设计实验、进行实验、收集数据等，然后进行分组，选好组长，做好对组长实验前的培训，明确分工。学生在遇到困难先由本组合作解决，后请求教师帮助。教师实时巡察，及时发现问题，作出反馈。

实验探究是群体活动过程，一个教师面对众多学生，几个学生要共用一组仪器，是个人与小组、小组与小组协作完成的多环节的教学活动。在实验探究课上有诸多矛盾，学生的多与器材的少，学生与教师层次、众寡的差异，学生与学生之间的个性、认知差异等，如何处理好这些矛盾是上好实验探究课的关键。教师要鼓励学生间同层次的沟通互动，教育学生做好小组实验中的角色分配和轮换，培养学生的交流协作能力，解决学生多器材少、生众师寡的矛盾。另外，要加强师生互动，激学生的学习兴趣，活跃课堂气氛，增强实验的趣味性、生动性，启发学生的探究思维，达到实验既定的教学目标。

实验无论大小，都有利于学生动手动脑。有些小实验容易被教师忽视，其实小实验恰恰是培养学生产生持久学习动力的一个途径。学生分组实验，每个人都有操作机会，因此教师要创造条件，将演示实验改为学生实验。课外小实验更为学生提供了操作的机会，对提高学生的操作能力是很有帮助的。从初中物理教科书内容来看，除了原有体现科学探究教学内容的实验外，还将部分验证性实验或测量性实验转化为新教材的探究性实验。因此，教师应充分挖掘并且利用这些科学探究的素材，广泛组织学生开展科学探究活动，以激发学生对科学的兴趣，懂得认识未知事物的方法，提高实践能力和创新意识。对一些小实验，学生不仅能在课堂上做，课后也能利用简易器材做，并且还能从中发现不少问题，进一步调动学习的积极性，并把兴趣贯穿于学习过程的始终。只要教师树立一种为学生的终身发展服务的思想，充分利用物理实验教学的特点，就能培养学生对自然、对科学的兴趣和终身学习意识，使其成为终身学习的科学探究者。

第五节　自制教具

自制教具，顾名思义，就是教师和学生利用简便易行的方法，就地取材，自己动手制作教具。自制的教具在教具中占有重要的位置，从课程改革的角度看，它比一般教具更有使用价值。

一是自制教具贴近学科教学活动，不失为教育改革中的一个"突破口"。这里我们可以把自制教具理解为在特别情况下使用的教学方式方法，同时还可以理解为教学过程中发现问题、解决问题所采取的行动。

二是在新课程改革中，初中物理的教材变了，学校物理实验室的设备、仪器并没有及时更新。新教材中增加了一些趣味性较强、贴近学生生活实际的演示实验和探究实验，但实验室现有的仪器种类和数量都不能满足教学需要，因此，必须想办法解决实验室资源与新课程教学不相称的问题，改造实验室内现有器材，充分利用生活中可利用的器具作为实验仪器，激发学生的学习兴趣，贯彻实施STS教学。

自制的教具首先具有教具的基本属性，其特点是制作方法简单、取材方便、贴近教学。自制教具只有贴近教学，融入教学过程当中，才能有生命力。自制教具具有很强的针对性，一般都针对教学的重点、难点。自制教具具有很强的灵活性，从设计构思到具体制作，都由作者自行创意筹划。另一方面，这些教具可以由教师在课堂上边讲边制作，也可以由学生利用课余时间制作。

自制教具在改革教学方法中有以下作用：

（1）使教学方法得心应手。教师运用自己制作的教具，针对性强，使用教具时加以口头启发，道理讲得更清楚，学生容易理解。

（2）培养创新精神和科技意识。自制教具是对科技知识与教学经验进行创新的活动，任何一件教具的设计都要经过一番思考，只要不是单纯的模仿，必然会有所创新。

（3）使师生的动手制作能力得到锻炼。师生动手制作教具，从选材到加工乃至试验，由粗到精，由不满意到满意，由失败到成功，多次反复。在这个过程中，师生的动手能力自然会得到锻炼。

（4）培养敬业精神。教师自制教具是很辛苦的事情，对教师也是一种磨炼，体现了教师的敬业精神，要求教师苦心钻研、克服困难、精益求精。学生参与制作，哪怕是很简单的作品，也凝结着他们的心血，加上互相比较，看谁做得更好一些，无形中会激起他们的上进心。

（5）使学生养成爱护教具并从教具中学习知识的好习惯。教具凝结着科技知识和制作者的劳动，只有参与制作的人，才能有这种体会。学生对自己动手制作出来的东西自然会加倍爱护，久而久之，会养成尊重科技成果、尊重他人劳动的好思想、好习惯。

归结起来，自制教具不但对提高教学质量有好处，对教学方法的改革和人的素质培养也有好处，所以我们应从改革、创新、素质培养的高度来看待自制教具的积极作用。

教具的设计是核心问题，是关键。有了好的构思、设计方案，再动手制作就不难了。就其思维方法而言，影响设计或是在设计中起作用的有三种思维方法：

（1）直觉思维法。包括灵感、师生讨论、观摩教学、专家预测、咨询等方式。

（2）推理思维法。包括改动、增添、删减、方位变化、材料变化、程序变化、功能变化、结构优化、系统化、简化、综合等。

（3）联想创造法。包括相似类比、抽象类比、仿生、借用、组合、集优等。

在构思设计教具时，我们还必须综合考虑以下几点原则：

（1）教育性原则。教具应体现正确的教育思想、教育目标和教育内容，在教育方法方面，还应体现启发式教学的特点。

（2）科学性原则。教具应体现科学原理、法则。即使是很粗浅的道理和知识，也不应该违背科学原则。

（3）简易性原则。主要是指自制的教具要结构简单，制作方法简单，可就地取材、因陋就简，操作简单，保管方便。切忌为了追求声、光、电效果和数字显示效果，把教具复杂化。

（4）直观性原则。教具要尽可能大一些，重点部位要能看清楚，演示和实验的现象明显，层次分明。

（5）实用性原则。教具要有针对性，"做以致用"，不要追求形式，"为自制而自制"。

（6）参与性原则。教师与学生要亲自动手。学生积极参与制作，除了得到知识以外，还培养了综合素质。

一般来说，一个设计不可能面面俱到，我们不能要求每一个自制的教具都完全符合上面的原则，但希望物理教师充分考虑这些原则，制作尽可能完善的教具。

在确定设计教具原则的同时，教师还应该明确：有些教具不适合自制，有些材料不宜用来自制教具。下面列举几种情况：①不要将自制测量仪器作为其他实验的基础仪器。由于教师手里没有合适的机器设备，保证不了仪器的精密度，特别是表头表芯部分，一般不要自制。如教材中提倡师生自制液体、气体温度计，但这类的自制教具只适用于单独实验、讲解温度计原理，或分析实验误差，而不适合用于水的沸腾、海波的熔化实验。②为了保证安全，不宜直接使用带有微量放射线的荧光材料制作教具，水银、火药、含铅量多的黏土、农药、没有进行磨边处理的玻璃片等也不宜使用。③不要使用发霉、变质的材料，不要使用印有不健康图案的纸片，不要使用避孕器材。

下面介绍两个优秀的自制教具：

（1）浮力产生的原因是浮力知识的重点内容，但教材中并无实验切入。所以，一位教师创设物理实验，自制教具，通过演示说明浮力产生的原因。如图16所示，先将木块与下端开口的小容器紧紧地贴在一起，上面注入适量的水，学生会看到与生活经验相违背的现象——木块没有浮在水面上。将小容器缓缓浸入大水槽中，到达某一深度时，木块漂浮起来了。

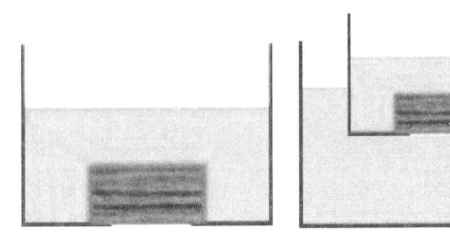

图 16

（2）"光的折射反射多功能演示台"是某校物理组精心制作的光学演示平台，可以完成多类型、多情境的光学传播、反射、折射实验。它的最大特点就是功能开放，可由教师和学生开发出很多制作者也意想不到的实验，充分发挥了师生的创造力。它的主体结构是一个密封的正方体玻璃盒，中间安有隔板，可以在盒子内的不同位置放水槽或玻璃砖。该平台配合烟雾、激光笔、量角器、摄像头等工具，可以完成多个实验，具体效果见图17～20所示。

图 17　光的平移：中层是水槽，上下两层是空气。

图 18　光的折射：从空气射向水。

图 19　光的全反射

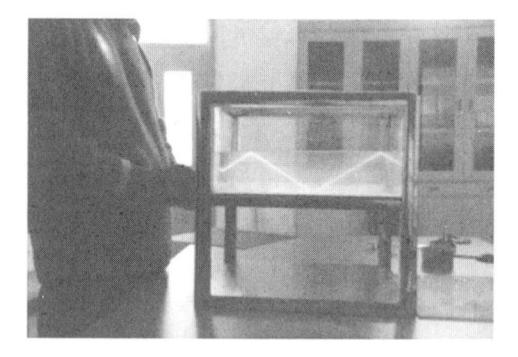

图 20　跑不出去的光：
可用来模拟光纤中的光路。

专题七 教师的人际交往能力、语言表达能力

第一节 教师的人际交往能力

人际交往是指人们运用语言符号系统或非语言符号系统相互之间交流信息、沟通情感的过程。人际交往能力是指妥善处理组织内外关系的能力，包括与周围环境建立广泛的联系和对外界信息的吸收、转化能力以及正确处理上下级关系的能力。具体来讲，人际交往能力主要包括表达理解能力、认知能力和控制能力。良好的人际交往能力和人际关系是个人立足社会、生存和发展的必要条件。

特别是刚走上工作岗位的新教师，正处于学习知识、了解社会、探索人生的重要发展时期，不仅要以积极的心态面对学习和生活，更重要的是在人际交往中学会顺畅地沟通，培养良好的人际交往能力。加强人际交往可以使人积累知识、丰富经验、掌握技能。积极的人际交往有助于教师的心理健康、个性发展和社会适应力的提高。良好的人际关系有利于教师的发展。因此，在生活、学习、工作中，教师要注重塑造自身形象，以积极的态度和行为对待人际交往，建立和谐的人际关系。

一、与上级部门、领导沟通

学会与上级领导沟通，可以将上级的命令恰当地传达到下级，把下级的一些建议和想法传递给上级，也可以使平级协作得更好。在管理过程中形成一个通畅沟通的渠道，管理问题就不会产生。反之，管理出现问题，很多的时候都是因为沟通不好而造成的。

1. 永远懂规矩

一名教师如果在工作场合不懂规矩、不守规矩，那就没什么发展了。每一个教师在学校都要摆正位置，分清主次，尊重学校的制度和文化，不要恃才傲物，要虚心向领导或前辈请教。懂得工作场合规矩，从某种意义上来说是一种素质的体现，特别是新教师初到学校，一定要注意自己言行，给大家留下良好的第一印象。

2. 赞美他人

捧场才有场，捧要捧到位。教师要学会在日常生活、工作中赞美别人。不管是领导还是一般同事，都希望得到别人的赞美，如演讲结束后，作为演讲人的领导会希望得到恰到好处的捧场，但一些较真型下属会认真地说："你的演讲一般，还有句诗背错

了!"这样说完全忽略了对方优点,让听得人感到不舒服。要记住:沟通的目的不是为了制造伤害和痛苦,适当赞美可以为你赢得好人缘。

3. 关心无级别

人都有情感,有情感就需要关心和温暖。教师在工作中,因为不熟悉而疏远或敬畏领导,结果造成隔阂。上班时,严格遵守制度和干好本职工作是你的本分;下班后,你和领导就是平级了,你们之间可以正常交往。如领导过生日,你可以送上祝福;领导生病了,你可以去病房看看;领导的事业受到挫折,你可以去安慰。关心没有级别,我们应该做一个有情有义的人,只有这样,你与领导、同事和下级才能建立更和谐的关系,工作起来才会得心应手。

4. 学会说话

一般说来,人们在与自己同等级、同层次的人讲话时,表现比较正常,行为举止都会比较自然、大方,但在与比自己地位高的人交往时,就可能感到紧张,表现得比较拘谨,并且自卑感强。相反,在与社会地位低于自己的人讲话时,就会表现得比较自如、自信,甚至比较放肆。新教师与领导说话,则要避免过分胆小、拘谨、谦恭、服从,改变诚惶诚恐的心理状态,要活泼、大胆、自信。跟领导说话,要尊重,要慎重,但不能一味附和。

在保持独立人格的前提下,教师应采取不卑不亢的态度。在必要的场合,不必害怕发表自己的不同观点,只要从工作出发,摆事实,讲道理,领导一般是会予以考虑的。平时还应该多了解上级的个性。每个人都自己的性格、爱好和语言习惯,教师应事事多加思考,说话时充分考虑对方的感受。此外,谈话还要选择有利时机。

二、与学生、家长、同行的沟通

(一) 与学生沟通

随着社会的变革和时代发展,学生的自我意识和主体意识在逐步增强,师生关系也发生了变化。融洽的师生关系,孕育着巨大的教育"亲和力"。教学实践表明,学生喜欢一位教师,连带着也喜欢这位教师所教的课程。《学记》中提到的"亲其师,信其道"就是这个道理。在新时期建立理想的、新型的师生关系,离不开教师和学生的相互沟通。

1. 师生沟通的时空策略分析

(1) 课上教室里。课上师生活动的空间基本上以教室为主,以授课为主,用以师生沟通的时间十分有限,但却是师生沟通的主阵地。教师上课时以教学为主,也应不失时机地与学生进行沟通,课堂上师生沟通良好,将产生事半功倍的效果,但要注意沟通的技巧,教师要尊重学生,上课提问应和蔼可亲,在学生回答完问题时应请其坐下,即使学生回答错了教师也要多用鼓励性的语言。尤其当学生违反了课堂纪律时,也不要轻易辱骂学生,更不能体罚学生,有时一个善意的微笑、一个小小的玩笑,能有意想不到的效果。另外，要多发掘他们的优点，并适时地进行表扬。

（2）课余教室外。利用课余时间与学生进行沟通，会更自由一点，因为课余时间受教学的制约相对要小得多，沟通的话题可以更广泛一些。球场、食堂、宿舍都是师生进行沟通的好场所，学校、社会、家庭、朋友、同学都是师生沟通的话题，只有在这些时候，教师才能发现学生身上不易被觉察的闪光点，学生也可以了解到教师除了上课以外的另一面，这样的沟通更自然也更亲切，拉近师生之间的距离，自然也就增进了师生之间的友谊。

2. 师生沟通的方法和途径策略分析

师生进行沟通的途径可以多种多样，特别是信息技术日益发达的今天更是如此，不同的沟通途径可以产生不同的效果。

（1）面对面谈话式沟通。这是最直接、最传统的沟通方式，师生直接面对面，真诚而坦率地交谈，效果立竿见影。这时师生的空间位置关系有师坐生站、师站生坐、师生共站、师生共坐几种。一般情况下，前两种不太好，因为我们在进行沟通时应尽量注意师生平等，尽量多给学生一些尊重；在室外只能是师生共站，在室内是师生共同坐下沟通较好。除此之外，还有许多位置关系，如是面对面还是并排坐，师生保持多远的距离等都有讲究，都会影响沟通的效果。

（2）书信交流沟通。书信交流进行沟通是较为传统的一种师生沟通方式，但即使在信息交流高度发达的社会里，这种沟通方法还会起到很好的作用。在某些环境下，可能有某些事情师生之间不方便直接面对面沟通，那么书信沟通不失为一种较好的方法。通过这种沟通，教师可能会了解到平时不易掌握的情况，能直面学生的内心世界，而学生也会得到教师更为完备的帮助和指导。其实任课教师写在成绩报告单上的评语也是书信交流的一种，家长则可以通过回执来反馈学生在家里的表现。

（3）作业沟通。任课老师在批改作业时也不应只满足于判断对和错，作业本其实也可以成为师生沟通的重要途径，如教师可在作业本上写"做得真不错""希望你继续努力""以后可不要再这样粗心了""努力啊，岁月不待人，莫等闲，白了少年头"等，也许会起到良好的效果。

（4）电话及网上沟通。随着信息技术的不断发展，电话已经普及，因此通过电话进行沟通是非常平常的一件事。一个电话，一声问候，拉近了彼此之间的距离。一个经常能通过电话与学生进行沟通的教师，一定是个在业务上认真、对学生负责的教师，也更容易赢得学生的尊重。随着互联网的发展，上网也成了学生业余生活的一部分，其实我们大可以利用网络来与学生进行沟通。学生不是喜欢上网聊天吗？那好，我们就建一个聊天室，让喜欢聊天的学生都进来，我们陪学生聊，当然教师也应取一个好听一点的昵称，这样师生沟通就更自然一点。学生不是喜欢玩游戏吗？那好，我们就规定一个时间，师生可以共同玩游戏，在游戏时师生的沟通阻力就会变小，问题很可能就迎刃而解了。

总之，师生之间可以利用不同的时间和空间进行沟通，也可以利用不同的方法和途径进行沟通，师生有了良好的沟通，必将会很好地解决许多教学问题。当师生之间真正喊出"理解万岁"时，师生沟通将不会成为难题，教学将更具有亲和力，教学质量也会相应提高。

（二）与家长沟通

国内外的教育专家普遍认为，在当今时代，教师已经不能独立解决许多迫切的教育问题了，学校的各种活动需要家长们的积极参与。教师如何与家长融洽地进行沟通呢？确实，教师与家长的沟通是一门艺术，更是一种超越知识的智慧。在与家长沟通的过程中，教师要注意以下几个方面：

1. "尊重"是教师与家长沟通的前提

尽管在与家长沟通的过程中，教师起主导作用，但两者在人格上是完全平等的，不存在尊卑、高低之别。因此，教师必须尊重学生家长的人格，特别是要尊重所谓的"差生"和"不听话"孩子的家长的人格。对教育过程中出现的问题，首先要从自己身上找原因，还要客观地分析问题的症结所在，公正地评价学生的表现和家长的家庭教育工作，与家长共同研究解决问题的方法。

教师不要动辄就向家长"告状"，不要当众责备他们的子女，更不能随意训斥、指责家长，否则会造成教师与家长之间的隔阂甚至对立，还可能引起学生对家长或教师的不满，损害教师的形象。尊重别人是得到别人尊重的前提，"敬人者，人恒敬之"，教师要想与家长顺利沟通，必须时时谨记尊重家长。

2. "家访"是教师与家长沟通的重要手段

教师每次家访最好事先与家长约定，不做"不速之客"，以免使家长因教师的突然来访而感到不自在。家访一定要围绕事先确定的目标进行。教师在家访中要有诚心和爱心，讲话要注意方式，要多表扬孩子的长处和进步。如果教师对家长抱有诚心，对学生拥有一颗爱心，那么，家长必然会成为教师的朋友。切记，表扬学生就是表扬家长，批评学生就是在批评家长。当然，家访的形式可以是多样的，除每个月月末的两户人家的定时访问外，平时也可以采用电话沟通、联系本沟通、约谈等形式，甚至可以采用网上聊天的方式。

3. "倾听"是教师与家长沟通的艺术

任何教师，无论他具有多么丰富的实践经验和深厚的理论修养，都不可能把复杂的教育工作做得十全十美、不出差错。在现实中，有时家长的许多见解值得教师学习和借鉴；加上"旁观者清"，有时家长比教师更容易发现教育过程中的问题。因此，教师要放下"教育权威"的架子，经常向家长征求意见，虚心听取他们的批评和建议，以改进自己的工作。这样做，也会使家长觉得教师可亲可信，从而诚心诚意地支持和配合教师的工作。

学生来自不同的家庭，每个家长的文化水平、素质和修养都不尽相同，因此，我们要根据实际情况巧妙地运用语言艺术与不同类型的家长进行沟通。一是对于素质比较高的家长，我们应坦率地将孩子在校表现如实反映，并主动地向他们请教教育孩子的措施，认真倾听他们的意见并适时提出自己的看法，共同做好学生的教育工作；二是对于那些比较溺爱孩子的家长，我们就首先肯定其孩子的长处，给予真挚的赞赏和肯定，然后再用委婉的方式指出其不足之处，诚恳而耐心地说服家长采取更好的方式方法教育孩子。三是对于那些对孩子放任不管，把责任推给学校和老师的家长，我们就多报忧、少报喜，从而吸引他们主动参与教育孩子的活动，开始主动关心孩子，主动与子女沟通、与学校沟通，为学生创造一个良好的家庭环境。四是对于后进生或是认为自己对孩子已经管不了的家长，我们应尽量挖掘其孩子的闪光点和特长，让家长看到孩子的长处和进步，对孩子的缺点适时说一点，语气委婉，并提出改正孩子缺点的措施，重新燃起家长对孩子的希望，使家长对孩子充满信心。五是对于个别不太讲理的家长，或是不理解学校工作安排的家长，我们要沉住气，先让家长说完，发完脾气和牢骚，并表示对家长这种心情的理解，然后再耐心地以平静的语气与家长解释、分析事情的利弊和对错，以理服人并体现出自己的宽容大度，赢得家长的好感，从而得到家长对学校工作的理解和支持。

（三）与同行沟通

教学不但需要教师与学生间的沟通合作，更需要教师与教师间的沟通合作。在教育学生学会沟通合作的同时，教师自己必须学会沟通合作，特别是教师与教师间的沟通合作。

1. 实施新课程需要教师间的沟通合作

"教育旨在促进人的发展"，作为一名教师，应将"人"的发展最终落实到学生的发展上，这是新课标的核心理念。新课标强调学科之间的联系，强调科学精神与人文精神的渗透与融合，重视课程综合化的发展，最终促进学生全面发展。这就要求我们必须努力创造良好的学校合作文化，让教师间、师生间有更多的合作，分享彼此的思考、见解和知识，交流彼此的情感、观念和理念，实现教学相长、共同进步、共同发展。

苏联教育家马卡连柯曾说过："一个人不是由部分因素的拼凑培养起来的，而是由他所受过的一切影响的总和综合地造就成功的。"新课程的综合化趋势特别需要教师间的沟通合作。同一年级、同一学科、不同年级、不同学科的教师齐心协力地培养学生，才能提高学生的综合素质。科任教师应经常与班主任及各科教师沟通，统一认识，统一步调，分工合作，密切配合。如果各吹各的调，各干各的事，互相矛盾，教育力量就会抵消，甚至使学生思想混乱、无所适从。团结的力量不容忽视，只有教师间、师生间、教师家长间精诚合作，才能唱好教育成才这台戏。

2. 崇尚"从教而乐"需要教师间的沟通合作

课程改革的关键环节是课程的实施，而课程实施的基本途径是教学。因此，教学改革是课程改革成功的根本保证。教学是师生的双边活动，教师的教育观念、教学方法、情感意识、价值取向等无疑将大大影响教育教学效果。教师间的情感沟通、感情倾诉、教学交流、融洽相处等对教师的教学环境、生活环境和心理环境也会产生重大影响。

多年来，教师一直被人称为"春蚕""蜡烛""人梯"，教师这个职业总是和"压力""牺牲""奉献""忍耐"等词联系在一起。2000年，国家中小学心理健康教育课题组公布的检测结果显示：有51.23%的教师存在心理问题，2.49%的教师已构成心理疾病，处于"亚健康"状态的教师比例达70%。许多教师很难在工作中体会到快乐，教师间缺少沟通合作，更谈不上感情倾诉，只得把压抑和沉闷带进课堂、带进家庭。快乐工作离不开教师间的沟通合作。

教师与教师间的工作是相对独立的，但在实际教育教学工作中又是相互联系的。任何一个单科教师一旦脱离教师集体，就难以造就高素质的全面发展的人才。只有将自己融入集体，正确处理各科教师之间、同科教师之间的关系，才能大显身手，才能"众人拾柴火焰高"，才能真正做到"从教而乐"。

3. 开展校本教研需要教师间的沟通合作

校本教研是根据新的教育理念和新课标的要求提出的一种以本校教师和学生为主体，以教材为本，以教学中出现的问题为主要研究对象的新型教研活动。教师是校本教研的直接参与者。校本教研有利于教师的专业成长与发展，有利于广大教师创新教育思想、改变教育观念。开展校本教研需要教师间的沟通合作，以便使全体教师资源共享、共同进步。

有人说，教师是一个孤独的职业。这种说法听起来似乎不正确。我们整日和满堂的学生在一起，我们怎么能是孤独的呢？但是，在传统的以教师为中心的形式中，我们在课堂上的位置使我们与学生产生隔阂，甚至还与学校中的其他教师产生隔阂。同在一个学校、一个年级任课，我们彼此却很少交换教学思想、交流教学经验、探讨教学方法。究其原因可能是某些教师不想让他人知道自己的问题，害怕被认为是不称职的教师。这样教师间彼此孤立，从不合作，有的只是竞争，长此以往，影响学校整体教学水平的提高。

校本教研需要专家引领，更需要广大教师积极参与，专家、教师携手合作，各科教师全员参与、相互支持、相互协作、共同探讨。这样，才能扩大校本教研的选题范围，深化校本教研的研究层次，提高校本教研的研究效率，推广校本教研的研究成果。

教师间精诚团结，彼此沟通，相互合作，有如下益处：

心理支持——能有人与我们分享成功、分担问题总是一件好事。

思维创新——我们的同事是教学信息和灵感的巨大源泉。

合作示范——在我们说合作很有益处时，我们也在身体力行自己所倡导的信念。

集体智慧——作为一个集体，我们可以获得比个人努力更多的成绩。

减负增效——通过分享各人的计划、资料和成果，我们可以减轻自己的负担，提高工作效率。

鞭策激励——与同事合作可以激励我们寻找更多更好的方式来促进学生的学习。

变革动力——人们试图单独实施革新时，往往不会发生太大变化。调查表明，当教师集体参与时，教学改革会更成功。

"路漫漫其修远兮，吾将上下而求索"。新课程已经正式实施，教师与教师间的沟通合作的渠道已经完全打开，让我们结伴同行，勇往直前！

第二节　教师的语言表达能力

在教学中，我们常会看到这种现象：教师备课仔细认真，讲课也很卖力，语言也较简洁准确，但学生就是不爱听，课堂效果与教师的努力程度不成正比。这主要是因为教师这一职业的特殊性，教师不仅要有扎实的基本功，还要有出色的语言表达能力。著名教育学家夸美纽斯这样说过："教师的嘴，就是一个源泉，从那里可以发出知识的溪流。"这句话，隐含了教师语言的重要性。我们都有这样的体会：听一堂好课，就像观赏一幅名画，心旷神怡；又如欣赏一首名曲，虽已曲终却余音在耳。在一堂好课上，学生则犹如被磁石吸引住一般，写在他们脸上的是充实和满足的神情，充分体现了教师语言的魅力。语言对教师教学是非常重要的，语言的情感在塑造学生美好心灵方面有着不可估量的作用。教师语言是否饱含一种对事业、对学生高度负责的情感，学生是最能直接感受到的。在教师的"以知育人""以理服人""以情感人"的教学活动中，可以说"以情感人"应始终贯穿其中。

1. 让语言蕴涵丰富的情感

教育心理学的研究表明，情感性的话语比单纯的理论性话语更能收到好的教育效果。学生自身就具有一种情感潜势，这种潜势在外界刺激下会引发出来，表现为学习的积极性。优秀教师的高明之处就在于，用满面春风的语态、带有浓郁情味的话语、饱含激情的语气来引发学生的情感潜势，在情感共鸣的语境中对学生进行教育，使学生为之所动，从而转化为良好的学习动机，获得理想的教育效果。

我们来看这个案例。学生小王因病请了三天假，今天刚来上课。班主任老师微笑着迎了上去："嗬！小王来了！你的病好了吗？高烧退了吧？以后可要当心，天气冷了要多穿衣服。"然后，班主任转向全班："同学们，小王恢复健康了。瞧！他今天来上课了，我们欢迎他！"说完带头鼓起掌来。在掌声中，小王感动得流下眼泪。这位班主任老师用爱护关切的询问、饱含感情的话语使学生深受感动，也教育了全班学生。在话语中注入丰富的感情是一门艺术，值得我们学习与借鉴。

2. 让微笑温暖学生心灵

教师要想让学生感到亲切，必须经常面带微笑。有人甚至把微笑看做是教师的

"职业表情"。日本一个教育调查机构调查显示，中小学生认为"最温暖的"是"教师的微笑"。微笑体现教师的自信，使学生产生信任。绝大多数优秀教师都会用微笑来吸引学生，让学生会感到如沐春风的愉悦，这正是教育情境中的移情作用。

3. 让幽默发挥教育功能

教学幽默，既是一种教学的艺术，也是一种教学机智、教育风格。教学幽默语是教师聪明才智的表现。教学中的幽默语具有多种功能：使师生之间的关系更为和谐，缩小师生间的心理差距；益智明理，能引发学生兴趣，启发学生思维；能改善课堂气氛；有助于培养学生开朗的个性；有助于发展学生的创造力等。教师的幽默语包括笑话、趣事、机敏的妙语、警句，生动有趣的描述或评论，超想象夸张，旧语换新义，巧妙换言以及教师的肢体幽默、表情幽默等。如一位教师由于不了解情况，错误地批评了一位学生，这位学生当场辩解，教师也立即觉察到了自己的失误。面对教室里较为紧张的气氛，这位老师立即冷静下来，说："经调查，我们认为对某同学的指控不能成立。经本人慎重考虑后决定——接受该同学的上诉，撤销原判，为某同学彻底平反昭雪。"然后，这位教师把目光转向其他学生，认真而诚恳地说："今天批评了某同学是因为我不够了解情况，错怪了他。为此，我向这位同学表示歉意。"这位教师通过使用法律公文式的夸张语言营造了幽默的氛围，避免了困窘场面的出现，又顺利地过渡到了和谐的情境。教师有时还可以用幽默来自我解嘲，如一位头发谢顶的教师第一次走进教室，下面一阵骚动。几个学生夸张地用手遮住了眼睛，还有人轻轻地说："真亮啊。"教师走上讲台，先朝着大家宽容地笑了一笑，然后以轻松的口吻说："虽然今天我们是第一次见面，以后的日子还很长，但我想先告诉你们一个秘密：我真的是一个'绝顶聪明'的老师！这一点大家以后一定会体会到。"聪明的学生马上理解了老师这番话的含义，大家用会心、和善的微笑接纳了这位新教师，并对这位教师产生了好感。

4. 注意语言的节奏

"节奏"一词本是指音乐交替出现的有规律的强弱、长短的现象，借用到此是指教师语言语速的快慢与停止、语调的抑扬与顿挫、语气的轻重与缓急，不过这一切又必须根据语言的内容来确定。不论什么学科，新课与复习课应有不同的节奏，与学生个别谈话与向全班学生讲话应有不同的节奏。否则，不分课型、对象、场合都用一样的节奏，或讲课和讲话的节奏始终如一，语言就会失去魅力。从共性上或宏观上看，一次讲课或演讲，由于是面对众多的听众，必有共同的节奏要求：开端时引人入胜，或巧设悬念、或提出问题、或铺陈渲染、或突现高潮，用语亲切；过渡时自然巧妙，或铺垫入题、或承上启下、或解答疑难、或借题发挥，用语平缓；高潮时激昂共鸣，或推波助澜、或出奇制胜、或解释悬疑、或点明主题，用语明快；结尾时耐人寻味，或小结内容、或深化主题、或含意无尽、或异峰突起，用语深长。总之，教师教学时要把握语言的节奏，做到时间的合理安排、内容的准确把握和语言技巧的巧妙运用。具体分析如下：

(1) 语速的快慢与停止。语言节奏给别人最明显的感觉就是语速，有的教师语速过快，学生还没听清楚上一句，下一句接着又来了；有的教师语速过慢，学生的思维散漫，达不到兴奋的状态；有的教师语速始终不快不慢，给人一种四平八稳的感觉，久而久之，学生的注意力就会分散。很明显，如果讲课从头至尾都是一种语速，那么语言的节奏便无从说起。实际上，快、慢、中三种语速本身并没过错，它们是构成节奏的三种基本语速，要根据教学内容的配置三种基本语速，恰当运用。一般来说，对重点要反复讲，以期学生加深印象；对难点要缓慢地讲，让学生有味地咀嚼；对一般内容要简明地讲，让学生了解概要。如教育学生要爱护实验器材，当有学生损坏实验器材时，语速略快，立即制止；事后教育时，晓之以理，语速略慢，使学生明白错误的根源和危害；提出发人深省的问题后，应停顿片刻，让学生思考。

(2) 语调的抑扬与顿挫。"语调不是字调，更不是一个框框，语调同语句的词语序列、特别是同具体思想感情不应该有什么现成的、一成不变的公式。语气的丰富多彩决定了它的声音形式——语调的千变万化。如果硬把丰富多彩的语气纳入某种简单、刻板的语调公式中，那就无异于削足适履。"播音学专家张颂说的这段话揭示出了语言表达中内容决定语调形式的特点。由于语言内容丰富多彩，形式也是千变万化的，同样的内容，不同的人也会以不同的语调说出来，由此形成具有个人风格的语调特征。作为教师，一次语言运用，如教育学生、讲授知识、解答疑难、布置作业等，都是一次内容完整的讲述。在这个过程中，语调抑扬顿挫的变化，加上语调的个性特征和语流的变化特征，最终形成具有一种音乐旋律般的节奏。此外，对于汉语而言，音调的四声也是节奏美的一个重要因素。如讲小学数学第五册"角"一节时，老师讲："同学们（扬），今天，我在教室里发现了一个秘密（顿）。你们看（挫），黑板上的横边沿同竖边沿是怎样相交的（抑）？桌子横边同竖边是怎样相交的（抑）？你们的书呀、本呀、文具盒呀，这些的横边同竖边又是怎样相交的（扬）？对了，这就是角（挫）。现在我们翻开书，看上面画的钟、扇、剪（一字一顿），它们的角在什么地方（扬）？"这样就较好地避免了用单一的语言节奏平铺直叙，给人一种起伏曲折的美感。

(3) 语气的轻重与缓急。说话人所要达到的目的不同，语气就不同。教师应根据讲述内容、情感表达、学生接受的需要，相应地使用轻舒与凝重、平缓与焦急的语气说话。按照这种语气的差别，句子又可分为陈述句、疑问句、祈使句、感叹句。陈述句语气不轻不重、不缓不急，有时句末稍降；疑问句对其中的疑问代词、宾语宜用较重与较急的语气说，一般句末上扬；祈使句表示命令、禁止的多用重而急的语气说，而表示希望、号召的宜用次重、舒缓的语气说；感叹句多用较重和缓急交替的语气说。当然，这仅就一般要求而言的，不过，如果我们在实践中能将语气的轻重缓急与四种基本句式的语气要求结合起来，那么，语言的节奏显得丰富多彩又摇曳多姿。

5. 注重语言文明

语言是否文明，是衡量教师语言表达能力的一个重要方面，对教育教学效果有着举足轻重的作用。

教师的语言文明体现在以下几个方面：第一，教师的语言要准确。准确的语言指发言准确，吐字清晰，措词精当，语法正确，词达意明，合乎逻辑。这就要求教师无论是遣词造句，还是判断推理，都要选择最能表达所要讲授内容的言语。第二，教师的语言要明白。明白的语言是指清晰、通俗易懂的语言，教师在表达思想感情、传授文化知识时切忌使用隐晦、艰涩的语言，不要转弯抹角、模棱两可、故弄玄虚，要做到深刻而不深奥，言简意赅，不堆砌，不过分雕琢，不牵强附会，把握住重难点。第三，教师的语言要文雅。文雅的语言最能反映出人的文化素养和道德修养，因此，教师无论在课堂上还是在课外场合，要做到文质彬彬，吐词自然，音调适中，要讲事实、摆道理，不强词夺理，不以势欺人，不华而不实，不哗众取宠，切忌使用粗言秽语、野话脏话。第四，教师的语言要生动。要具有启发性、趣味性和感召力。生动的语言是形象化的语言，是有立体感的，熔色彩、声调、触觉于一体，选词造句要凝练、朴实、具体，善于运用比喻、排比、拟人、对照等修辞手法。第五，教师的语言要有激情。马卡连柯说："我们要善于这样说话——使孩子们在我们的话里感受到我们的意志、我们的修养和我们的个性。"要善于利用语调的急缓、语音的高低、语句的长短、节奏的快慢、语气的轻重等来表达丰富多彩的情感。

上文我们谈了语言的重要性，那么教师在平时教学中应如何提高语言表达能力呢？

6. 广泛学习

（1）要学好有关语言的专业知识。教师要过语言语法关、修辞关、逻辑关，使语言规范，表达清晰。

（2）要向语言表达能力强的人学习。听广播，看电视，向播音员、节目主持人学习。听观摩课，向语言表达能力强的教师学习。在公共场所，向普通话说得标准、语速掌握得好的人学习，甚至可以向自己的教育对象学生学习。抓住一切机会，纠正自己不标准的语音，调节自己的语速，选择恰当的语调，使自己语言表达能力有所提高。

（3）要向语言优美的文学作品学习。唐诗、宋词、汉文章都是我国语言宝库中灿烂的瑰宝，教师要选择一些典范的文学作品仔细研读，汲取其中的精华，使自己的教学语言大放光彩。

7. 勤练苦练

（1）有目的性、有针对性地多读多说。普通话不标准的，在语音上多下工夫。口头吐字不清楚的，要虚心学习，刻苦练习，日久才能有成效。

（2）练习将教案上或讲稿上的书面语言转化为口头语言，使自己的讲解更自然，更贴近学生，使他们容易接受。

教师语言表达能力的提高，是一个量变引起质变的过程，需要教师下苦工夫、做有心人，日积月累，最终会有成效。

专题八 其 他

第一节 多学科的融合和多方面信息的获取

《课程标准》中的"课程基本理念"明确指出要让学生"注意学科间的联系与渗透，关心科学技术的新进展，逐步树立正确的世界观"。注意物理学科与其他学科间的联系，不仅能减轻学生的学习负担，提高学生的学习效率，还能帮助学生学会科学的研究方法，促进其各种能力的提高。

(一) 解"理"于文，文"理"皆得

语文是一门工具性学科，它将直接影响其他学科的学习。一个学生语文水平对物理学习影响很大，因为物理中的概念、定理、定律的文字叙述言简意赅，一字之差就会有天壤之别。如当物体吸热后"温度升高 10 ℃"和"温度升高到 10 ℃"的含义大为不同。教师在课堂教学中要有意识地强调物理语言表述的严密性、科学性。

在很多成语、诗词中也蕴涵了丰富的物理知识。如唐代诗人杜甫在《茅屋为秋风所破歌》中写到："八月秋高风怒号，卷我屋上三重茅。"诗句中包含的物理知识有：空气振动发出声音；空气可以传播声音；气体流速大的地方压强小；力可以改变物体的运动状态等。又如大家熟悉的寓言"刻舟求剑"，说明了运动和静止的相对性。此类题目在近几年的中考中倍受青睐。

根据新课标的基本理念"从生活走向物理，从物理走向社会"，能够利用物理知识解释生活中的一些现象，是初中物理教学对初中学生的一个基本要求，但实际上很多学生不喜欢做解释物理现象的问答题。究其原因，一是学生不善于理论联系实际，二是学生明白道理但表达不清。有的学生表达太啰嗦，容易出现错误概念；有的学生答得太简单，知识点不全，问题说不清；还有的学生错别字连篇。要解决这些问题，就需要物理教师在教学中强调语言的严谨性、科学性，同时加强对学生的阅读能力、语言表达能力和书写能力的培养。

(二) 数学是基础，数理是一家

众所周知，与物理学联系最紧密的学科是数学，每一次物理学的重大飞跃都与数学知识的发展密切相关，可以说没有数学知识的支持，物理的结论就没有决定性的意义。在初中物理教学中，我们也要做一些定量分析，这就对学生应用数学工具处理物

理问题的能力提出要求，如方程、方程组、不等式、不等式组、函数、函数图像等数学知识都与物理有相当大的联系。

物理课是初中学生感到较难学的一门课程，究其原因，物理课不但有系统、严密的物理概念和知识，而且与数学知识联系紧密，多数体现能力的问题都必须以数学为工具。从对初中学生学习层次的要求来讲，数学应用大多是为了找到物理知识的规律。如在探究实验的分析与论证这一步骤中分析物理量之间的关系，经常用到函数知识，可以借此增强学生的分析能力，使其学习科学研究的常用方法。如2009年天津市初中毕业生学业考试的第27题：

物体只在重力作用下由静止开始下落的运动称为自由落体运动。小明对这种落体运动产生了探究的兴趣，提出如下两个问题。问题一：物体下落的快慢是否与物体的质量有关？问题二：物体下落的高度与下落的时间存在着怎样的关系？于是他找来一些器材并在可忽略空气阻力的情况下准备进行实验。

（1）请你帮助小明设计探究"问题一"的实验方案。

（2）小明探究"问题二"时，通过实验，测量出同一物体分别从最高点下落的高度为h_1、h_2、h_3，并测量出每次下落的高度所对应的下落时间为t_1、t_2、t_3。分析实验数据发现："物体下落的高度与下落的时间不满足正比例关系。"他猜想"物体下落的高度与下落的时间平方成正比"，若要验证这一猜想，应如何处理分析实验数据？

问题二考察的就是学生的数理分析能力。

另外，教师要引导学生弄清物理公式与数学函数关系的联系与区别。物理公式往往是数学函数关系的具体表现，但又有别于数学中的问题解决方式，因此，教师要在教学过程中采取有效的方法，让学生抓住其本质。例如，在对数学中的正比例函数$y/x=k$（也写作$y=kx$）的认识中，物理公式$I=U/R$，$G=mg$，实质也是正比例函数（I、G相当于y，U、m相当于x，$1/R$、g相当于常数k），只不过符号不同罢了。在这种情况下，学生就可以利用正比例函数的性质用数学方法来处理问题。再如，在物理图像处理的问题中，物理图像的横轴实质为数学函数图像的横坐标轴，竖轴实质为纵坐标轴，其斜率（纵坐标与横坐标的比值）即为常数k。这样就可以实现知识的有效迁移，让学生能够以数学为工具，以正确地解答物理问题。在物理学习中不能生搬硬套数学知识，例如，在$R=U/I$、$m=G/g$中，学生看到形式与$y/x=k$相同，就认为R与U成正比，m与G成正比，从而造成了错误认识。所以，教师要引导学生从物理量的实际意义入手，即通常情况下，对固定物体来说，电阻是物质的物理属性，一般是不变的，即R与U、I的大小无关，而重量与质量的关系是质量决定重量的大小。注重抓住问题本质，既有效地利用数学手段，又能理解物理本质，促进学生思维、判断能力的真正提高。

（三）注重英语学习，优势互补

由于欧美物理学家对物理学发展的贡献，物理量和单位的通用符号多为其英语单词的第一个字母或希腊字母，如力（F/force）、速度（v/velocity）、时间（t/time）、重力（G/gravity）、质量（m/mass）、功（w/work）、频率（f/frequency）等物理量。在人教版新教材中更多地体现了物理与英语的联系，从新旧教材的比较来看，旧的教材只在正文和附录中标出了物理量、物理单位的表示符号，新教材不仅标出了物理量和物理单位的符号，还完整地写出了物理量的英文单词，这也充分体现了物理教学内容与国际接轨的新理念。有效地利用物理与英语的联系，引导学生掌握某些规律，必然能使学生减少死记硬背，减轻其学习负担，从而提高学习效率。在学习"功和机械能"一章中学生容易把功率与机械效率两个物理量弄混，究其原因汉语中都有一个"率"字，但在英语中却是两个完全不同的单词——power 和 efficiency，可以让学生通过了解英语单词的不同，加强对两个概念的区分。

此外，学生也可以通过学习物理进一步认识学习英语的重要性和必要性。在一些基础较好的学校还可开展双语教学，促进两个学科的优势互补。

（四）物理、化学相互渗透，彼此依赖

从研究内容看，物理与化学在某些方面有交叉和融合，如物理与化学都要研究分子、原子及其结构的问题。如在人教版物理新教材八年级上册第五章讲到电流和电路时，为了解释摩擦起电的原因介绍了原子的结构。另外，物质的化学反应在物理上就是一个能量转化的过程，把化学能转化成其他形式的能。如干电池放电时把化学能转化为电能，燃料燃烧时把化学能转化为内能。

从知识体系来看，物理与化学在初中阶段的内容彼此依赖、相互支持。分子的定义（保持物质化学性质不变的最小微粒）必须依赖于化学概念的建立；区分物理变化和化学变化是化学教学中的首要问题；溶液、溶质质量分数的计算实质就是物理中密度的计算；化学中灭火的方法，其中一种也就是物理方法，即降低燃料的温度，使其低于着火点。

另外，物理与其他学科也有许多互通之处，如学生在七年级的生物实验中开始接触单一变量法（既控制变量法），为八年级物理的探究实验作好铺垫；学生在地理中学习了水的循环，为学习物态变化打下基础；学生通过历史的学习也了解了一些物理学发展的历史，知道了物理学的发展对人类社会进步的推动作用，有助于激发学习物理的兴趣。

第二节　教师的教学创新能力

教师的教学创新能力是指教师运用先进的教学理念，创造性地分析问题、解决问题，不断进行自我反思，不断调整教学行为的能力。教师是培养学生创新精神和实践能力的第一责任人，教师的教学创新能力，直接影响着素质教育的推进和学生创新精

神的培养。要培养勇于创新的综合型人才，教师的教学必须具有创造性和创新能力。创新能力是教师综合素质的折射，是对教师的更高层次的要求。具有创新能力的教师，往往不仅善于求同，更善于求异，在教学过程中，不因循守旧，不墨守成规，不安于现状，能随机应变、因势利导，开拓创新的精神和意识更强；更善于营造宽松、民主的学习氛围，激发学生的好奇心、求知欲，培养学生的创造动机；更善于灵活地、综合地、创造性地运用教学方法，培养学生的创新思维，促进学生创造性活动的发展；更尊重学生的身心发展规律，因材施教，充分调动和发挥学生的主观能动性，培养学生创新意识和科学精神。

教师的教学创新能力主要包括两方面的能力：发现问题的能力和创造性地解决问题的能力。善于发现问题的能力指教师具有善于观察、捕捉信息、抓住主要问题的能力，且以问题为导向，引导学生主动探索，形成系统有效的实践操作方式和教学策略。而创造性的解决问题的能力则是教师"教学机智"的一种体现，往往表现为能打破旧框框，创造性地处理教学中的突发事件。提高教师的教学创新能力，则是在提高以上两方面能力基础上，加强教师综合素质的培训，着重提高他们的整合能力和创新技能。

培养教师的教学创新能力包括以下的几个方面。

（一）更新教育观念

在物理教学中实施创新教育，首先要解决的问题是教师教育观念的转变。教师应该认识到，教育不应该仅仅是训练和灌输的工具，它应该是发展和认知的手段。新课标中指出，物理课程的构建应注重让学生经历从自然到物理、从生活到物理的认知过程，经历基本的科学探究实践，注重物理学科与其他学科的融合，使学生得到全面发展。教师必须树立"以人为本"的教育观念，重视学生的个性发展，开发学生的潜能，培养学生的创新精神和实践能力，使师生关系进一步朝着"教学相长"的方向转化。

（二）改革教育教学方法，积极进行实践

教育教学方法是为实现教育教学目标所采取的特定方式和手段。传统的教学方法有讲授法、观察法、实验法、自学法、谈话法、讨论法、探究法、练习法等。近些年常用的现代化教学方法主要有讲授—演播法、情景教学法、微型（微格）教学法、程序教学法、网络教学法等。一个具有创新意识、创新能力的教师，不仅善于借鉴他人的先进教育教学理论和经验，而且善于根据新的教学情境、教学内容、教学对象和教学目标，将各种教学方法进行优化组合，创造具有自身个性特点的教学方法，以获得较佳的教学效果。

如在"探究电阻上的电流跟两端电压的关系"的一节示范课上，教师先用实验法复习前一节滑动变阻器的使用，进而引出电流大小可能与电压有关的问题；再引导学

生进行探究实验（探究法、实验法、讨论法）；最后利用讲授—演播法，应用计算机采集和处理数据，绘制出通过小灯泡的电流与其两端电压关系的图像，进而提出电流大小还与什么因素有关的问题。所用的学生是示范校的学生，基础较好，思维活跃，在分组探究中提出很多实验方法，在讨论交流中畅所欲言，课堂气氛活跃。

怎样上好复习课一直是广大物理教师研究的重点。如一位有经验的教师讲实验器材的复习课，一般器材的复习是在各章的复习中穿插着的，他有创造性地把初中学习的所有实验器材放到一起复习。先总结它们使用的共同点再分类复习，有的侧重实验操作，有的侧重读数练习。讲授法、实验法、观察法、练习法交替使用，紧紧吸引着学生的注意力，获得了较好的效果。

（三）改进实验，激发学生的学习兴趣

物理实验教学可激发学生的学习兴趣，提高学生的实践能力，也是培养学生创新意识、创新思维、创新能力的有效途径。改进实验、挖掘新实验的能力是物理教师创新能力的一个重要方面。

改进实验，使现象更明显、误差更小。例如，在探究"摩擦力的大小与什么因素有关"的实验中，教材中提供的实验方法虽然器材、原理都很简单，但操作中要求学生用手拉动弹簧测力计使物体保持匀速直线运动，并在弹簧测力计的运动中读数，因匀速直线运动很难保证，容易出现较大的误差。有的教师想到用匀速转动的小电机拉动弹簧测力计保证物体的匀速直线运动，效果较好。还有的教师采用固定弹簧测力计拉木板的方法，提高测量的准确度。

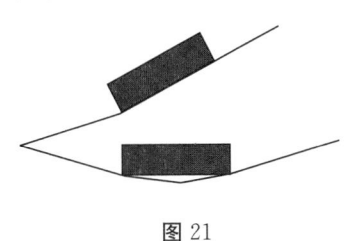

挖掘新实验，激发学生兴趣，突破教学难点。如压力与重力的区分是物理教学中的难点，学生在学习过程中往往误以为压力就是重力。教师利用一根长约100厘米宽5厘米的木条、一盒钩码、双面胶设计如图21所示的实验。将钩码固定在木条中间，然后从水平位置开始将木条的一端慢慢抬起，观察木条的弯曲程度如何变化。实验时教师提问：(1) 木条为什么会弯曲？(2) 木条弯曲的程度发生了怎样的变化？(3) 压力发生了怎样的变化？(4) 钩码的重力是否变化？通过这个实验，可以观察到木条弯曲程度逐渐变小，即压力逐渐变小，但钩码的重力是不变的，首先从大小上区别了压力和重力，突破了难点。

图21

（四）积极参加各级教研活动，相互学习，取长补短

一个人的能力是有限的，每个人所擅长的方面也不相同，只有博采众长才能开阔思路，激发新的灵感，促进创新能力的提高。所以要在学校加强校本教研，教师间相互学习，取长补短。有的教师擅长多媒体教学设计，有的教师擅长实验、自制教具，有的教师擅长习题分类，有的教师擅长归纳总结……在校本教研中，大家可相互沟通，

共同进步。校本教研活动要抓住三个要素：其一，同伴互助，即教师集体成员之间在教学方式、经验、理念上的相互交流和学习；其二，实践反思，即每一个教师在教学实践基础上进行理性反思；其三，专业引领，即以教师关注的研究专题带动教研活动，以新的教育理念、理论引导教研。只有将这三者有机结合，才能使教研活动有效促进教师的专业发展。

多听课、多做课、多听评课，是提高教学能力的有效方法。在听课中发现有效的教学方法、实验方法等，开阔思路；在做课中不断实践、不断改进，产生奇思妙想；在听评课中听取不同人的见解，听取专家的意见，有效地促进创新能力的提高。

第三节 教师的自我心理调控和对学生的心理调控

当代心理学家罗杰斯告诉我们：学生的学习过程包括认知活动和情感活动两个方面，两者同时发生、同时发展、相伴相随、贯穿始终。认知和情感分别承担着不同的任务，前者主要解决能不能、懂不懂、会不会的问题，而学生在思考能不能、懂不懂、会不会的过程中，必然会有心理态度、情绪体验的参与，产生愿不愿学、喜不喜欢学、信不信能学好等情感。心理调控艺术就是在课堂教学管理中，教师运用心理学原理，巧妙处理课堂教学问题，化解师生间的不良情绪，营造一种师生相融的课堂气氛，让师生在民主、和谐、愉悦的环境中进行教学活动。

（一）教师的自我心理调控

在教学活动系统中，教师是教学心理的主要调控者，教师既要调控学生又要调控整个教学过程，所有这些调控都建立在教师对自身心理调控的基础上。自我心理调控是教师在自我意识的基础上，对自身心理的主动掌握。教师自我心理调控主要表现在以下几个方面。

1. 教师的成就心理

教师的成就心理是课堂教学取得良好效果的基本前提。根据马斯洛的需要层次理论，教师的成就心理是一种自我实现的强烈心理需要。这种成就心理能够使教师形成一种积极的动机，大大提高教师的意志力，促使教师克服重重阻力，排除干扰，全身心地投入课堂教学活动中，精心设计课堂教学，认真组织课堂教学，以实现预期的教学目标。每一位教师都希望通过自己的努力使学生有所进步，进而取得优异的成绩。

2. 教师的期待心理

在课堂教学中，教师的期待心理有着非常重要的作用。当教师以期待和等待的心理对待学生的各种反应时，一方面能够消除教师在教学中的急躁心理，使教学双方建立和谐关系；另一方面，也使学生感受到教师的信任和鼓励，缓解紧张心理，从而增强学习的自信心,提高学习的积极性。教师对学生的期待心理会在师生教学活动中产生良好的心理效应。当教师在调控自己对学生的期待心理时,首先,要坚信只要教学得法,任何学生都是可以学好的,只不过有高低快慢之分;其次,教师要有意识地调控自己的语言、表情,传达对学生的信任与鼓励。

3. 教师的情感

教师的情感主要是指教师在课堂教学中的需要(社会性需要、自尊需要、自我表现需要等)是否得到满足而产生的一种体验。教师的情感主要体现在他对教学工作和对学生的态度上,其中教师对待学生的态度是教师情感的重要内容,良好的态度是教学活动顺利开展的润滑剂。当教师以慈爱、信任、民主的态度对待学生时,就能在师生之间产生和谐的情感交流,从而创设出良好的课堂教学氛围,提高教学效率。

4. 教师的教学心境

教学心境是教师特有的一种微弱、平静而持续较长的情绪状态。教学心境影响着教师整个教学的行为表现。良好的教学心境能使教师精神振奋,乐观豁达地对待教学过程中的困难和挫折,最大限度地发挥其教学艺术的魅力;消极的教学心境则使教师精神萎靡不振,影响其教学水平的发挥。

5. 教师的注意

课堂教学中,教师的注意表现为对教学活动中各要素的指向和集中。教师作为课堂教学的组织者,不仅要注意整个教学内容的进程,还要注意学生的学习是否遵循了认知心理发展的规律。在教学活动中,教师集中自己的各种感觉器官,调动各种智力因素,专注于教学活动,但是作为教师,更重要的是能进行注意的分配,也就是教师不仅关注自己如何按备课计划进行教学,还要随时观察学生的反馈,及时进行教学调整。要做到这一点,教师必须熟练地掌握教学内容,将注意力投射到学生的反馈上。同时,教师还要不断训练自己注意的广度,使自己在同一时间内能关注更多的对象,根据反馈情况,及时调整教学方法。

(二)教师对学生的心理调控

课堂教学活动是在人为因素调控下,有计划地遵循一定的逻辑顺序展开的。优秀的教师总是善于把握学生的心理活动规律,采用适当的调控手段,使学生的知、情、意各要素处于兴奋状态,达到最佳的教学效果。在物理教学中,教师要密切关注学生在物理课堂学习中的心理变化,抑制和化解学生学习心态中的消极因素,把学生带入和谐、自然、愉悦的学习境界,既让学生掌握丰富的物理知识,又培养学生发现问题、探究问题、解决问题的能力。那么,教师对学生的心理调控应做好哪几个方面呢?

1. 创设问题情境,引发学生的求知心理

所谓问题情境是指当学生利用已有知识或经验不能解决新问题时而出现的一种心

理状态。在教学中，教师必须创设有吸引力的问题情境，在教学内容和学生求知心理之间制造一种"不协调"，引发学生的求知心理，从而激发其内驱力，使学生真正进入学习活动之中。如在讲浮力产生的原因时，有教师这样创设问题情境：找一个可乐瓶，先把瓶盖去掉，用剪刀把瓶底剪掉，再倒过来口朝下，把一个乒乓球放进去正好卡在瓶口，问学生："向瓶中倒水，乒乓球会怎样？"学生根据已有经验可能会回答："浮上来。"接着教师让一个学生从瓶底向瓶中灌水，这时学生会惊讶地发现有少量的水从乒乓球与瓶口的缝隙中流出来，而乒乓球被压在瓶口处不动。这一"悬念"情境使学生的大脑立即兴奋起来，思维被迅速激活。为什么它不浮起来呢？它受的浮力哪里去了？怎样就可以浮起来呢？于是学生探究新知的强烈愿望油然而生。

2. 教学内容应难易适度，教学要充满情和趣

安排教学内容应考虑学生的具体情况，如果所教内容和所提问题太难，学生虽经反复尝试，还是屡遭挫折，久而久之，就会丧失信心，情绪低落，甚至产生放弃的想法，但如果所教内容和问题太浅，学生也会由此失去探求新知的兴趣，变得松懈懒散。因此，教学内容难度要适宜，学生能通过克服困难获取新知识，会体验到一种刻苦努力之后取得胜利的喜悦心情。同时，教师在讲授过程中，要充满真挚情感，又要有趣味性，这有助于激发学生的学习兴趣。教师还要根据中学生喜欢新鲜事物的特点，尽可能采用多种教学方法，改进教学手段，唤起学生的学习热情，让学生以愉快、高涨的情绪进行学习。如在讲"电磁铁"一节时，通过演示电磁铁的特性勾起学生的好奇心，使他们产生动手的欲望，此时，教师要抓住他们的这一心理特点，利用实验桌上的器材制作电磁铁，并采用"竞赛"的方法，进行小组对抗赛。学生通过实验发现问题、解决问题并带着问题去探究科学知识，这样使学生既学得生动有趣，又感受到成功的喜悦。

3. 张弛有度，提高学生的学习效率

我们提倡教学民主，主张师生互动，强调学生的主体地位，但并不是说对学生可以听之任之、放任自流。教师必须发挥教学机智，控制课堂交流的程度和方向，对课堂上所发生的各种情况灵活应对、巧妙点拨。在学生困惑不解时进行启发，使其思路畅通；在学生理解肤浅时予以引导，使其理解深刻；在学生观点错误时进行点拨，使其修正错误。教师要使课堂教学科学有序、生动活泼地进行，使课堂呈现出活而不乱、张弛有度、收放自如的理想状态，因为只有处于这种课堂状态中的学生，才能提高学习效率，得到最理想的发展。

4. 采取隐性管理，制止、纠正学生的问题行为

在课堂上，教师与学生之间产生矛盾的情况是不可避免的，处理不好就可能引起学生注意力的分散，导致学生知识输入过程受阻或中断，浪费其他学生的学习时间，影响课堂教学效率。这就要求教师在熟练掌握各种教学方法的同时，还要观察与把握

每个学生的课堂反应与心理,并及时选择适当的方法进行管理,做到尊重爱护与严格要求的和谐统一,以保证教学任务的顺利完成。根据教学实践与研究,教师常用的策略有:(1)语言控制法。教师用讲课声音的高低、快慢影响学生的情感、思维、注意等,或者用语言直接发出指令性、指导性信息来实施控制。(2)表情控制法。教师可以用眼睛传递某些信息,如用注视、提醒的目光提醒学生集中注意力,或用局部表情如微笑、皱眉等传递某种希望、提醒等方面的信息。(3)动作控制法。教师用点头、摇头、手势等动作向学生传递某些控制信息来实施管理调控。

5. 重视多向交往,建立良好的师生关系

多向交往,即课堂上师生、学生之间交叉联系与交流。美国教育心理学家林格伦研究认为,多向交往的教学效果最好。因为师生之间、学生之间在教学交往中的纵向联系因多向交往而被动员起来。多向交往要求学生要同时接受来自教师和同学的知识信息,并不断与自身学习联系。

我们常见这样一种现象:某学生喜欢某位老师,他就好好学这位教师任教的这门课;他厌恶某位老师,哪怕这位老师的知识相当丰富,他也抵触,甚至抵触这门课。教师要想获得学生的认同,先要成为学生的朋友,先益友后良师,彼此尊重、信任,在角色互换中逐步达到"角色互通"。课堂教学中师生交往占的比重最大,所以教师要在这种交往中交流情感,让学生从中获得一种愉悦,从而增进自信与自尊,同时教师也获得了学生的尊重与信任。

课堂心理调控是一门艺术,教师要想在课堂上游刃有余、调控适度,不仅要有扎实而深厚的知识功底,还要对课堂教学策略和方法有深入的研究,要从教育学、心理学角度认识学生、研究学生,更要在教学实践中不断尝试、不断反思、不断改进,经过反复实践、探索,获得课堂调控能力。

第四节 初、高中物理的衔接

初、高中在物理教学体系上没有大的差异,基本都是力、热、光、电、原子物理五大主要部分。近几年来,在新课标的指导下,物理教学重视对学生终身学习的愿望、科学探究能力、创新意识以及科学精神的培养,物理课程的构建注重让学生经历从自然到物理、从生活到物理的认知过程,经历基本的科学探究实践,使学生得到全面发展。但在教学内容上,高中物理要比初中物理抽象得多。初中物理更加感性,一般由生活中、实验中的一些简单现象,分析归纳出一些物理概念和规律,再用这些概念或规律进行举一反三,分析、解决其他的问题;对于复杂的物理过程的分析很少,涉及的数学知识相对更少,因此大多数学生容易接受。而高中物理的教学内容注重一些抽象的逻辑推理,不再仅限于简单的现象和感性的知识以及定性的规律,逐步由感性到理性，由定性到定量，由简单物理过程的分析到复杂、综合物理过程的分析，并且需要一定的数学工具辅助，因此学起来有一定难度。

长时间以来，因为高中物理的台阶高，很多学生升入高中以后觉得物理难了很多，很不适应。究其原因，除初、高中物理内容、要求不同外，广大初中物理教师不清楚高中物理教学的实际，高中物理教师也不了解初中物理课程的设置与特点，也是十分重要的原因。因此需要初、高中的物理教师不仅要研究本学段的教学内容、特点和要求，还要了解另一个学段的基本内容和要求，有利于学生初、高中学习的顺利衔接。那么初中物理教师具体应该怎么做呢？

1. 注重重点知识的讲解

如在初中力学的教学中注重受力分析教学。因为力是使物体运动状态改变的原因，初中物理只涉及牛顿第一定律，使学生知道力和运动的关系，掌握简单而基本的受力分析。到了高中无论学习静力学还是动力学，都离不开受力分析。如果能使学生在初中掌握一些简单受力分析的思路和方法，将来学生进入高中后就不会感觉力学的学习难度过大。

在初中电学的教学中，注重电路图的识别教学。电路的识别是解决电学问题的关键，所以要培养学生熟练地画等效电路图，进行串、并联电路的分析。对于电流表、电压表、电池的内阻问题可以简单地进行分析，适当引导学生分析电流表内接法与外接法的区别以及测电阻的误差问题，从而让学生轻松认识复杂电路。这对学生将来在高中分析复杂电路结构，学习全电路欧姆定律，解决电学题目起到很重要的作用。

在初中光学教学中，注重光路图讲解。因为有了光路图，学生对光学题目就不会感到束手无策。从近几年的高考试题的分析来看，光学试题的解决无一不依靠光路图。因此，初中光学教学中应注重光路的教学，适当地补充从光路角度认识凸透镜成像规律（利用三条特殊光线画图找到物体经过凸透镜所成的各种像），这样既可帮助学生理解成像规律，同时又能帮助学生学会对光学其他问题的分析。

对于某些物理概念的讲解需要更加明确。如在讲授功和功率时，初中教学不是很突出功和力的关系，这使很多学生对功理解不透。而功这个概念在高中非常重要，因为它和能紧密相连，尤其是在一些复杂题目的分析上。因此，在初中刚刚学习功的概念时，一定要使学生明白：谈功必须明确是哪一个力的功。同样，功率的认识也必须是谈功率必须明确是哪个力的功率。这样学生将来学习动能定理以及应用功能关系时，就不会感觉困难了。

2. 在学生可接受的范围内适当延伸重点知识

如人教版初中教材中二力平衡的重点是探究二力平衡的条件，而没有出现合力、力的合成的概念，在此初中教师可以适当地介绍合力、同一直线上二力合成的内容。

因为学生在学习串、并联电路的总电阻时已经了解了等效法，在此介绍合力学生容易接受。教师可以将同一直线上二力的大小、方向分别分析，大小可以简化为标量的加减，通过简单的举例，学生自己就可以得出规律。在讨论力和运动的关系时结合牛顿第一定律，可以引导学生总结出：当 $F_合=0$ 时，物体保持静止或匀速直线运动；当 $F_合\neq 0$ 时，物体的运动状态一定会发生改变。然后结合学生较熟悉的一些实例，如上抛的物体先减速上升后加速下降，引导学生得出合力方向与运动状态变化的关系。此处的处理不仅有利于学生对力与运动关系的理解，而且为学生高中学习牛顿第二定律打下基础。

3. 注重科学探究能力的培养

初、高中对科学探究都提出了一定的要求。《课程标准》明确了科学探究既是学生的学习目标，又是重要的教学方式之一，强调通过科学探究培养学生的科学探究能力、实事求是的科学态度和敢于创新的探究精神，使学生在科学探究活动中通过经历与科学工作者进行科学探究时相似的过程学习物理知识与技能，体验科学探究的乐趣，学习科学家的科学探究方法，领悟科学的思想和精神。《课程标准》要求学生经历科学探究过程，认识科学探究的意义，尝试使用科学探究的方法研究物理问题，验证物理规律，所以高中物理课程各个模块中都安排了一些典型的科学探究或物理实验。科学探究的七个要求（提出问题、猜想与假设、制订计划与设计实验、进行实验与收集证据、分析与论证、评估、交流与合作）及对科学探究能力的基本要求，在初、高中阶段是基本相同的。初中学生从第一章声现象开始接触探究，不断地熟悉科学探究的常用方法，如控制变量法、对比法、转换法、等效替代法等；在数据分析中学习利用数学函数关系描述物理规律；在设计实验中逐步认识误差，改进实验减少误差。这些为高中的学习奠定了坚实的基础，初中物理教师要在这些方面多下工夫，多安排学生开展探究实验，让学生在实验中理解并巩固物理学常用的研究方法。

4. 注重培养学生的抽象、逻辑推理思维能力

初中物理学习的物理现象和物理过程，大多是"看得见，摸得着"的，物理量常常与日常生活现象有着密切的联系，而在高中物理教学中，观察实验、抽象思维和数学方法是互相结合的，要求学生通过抽象概括、想象假说、逻辑推理来揭示物理现象的本质和变化规律。因此，初中物理教学要重视培养学生的抽象、逻辑推理能力，不能因为内容简单而不做实验，不能采用满堂灌的方式，使学生误以为背背记记就能学好物理。如在物理教学"简单机械"的习题中，会出现确定机械怎样使用使力最小的问题，这个问题不仅在教学中占据了一定的位置，而且在生活实际中的应用也十分广泛，但物理教材没有给出判断的方法。在此教师要让学生自己去探究、去发现，并找到规律：在力的作用点确定的情况下，连接支点和力的作用点的线段就是力的最大力臂，与此力臂垂直的力就是最小的力。如果在平时的教学中都能渗透抽象、逻辑推理

思维能力的训练,相信学生就不会感觉高中物理学习的难度过大。

搞好初、高中物理教学的衔接,降低初、高中物理的学习台阶,是一个需要多方合作、统筹安排的系统工作。要从初中物理教学方面想办法,同时也要从高中物理教学方面想办法;要从教材、学生方面想办法,也要从教法、教师方面想办法。随着《课程标准》的实施,许多新情况、新问题不断产生,全体物理教师应该时时关注和研究新问题,尽最大努力帮助学生渡过难关。